VĂDUVE, ORFANI ŞI PRIZONIERI

de
Otto Bixler

© Bixler 2008

Editura Elpis

Descrierea CIP a Bibliotecii Naționale a României
BIXLER, OTTO
  Văduve, orfani și prizonieri / Otto Bixler; trad.: Andreea Lucan, Angela Cotuț-Scheipner. - Oradea: Elpis, 2008
  ISBN 978-973-88822-2-5

  I. Luncan, Andreea (trad.)
  II. Cotuț-Scheipner, Angela (trad.)
  821.111-97=135.1

Copyright © 2009 by Otto Bixler. All rights reserved.
Titlul în limba engleză: "Widows, Orphans and Prisoners"
www. FreedomTruths.com

Văduve, orfani și prizonieri
de Otto Bixler
Publicată de Editura Elpis

Elpis este o editură creștină, dedicată slujirii bisericii locale. Credem că viziunea lui Dumnezeu pentru editura Elpis este aceea de a oferi materiale prezentate într-un limbaj accesibil, care să ajute bisericile locale în evanghelizare, ucenicizare și luptă spirituală.

Rugăciunea noastră este ca această carte Elpis să vă ajute să descoperiți adevărul biblic pentru propria viață și să vă echipeze pentru întâmpinarea nevoilor altora. Dumnezeu să vă binecuvânteze din abundență.

Toate versetele citate, cu excepția locurilor precizate, sunt luate din *Biblia cu explicații*, traducerea D. Cornilescu, ediția a V-a, apărută în 1998, tipărită de organizația *Christian Aid Ministries*, S.U.A.

Traducere: Andreea Luncan, Angela Cotuț-Scheipner
Editare: Mihaela Moza, Corina Pîrvu
Corectură: Adela Duca
Tehnoredactare: Marcel Eugen Budea

Vizitați site-ul www.ellelromania.ro/elpis
Scrieți-ne la adresa e-mail: elpis@ellelromania.ro
CP 268 OP 1 Oradea
Str. Horea nr. 2 Oradea, jud. Bihor
Tel/fax: 0359.802.318 0730.50.80.73

Cuprins

Cuvânt înainte 5
Introducere 9

PARTEA I
VĂDUVE ȘI ORFANI - RESTAURAREA FAMILIEI

Capitolul I
   Văduve și orfani 13
Capitolul al II-lea
   Legile spirituale care guvernează lumea 25
Capitolul al III-lea
   Iertarea – o abordare mai profundă 45
Capitolul al IV-lea
   Păcatele familiei 53
Capitolul al V-lea
   Unde au dispărut tații? 65
Capitolul al VI-lea
   Familia, piatra de temelie a societății 81
Capitolul al VII-lea
   Libertatea obținută prin rugăciune 91

PARTEA A II-A
PRIZONIERI – ELIBERAREA CAPTIVILOR

Capitolul al VIII-lea
    Prizonieri 133
Capitolul al IX-lea
    Rădăcinile spirituale ale comunismului 143
Capitolul al X-lea
    Eliberarea de comunism – Procedura de slujire 157

ANEXE

Anexa I
    Salvator şi Domn 179
Anexa a II-a
    Poruncile şi legile spirituale ale lui Dumnezeu 217
Anexa a III-a
    Legăturile spirituale care conduc la robie 229
Anexa a IV-a
    Idolatria 237
Anexa a V-a
    Trecător versus etern 243
Anexa a VI-a
    Slujirea de eliberare 251

CUVÂNT ÎNAINTE

Contextul cultural

Mișcarea socio-politică pe care o cunoaștem sub numele de comunism, socialism, marxism sau leninism a apărut și s-a dezvoltat în secolul trecut. Deși arhitecții acestei mișcări au fost puțini, printre ei numărându-se politicieni, despoți și filozofi, precum Lenin, Marx, Troțki și Engels, sute de milioane de oameni au fost încătușați de acest regim politic totalitar. Alte nenumărate milioane de vieți din „lumea liberă", adică din afara zonei de influență a acestui regim din URSS și din blocul sovietic, au fost și ele afectate pe măsură ce națiunile și alianțele politice au ajuns în postura de a lua măsuri pentru a nu fi prejudiciate sau invadate.

În viziunea multora, ceea ce vom numi în această lucrare comunismul marxist-leninist este un sistem politic și de guvernământ scăpat de sub control. S-a scris pe larg despre crimele, violența, teroarea și nedreptatea suferite de cei aflați sub dominația lui și despre lăcomia, egoismul, oportunismul și individualismul celor de la putere, care nu au trăit și nu și-au dorit vreodată statutul de cenușiu muncitor sovietic. Deși oamenii de rând, muncitorii, au fost victimele comunismului, astăzi, mulți dintre ei își amintesc că ar fi avut atunci o situație materială mai bună și poate chiar mâncare mai multă și mai bună. Ei „uită" cozile la care stăteau ore în șir, pentru a cumpăra aceste alimente și produse, și nu au cum să știe că ele erau de o calitate net inferioară celor pe care cetățenii altor națiuni le puteau cumpăra după bunul lor plac, fără cozi. Mulți tânjesc după zilele de demult, după acea apusă „glorie a patriei", în care aveau „mai mult".

Majoritatea nu vor găsi niciodată răspuns la întrebarea: „ce anume s-a întâmplat și de ce". Oricât de mult ar cugeta la aceste lucruri, la oricâte pahare de țuică, răspunsurile nu vor veni niciodată din intelectul uman. În cazul acestor amintiri, intervine memoria selectivă și adesea recurgem la alcool sau la relații sexuale imorale, pentru a suprima sau pentru a alina suferințele trecute și prezente. În încercarea de a supraviețui de la o zi la alta, mulți speră că Statul se va ridica din nou, pentru a le purta de grijă. Dificultatea constă, însă, în faptul că oamenii se gândesc la mijloace naturale, filozofice, politice sau economice, pentru a-și asigura supraviețuirea, siguranța și restaurarea, când, de fapt, această problemă și soluția ei țin de domeniul spiritual.

Se spune că Revoluția din 1917 a început cu acea faimoasă salvă de tun, trimisă de pe Crucișătorul Aurora spre Palatul de Iarnă din St. Petersburg. Deși atunci s-a tras doar un proiectil de manevră, în inimile cetățenilor din fosta Uniune Sovietică există încă un glonț spiritual. Cel mai bun tratament medical pentru rana produsă de glonț constă în deschiderea chirurgicală a trupului și îndepărtarea proiectilului. Dacă este lăsat înăuntru, glonțul va continua, probabil, să fie o sursă de infecție, care poate duce la infirmitate cronică și la moarte. Spiritual, trebuie să facem același lucru pentru cei răniți de comunism. În cazul lor, nu este nevoie de tratament medical, ci de lucrarea lui Isus Cristos. Totuși există, cu siguranță, asemănări între cele două tratamente. Pentru restaurare este nevoie de o transfuzie spirituală de sânge (mântuirea[1]), care să curețe infecția spirituală, și apoi, de vindecare spirituală.

Descoperirea, vindecarea și eliberarea

Această carte este o aventură a descoperirii, a vindecării și a restaurării. Nu căutați aici o evaluare politică și filozofică a comunismului marxist-leninist. În loc să ne ocupăm de aceste subiecte, vom examina cu atenție motivele spirituale ale eșecului URSS-ului și cauzele imensei pierderi și dureri ale celor încătușați în acest sistem totalitar. Vom examina rănile provocate de „glonțul spiritual", urmărind traseul lui aducător de moarte, pentru a vedea ce-a mai rămas înăuntru și pentru a-ți arăta cum să-i îndepărtezi rămășițele periculoase. Aceste răni letale pot fi vindecate prin dragostea și prin sângele jertfei lui Isus Cristos.

Această carte s-a născut din dorința de a elibera creștinii de efectele reziduale ale comunismului practicat în Rusia și în fosta

---

[1] Dacă încă nu ești creștin, citește Anexa I. Vei fi surprins să descoperi cât de ușor este să-ți dai viața lui Cristos. Și, bineînțeles, creștin fiind, vei putea beneficia de întreg ajutorul oferit de această carte.

VĂDUVE, ORFANI ȘI PRIZONIERI

URSS, în perioada 1917 – anii 90. Ea se adresează doar creștinilor și are menirea de a-i ajuta să ajungă la libertate spirituală, pentru ca ei, la rândul lor, să-i ajute pe alți credincioși să facă acest lucru. Ajutorul oferit aici este disponibil doar creștinilor și doar în Numele lui Isus Cristos. Aceasta este o lucrare creștină despre adevăruri spirituale, aplicate la experiența culturală a aproximativ 450 milioane de oameni și a urmașilor acestora.

Vom prezenta câteva dintre principiile spirituale de bază, care stau la temelia comunismului, cercetând și expunând, din perspectivă biblică, structura și materialul unei construcții politice care ține încă în robie grea milioane de cetățeni ai fostului bloc sovietic și familiile lor, fără ca aceștia să-și dea măcar seama. Comunismul are forma și puterea unei religii false; iată una dintre premisele fundamentale ale acestei cărți. Vei descoperi aici legile spirituale conform cărora implicarea trecută a familiei tale în comunism, te ține în robie în prezent. Și mai important, îți vom arăta cum să folosești legile spirituale ale lui Dumnezeu, pentru a te elibera pe tine și familia ta.

Văduve, orfani și prizonieri este un manual de instrucțiuni, o carte menită să ofere nu doar informații, ci și mentorare. Citind și completând exercițiile prezentate capitol cu capitol, vei fi purtat dintr-o descoperire în alta, ajungând, în final, la o nouă înțelegere personală cu privire la Dumnezeu, la propria persoană și la familie. În cele din urmă, prin slujirea de rugăciune din capitolele al VII-lea și al X-lea, vei cunoaște un nou nivel de libertate personală, la care poate că nici nu ai visat.

Pentru a veni în ajutorul celor care încă nu stăpânesc slujirea de eliberare și vindecare, am inclus șase anexe cu instrucțiuni. Ele vor ajuta persoanele mai puțin experimentate să înțeleagă principiile esențiale din capitolele despre slujirea prin rugăciune.

Ce nu este această carte

Această carte nu este o declarație politică și nu intenționează sau sugerează o judecată politică, o evaluare sau o comparare a sistemelor guvernamentale, a națiunilor sau a grupurilor etnice.

INTRODUCERE

Pe tot cuprinsul lumii, în națiuni, în culturi și în grupuri etnice, Satan, dușmanul sufletelor noastre, uneltește la înrobirea noastră. Două dintre strategiile lui majore, care încă afectează cetățenii fostului bloc sovietic, au fost puse în mișcare în timpul erei comuniste:

1. distrugerea familiei și
2. robia spirituală

Fostele structuri guvernamentale totalitare, care au condus aceste națiuni, au înființat sistematic programe și regulamente menite să îndepărteze inimile copiilor de părinți și inimile părinților de copii, distrugând integritatea familiei, piatra de temelie a lui Dumnezeu pentru societate. Prin intermediul programelor și al regulamentelor asemănătoare, aproape toți cetățenii acestor națiuni au fost înșelați și înrobiți spiritual, în urma introducerii idolatriei față de stat, în numele patriotismului.

Trăind printre acești oameni și slujindu-le, am înțeles că aceste două domenii de robie, comune tuturor statelor URSS-ului și republicilor satelite, mai există încă. Ele continuă să funcționeze ca niște fortificații puternice în viețile oamenilor și ale bisericilor, împiedicându-i pe cei mai mulți să ajungă la o intimitate mai profundă cu Duhul Sfânt. Dacă aceste bariere puternice nu sunt îndepărtate, domnia lui Isus asupra bisericii locale este restricționată, iar credincioșii nu se pot elibera de idolatria, neiertarea și judecata pe care nu le-au mărturisit și de care nu s-au pocăit. Deși există multe bariere pe drumul spre sfințenie și neprihănire, aceste două zone, ca niște geamuri antiglonț invizibile, puse de-a curmezișul căii uceniciei, rămân, în mare parte, nedescoperite.

Dacă e să vedem biserica din aceste națiuni ridicându-se în sfințenie, în puritate și în putere, în timp ce credincioșii își împlinesc destinele pământești, îndeplinind chemarea lui Cristos în viețile lor, familiile trebuie restaurate, iar moștenirea spirituală a acestor oameni trebuie purificată de idolatria față de stat.

OTTO BIXLER

Această carte este o barcă de salvare a adevărului și a iubirii pentru cei care au fost expuși și prinși în urzelile comunismului marxist-leninist, fie direct, fie prin generațiile anterioare. Pentru a fi salvați, trebuie să înțelegem mai întâi că suntem afectați. Apoi, trebuie să ne însușim planul de salvare al lui Dumnezeu, prin sângele lui Cristos, chemat asupra robiei noastre. Vom cerceta Cuvântul lui Dumnezeu, mai ales legile și poruncile Sale, pentru a ne evalua starea spirituală actuală în lumina activităților prezente și trecute, desfășurate de noi și de familiile noastre. Apoi, vom examina calea spirituală pe care ne-a deschis-o Isus, de la robie spirituală la libertate: mărturisirea, pocăința și iertarea prin scumpul Său sânge. Poți merge pe această cale cu convingere și înțelegere, pentru a beneficia de planul de salvare al lui Dumnezeu pentru viața ta, folosind modelul de rugăciune de la finalul celor două părți ale cărții.

Deschizând cartea la primul capitol, vei auzi inimile a mii de oameni care au venit la noi, ca să caute ajutor din partea lui Dumnezeu. Ei locuiesc în Alma Aty, Ulan Bator, Kiev, Ierevan, Moscova, București, Budapesta, Minsk, Khabarovsk, Bratislava, Belgrad, Odesa, Varșovia, Wroclaw, St. Petersburg, Crimeea, Siberia, Cluj Napoca, Rostov-pe-Don. Alții trăiesc în Svetlovodsk sau în alte asemenea localități secrete, create cu scop defensiv, precum și în nenumărate orășele, sate și cătune, răspândite pe tot cuprinsul fostului bloc sovietic. Toate acestea, la un loc, constituie o pătrime din suprafața terestră a lumii. Strigătele lor după ajutor, înțelegere, vindecare și restaurare sunt ecourile sutelor de milioane de oameni pe care nu i-am întâlnit. În istorisirile lor, am auzit țipetele mute și am văzut disperarea și neputința care brăzdează chipurile, încărunțește părul, încovoaie umerii și îndoaie spinările, cu mult înainte de venirea bătrâneții.

Vino să dezlegăm împreună misterul tragediei comuniste. Vei afla cum a răscumpărat Dumnezeu viețile a zeci de mii de oameni din fostul bloc sovietic, dându-le șansa de a-și croi destine cu valoare eternă. Citește mai departe, pentru a descoperi cum poate face El același lucru și pentru tine.

PARTEA I
VĂDUVE ŞI ORFANI
RESTAURAREA FAMILIEI

VĂDUVE ȘI ORFANI

CAPITOLUL I

Am rămas orfani, fără tată; mamele noastre sunt ca niște văduve.

Plângerile lui Ieremia 5:3

Tragedii și vise spulberate[1]

Ascultă cu duhul strigătele lor purtate de vânt. Ascultă vocile care spun:

S-a ales praful de visul utopic și de bunăstarea promisă oamenilor care-l clădesc și-l trăiesc. Cei care au creat acest coșmar înșelător, cei care i-au pus fundațiile de beton și de oțel și cei care i-au înălțat zidurile s-au dus la judecată. Pământul nostru este acoperit de sânge. Fie insidios, fie violent și brusc, ca un rapid deraiat de pe șine, în viețile noastre au pătruns tâlhăria și tragedia. Noi suntem cei rămași printre ruinele trecutului.

Dacă îndrăznim să ne deschidem ochii și să vedem cu adevărat fabricile ruinate, ogoarele nearate, drumurile părăginite și disperarea noastră și a familiilor noastre, ne copleșește descurajarea.

Restaurare și speranță

Însă această carte nu este despre regret și disperare, ci despre restaurare și speranță. DOMNUL are compasiune și milă față de văduvă, orfan și prizonier. Inima DOMNULUI bate pentru vindecarea rănilor și pentru îndreptarea răului trecutului. Există speranță. Există vindecare. Inima DOMNULUI nu este un foc lipsit de căldură sau o promisiune lipsită de speranță. El este darnic cu cei lipsiți și ia poverile tuturor celor trudiți și apăsați, care strigă către El. Versetul de mai jos arată ce dorește Dumnezeu să fie pentru tine.

---

[1] Citind această carte, ține minte că a fost scrisă pentru tine și pentru poporul tău, pentru cetățenii sau urmașii cetățenilor din URSS și din țările fostului bloc sovietic.

El este Tatăl orfanilor și Apărătorul văduvelor (cel care face dreptate), El, Dumnezeu, care locuiește în locașul Lui cel sfânt. Dumnezeu dă o familie celor părăsiți, El izbăvește pe prinșii de război și-i face fericiți; numai cei răzvrătiți locuiesc în locuri uscate. (Psalmul 68: 5, 6)

De ce suntem văduve și orfani?

Popoarele își plâng oamenii:

Majoritatea familiilor noastre sunt distruse. Dacă ne-am cunoscut tatăl, ni-l amintim cu durere. Pentru mulți dintre noi, el a rămas în memorie drept un alcoolic care o bătea pe mama și, poate, și pe noi. Salariul de mizerie pe care-l câștiga nu ajungea acasă, ci se risipea pe băutură și femei. Adesea, el ne-a părăsit când am avut zece, doisprezece sau doar trei–patru ani. Poate și mama ne-a părăsit sau unul dintre părinți l-a dat pe celălalt afară. În inimile noastre, tatăl/ soțul familiei este un subiect îngropat. Am ajuns orfani, iar mama a ajuns văduvă.

Oamenii își plâng viața:

Ce a distrus familia noastră? Cine a ucis capacitatea tatălui nostru de a fi soț și tată? A fost el doar un om meschin și fără suflet, căruia nu-i păsa de nimeni? Așa se pare...

Ne dorim atât de mult să ne eliberăm de trecutul nostru. Dar nu știm cum. Este ca și cum am fi fost bătuți, tâlhăriți și trântiți într-un șanț. Nimeni nu se oprește să ne ajute. Se pare că trebuie să ne salvăm singuri, să ne purtăm singuri de grijă și să ne ridicăm cumva din șanț, pentru a șchiopăta pe drumul vieții, până când moartea sau aburul alcoolului ne aduce ușurare... Creștini fiind, am auzit despre „iubirea Tatălui", dar aceasta pare așa de abstractă și de rară. Ce ne ține în această stare de văduve și de orfani? Dacă Dumnezeu este CEL care spune că este, unde este mângâierea noastră? Unde sunt promisiunile și purtarea Lui de grijă, unde este restaurarea familiei noastre?

Privind azi la biserica din națiunea noastră, vedem mai multe femei decât bărbați, iar multe dintre ele sunt măritate cu soți necredincioși, alcoolici sau șomeri. Aceștia sunt oameni flămânzi sufletește, fără identitate, adesea absenți de acasă. Trebuie să ne întrebăm: „De ce?" Se întâmplă asta pentru că Scriptura nu este adevărată? Sau există altceva, care ne împiedică să ne bucurăm de binecuvântările lui Dumnezeu?

Eu cred că a doua variantă este adevărată. Ceva împiedică revărsarea binecuvântării divine asupra țărilor și a națiunilor devastate. Aș vrea să-ți împărtășesc ce am experimentat noi înșine în urma contactelor personale cu multe sute de creștini din URSS și din republicile fostului bloc sovietic. Ne-am întâlnit și ne-am rugat cu atât de mulți oameni, încât acum ne simțim constrânși să scriem aceste lucruri, cu credința că dragostea și puterea lui Dumnezeu te vor elibera pe tine, pe copiii tăi, familia ta și pe prietenii tăi.

Nici religia, nici biserica nu ne poate elibera. Putem primi eliberare doar dacă ne cunoaștem pe noi înșine, pe Dumnezeu și legile spirituale care ne guvernează viețile. Trebuie să-L cunoaștem pe El personal, și nu doar să avem cunoștințe religioase. Trebuie să-L cunoaștem în mod intim. Trebuie să știm cum să-I câștigăm bunăvoința, acționând conform legilor Lui spirituale, care guvernează întreaga lume. Dumnezeu este un Dumnezeu al dreptății; atunci când oamenii și națiunile Îi încalcă poruncile și legile, pierd bunăvoința Lui și, în același timp, își pierd bunăstarea și pacea. Starea fizică, emoțională și spirituală a oamenilor și a națiunilor reflectă nivelul ascultării lor de Dumnezeu, pe termen lung. Ușa lui Dumnezeu rămâne deschisă pentru toți cei care s-au îndepărtat de El la nivel personal, familial și național.

Dacă așa stau lucrurile, atunci de ce atât de mulți oameni se află într-o stare atât de rea? Problema noastră are două explicații. Mai întâi, nu suntem conștienți că starea noastră proastă este consecința comportamentului nostru spiritual. În al doilea rând, nu știm care este calea de întoarcere spre binecuvântările lui Dumnezeu, de care ne-am îndepărtat, ca persoane și ca popoare. Acest lucru este valabil mai ales pentru cei născuți în fostele țări comuniste, care au ales să se îndepărteze de Dumnezeu prin ateism. Cu şapte sute de ani înainte de Cristos, profetul Osea, al cărui nume ebraic înseamnă „salvare", a vorbit despre această problemă a Israelului, popor care trecea printr-o suferinţă enormă, fiindcă se îndepărtase mult de căile Domnului.

Poporul Meu piere din lipsă de cunoştinţă. Fiindcă ai lepădat cunoştinţa, şi Eu te voi lepăda şi nu-Mi vei mai fi preot. Fiindcă ai uitat legea Dumnezeului tău, îi voi uita şi Eu pe copii tăi!
Osea 4:6

Acest verset pare să nu mai dea nicio speranţă copiilor sau cetăţenilor unui popor care s-a îndepărtat de Dumnezeu. Însă nu trebuie să uităm semnificaţia numelui ebraic al acestui profet. Deşi mesajul lui Osea era dur şi confruntativ, mesajul vieţii lui trebuia să fie *salvarea* poporului aflat în suferinţă. Cu toate că această suferinţă era consecinţa respingerii lui Dumnezeu şi a căilor Lui, Dumnezeu le oferea salvarea. El oferă acelaşi lucru celor care L-au respins sub influenţa guvernului ateist al României.

În cartea profetică a lui Osea, capitolul 2, versetele 14 şi 15, Dumnezeu spune că va vorbi cu blândeţe copiilor lui Israel, chiar în pustia necazului lor, în care rătăceau din cauza păcătoşeniei lor. El declară că doreşte să binecuvânteze din nou poporul şi că va deschide o uşă (uşa lui Acor, adică „durere"), pentru ca ei să se poată întoarce la Dumnezeu şi la binecuvântările Lui, chiar prin intermediul suferinţei lor.

De aceea, iată, o voi ademeni, şi o voi duce în pustie, şi-i voi vorbi pe placul inimii ei. Acolo, îi voi da iarăşi viile, şi valea Acor i-o voi preface într-o uşă de nădejde şi acolo, va cânta ca în vremea tinereţii ei şi ca în ziua când s-a suit din ţara Egiptului.
Osea 2:14-15

Durerea a fost dată omenirii ca semnal de alarmă care se declanşează când ceva funcţionează greşit. Când suntem chinuiţi de durere, încercăm să găsim şi să rezolvăm ce nu este în regulă. Israelul simţea durerea, dar nu-i cunoştea cauza. Pentru a afla cauza, poporul avea nevoie de profetul Osea. Mesajul lui

VĂDUVE, ORFANI ȘI PRIZONIERI

Dumnezeu se adresează tuturor timpurilor, fiind relevant nu doar pentru Israelul istoric, ci și pentru toate națiunile și popoarele. Aceasta înseamnă că El ni Se adresează nouă tuturor, inclusiv copiilor fostului bloc sovietic. Dumnezeu nu dorește ca noi să suferim în ignoranță, ci ne oferă speranța restaurării prin Cuvântul său profetic.

Această carte va scoate în evidență câteva probleme care-și au rădăcina în comunismul trecutului recent, explicând cauza lor din perspectivă spirituală. Apoi, vom oferi câteva principii călăuzitoare pentru slujirea de rugăciune care va conduce la eliberarea și vindecarea de aceste suferințe. Putem primi această vindecare și eliberare doar în și prin Numele lui Isus Cristos. Aceasta este, așadar, o carte creștină, care îți va arăta cum să înțelegi, prin credință, cauzele și remediile suferinței tale, din perspectiva Scripturii. Dacă nu-L cunoști încă pe Isus, nu fii descurajat! Citește Anexa I și vei vedea că a-L cunoaște pe El nu este așa de greu pe cât ți-ai putea imagina.

Mii de oameni din fostele țări comuniste au primit mila și vindecarea lui Dumnezeu, în cadrul unor întâlniri publice și în școli biblice, prin aplicarea principiilor prezentate în această carte. Suntem foarte fericiți că putem să vă oferim ocazia de a beneficia de mila, vindecarea și restaurarea lui Dumnezeu, prin intermediul cuvântului tipărit.

IMPACTUL ASUPRA VIEȚII

Cum să obții libertate

Pe calea spre vindecare și libertate se merge pas cu pas. În următoarele capitole, vom examina câteva dintre legile și principiile spirituale care oferă protecție poporului lui Dumnezeu. Când pășim în afara acestor bariere protectoare, pășim în afara binecuvântărilor lui Dumnezeu. Calea spre libertate și binecuvântare este întoarcerea în cadrul acestor limite. Problema este că mulți dintre noi nu sunt conștienți de ele și, în consecință, au ieșit în afara lor, fără măcar să-și dea seama. Este ca și cum am fi călcat pe o mină de teren, fără să-i fi auzit explozia. Ne-am trezit, pur și simplu, într-un spital imens, printre milioane de răniți aflați în aceeași suferință. De fapt, în țara noastră sunt atâția oameni în această stare, încât viețile noastre rănite par aproape normale. Însă duhul nostru ne spune că nu este așa. Știm că suntem în suferință, dar nu știm de ce.

Unii dintre noi își amintesc cu nostalgie zilele când, cel puțin în anumite domenii, le mergea mai bine și își doresc să fie iar conduși de comuniști. Unii cred că alte națiuni sunt vinovate de necazurile lor, amintindu-și și crezând, încă, propaganda comunistă, când văd că alte popoare trăiesc mai bine. Alții blamează guvernul actual, crima organizată, imperialismul occidental și o mulțime de alți factori. Adevărul este, însă, că noi și națiunile noastre am încălcat granițele spirituale, trecând din teritoriul binecuvântării, în cel al blestemului. Așa cum citim în ultima parte a versetului Osea 4:6, chiar dacă părinții sau bunicii noștri sunt cei care au trecut aceste granițe ale lui Dumnezeu, El Și-a întors fața și de la noi.

Dar oare ce sunt aceste granițe care separă teritoriul binecuvântării de cel al blestemului? Care este rolul lor și cum putem învăța despre ele? Și mai mult, dacă aceste granițe există într-adevăr, cum putem trece înapoi în teritoriul binecuvântării? Toate aceste întrebări bune vor primi răspuns în următoarele capitole. În Capitolul al II-lea, *Legile spirituale care guvernează lumea*, vom descoperi patru principii biblice uimitoare, care, aplicate cu consecvență în viețile noastre, ne vor aduce succes, pace și fericire.

Mai întâi însă este important să ne amintim că, pentru a ne elibera de suferință și necazuri, trebuie să-L cunoaștem pe Dumnezeu și căile Lui. Părtășia cu El și umblarea pe căile Sale aduc binecuvântare.[2] Permite-mi să-ți ofer aceeași promisiune și același plan de întoarcere la binecuvântare, pe care le-a adus Osea Israelului, în mijlocul necazurilor acestuia.

---

[2] Dacă încă nu ești creștin, citește Anexa I. Vei fi surprins să descoperi cât de ușor este să-ți dai viața lui Cristos. Și, bineînțeles, creștin fiind, vei putea beneficia de întreg ajutorul oferit de această carte.

Veniți, să ne întoarcem la Domnul! Căci El ne-a sfâșiat, dar tot El ne va vindeca; El ne-a lovit, dar tot El ne va lega rănile. El ne va da iarăși viața în două zile; a treia zi ne va scula și vom trăi înaintea Lui. Să cunoaștem, să căutam să Îl cunoaștem pe Domnul! Căci El Se ivește ca zorile dimineții; Și va veni la noi ca o ploaie. Ca ploaia de primăvară, care udă pământul! Osea 6:1-3

Experimentarea libertății

Primirea eliberării în viețile noastre este un proces. Dumnezeu este Cel care ne eliberează, dar noi trebuie să participăm activ, alături de El. Pentru a ne elibera, avem nevoie de cunoașterea pe care o vom dobândi citind această carte. Însă nu este suficient să știm, trebuie să și acționăm. Fără un răspuns activ, nu ne putem aștepta să fim eliberați de trecut, sau vindecați. Fiind un manual pentru autodidacți, această carte oferă nu doar informații, ci și instrucțiuni cu privire la pașii de urmat. Punerea în practică a acestor instrucțiuni este responsabilitatea cititorului.

Versetul din Osea, pe care l-am citat, cuprinde două acțiuni: „Veniți, să ne întoarcem la DOMNUL" și „Să cunoaștem, să căutăm să Îl cunoaștem pe DOMNUL." Dumnezeu va vindeca, dar noi trebuie să acționăm.

Această istorioară despre un creștin a cărui casă a fost inundată, ilustrează importanța acțiunii:

În timp ce apele creșteau, s-a apropiat de el o barcă în care era un bărbat ce s-a oferit să-l salveze. Însă el a refuzat, spunând: „Dumnezeu mă va salva". Apele au continuat să crească și omul s-a refugiat în podul casei. A mai trecut pe acolo încă o barcă, însă el a refuzat să fie salvat, spunând „Dumnezeu mă va salva". Apele au crescut atât de mult, încât a fost nevoit să se cațere pe acoperiș. De acolo a venit să-l salveze un elicopter. Însă el a refuzat din nou, spunând „Dumnezeu mă va salva". În cele din urmă, a fost acoperit de ape și s-a înecat. Când a ajuns în cer, L-a întrebat pe Dumnezeu: „Doamne, de ce nu m-ai salvat?" Dumnezeu i-a răspuns: „Nu ți-am trimis Eu două bărci și un elicopter?"

Ideea acestei povestiri este că mulți dintre noi așteaptă pasivi ca Dumnezeu să le dea vindecarea și ajutorul. Scriptura ne prezintă un model diferit. Dumnezeu ne deschide ușa, dar așteaptă ca noi să intrăm pe ea.

Însă cei mai mulți dintre noi nu știu cum să pășească spre Dumnezeu. Precum bărbatul inundat, așteptăm și noi un miracol, în timp ce Dumnezeu ne cheamă să sărim cu El în barcă. Bărbatul din istorioară a murit din cauza pasivității sale și nu pentru că Dumnezeu nu putea sau nu voia să-l salveze. În același fel, simpla lectură a acestei cărți nu te va putea elibera.

Pentru a beneficia de tot ce-ți poate oferi această carte, trebuie să meditezi la impactul pe care lucrurile descoperite aici îl au asupra vieții tale. Apoi, trebuie să aduci aceste lucruri înaintea lui Dumnezeu. Secțiunea de rezumat și de întrebări, de la finalul fiecărui capitol, are menirea să te ajute să sari cu Dumnezeu în barcă. Poți folosi această secțiune, notându-ți gândurile într-un jurnal de rugăciune (vezi, mai jos, secțiunea *Jurnalul de rugăciune*). În Capitolul al VII-lea, vei învăța cum să primești slujirea prin rugăciune pentru problemele personale pe care le-ai descoperit în primele șase capitole.

VĂDUVE, ORFANI ŞI PRIZONIERI

Câteva cuvinte despre această carte

- Cartea are două părţi: **Văduve şi orfani – restaurarea familiei şi Prizonieri – eliberarea captivilor**. Prima parte examinează principiile spirituale fundamentale care stau la baza bunăstării noastre şi a relaţiei noastre cu Dumnezeu. Aplicând aceste adevăruri la relaţiile noastre familiale şi interpersonale, vom descoperi cauza multora dintre problemele noastre şi vom păşi spre binecuvântările promise de Dumnezeu.

- În a doua parte a cărţii, vom vedea că unele dintre programele sociale ale fostului regim comunism au condus la idolatrie, aducând blestem în vieţile noastre. Vom explica apoi planul lui Dumnezeu pentru restaurarea şi eliberarea noastră din aceste practici păcătoase, prin aplicarea principiilor învăţate în această carte.

- Anexele cărţii conţin informaţii despre salvare, despre domnia lui Cristos în vieţile noastre, despre bazele doctrinei creştine şi despre modalităţile de slujire care sprijină întoarcerea de la blestem la binecuvântare.

Jurnal de rugăciune
O observaţie importantă pentru cei care caută ajutorul lui Dumnezeu

- Nu neglijaţi rezumatul şi întrebările personale de la finalul fiecărui capitol. Acestea ne amintesc cele mai importante idei ale capitolului şi ne pregătesc să ne întoarcem la binecuvântarea lui Dumnezeu.

- Această carte este un manual cu instrucţiuni pentru autodidacţi, care are menirea nu doar să informeze cititorul, ci şi să-l ajute să se întâlnească cu Dumnezeul cel viu, pentru a-şi rezolva problemele vieţii. A fi autodidact înseamnă a participa activ la procesul învăţării. Nu este suficient să citeşti! Este important să ţii un jurnal, adică să notezi răspunsurile tale la fiecare capitol. Pe baza acestor răspunsuri, vei putea beneficia de slujirea de rugăciune din Capitolul al VII-lea, pentru a-ţi rezolva problemele de viaţă descoperite în primele şase capitole.

OTTO BIXLER

Jurnalul de rugăciune

La sfârşitul acestui capitol şi la sfârşitul fiecărui capitol de învăţătură, vei găsi un rezumat al informaţiilor prezentate, în secţiunea *Concepte cheie*. După ce ne vom împrospăta cunoştinţele prin această recapitulare, vom putea chema prezenţa salvatoare şi vindecătoare a lui Dumnezeu, folosind secţiunea următoare, intitulată *Întrebări cheie*. Dacă nu ai ţinut niciodată un jurnal, iată câteva sugestii care i-au ajutat pe mulţi să înceapă:

- Poţi folosi un carnet sau un caiet mic, ca şi cele folosite de elevi pentru a lua notiţe.
- Nu folosi caietul în alte scopuri.
- Scrie data, ori de câte ori notezi un lucru nou.
- Păstrează caietul la loc sigur, departe de ochii celorlalţi.
- La începutul primei pagini, scrie titlul: *Întrebări cheie*, Capitolul I.
- Notează prima întrebare din capitol.
- Ia-ţi timp şi roagă-l pe Domnul să te ajute să dai un răspuns sincer şi concret la această întrebare.
- Transcrie fiecare întrebare şi notează răspunsul tău dedesubt.
- Întreabă-L din nou pe Domnul dacă ar mai trebui să adaugi ceva şi apoi reacţionează imediat.
- Foloseşte tot spaţiul de care ai nevoie, înainte de a trece la următoarea întrebare. Scrie citeţ, pentru a-ţi putea reciti notiţele când vei ajunge la Capitolul al VII-lea, capitolul de slujire. Răspunsurile din jurnal te vor călăuzi pentru a începe să primeşti vindecare de la Dumnezeu.
- Nu te grăbi. Nu trebuie să răspunzi dintr-odată la toate întrebările. Dar te rog să tratezi problema cu seriozitate şi să abordezi toate întrebările şi aspectele pe care ţi le descoperă Dumnezeu prin această carte.
- Urmează aceeaşi procedură la sfârşitul fiecărui capitol.

VĂDUVE, ORFANI ŞI PRIZONIERI

Concepte cheie din Capitolul I

- În fosta lume comunistă, există o instabilitate generală la nivelul familiei şi al societăţii. Nu este doar situaţia familiei tale. Însă acesta nu este planul şi scopul lui Dumnezeu pentru tine, iar situaţia nu este aceeaşi în întreaga lume. Această stare este cauzată, în mare parte, de practicile păcătoase promovate de comunismul marxist-leninist.

- Dumnezeu este drept; când oamenii şi naţiunile încalcă în mod continuu poruncile şi legile Lui, încep să piardă favoarea, bunăstarea şi pacea Sa. Starea noastră actuală este cauzată, în mare parte, de comportamentul nostru spiritual greşit.

- Împreună cu înţelegerea spirituală a practicilor sociale şi individuale proprii comunismului, vom descoperi câteva dintre cauzele majore ale problemelor noastre. Slujirea prin rugăciune, împreună cu înţelegerea spirituală, duce la eliberarea şi la vindecarea de aceste suferinţe. Această libertate şi vindecare ne este disponibilă numai în şi prin Numele lui Isus.

Întrebări cheie din Capitolul I

În Jurnalul tău de rugăciune, te rog să răspunzi la următoarele întrebări *

1. Îl cunosc eu pe Domnul Isus Cristos, ca Salvator şi Domn al meu? Am rostit vreodată o rugăciune de mântuire? Când şi cum am primit mântuirea? L-am făcut vreodată pe Isus Domn peste întreaga mea viaţă? (Vezi Anexa I, *Salvator şi Domn*, pentru mai multe informaţii)
2. Provin eu dintr-o familie destrămată? Cum şi de ce s-a destrămat familia mea? Pe cine consider responsabil? Cum m-a afectat pe mine situaţia de faţă?
3. Căsnicia/ familia mea s-a destrămat? Ce anume a dus la destrămarea ei şi pe cine consider responsabil?
4. Sunt eu dispus să cred că Isus Cristos îmi va restaura viaţa? Ce mă împiedică să vin la El într-un mod mai profund?

* Vezi paragrafele despre *Jurnalul de rugăciune*, de la paginile 21-22.

LEGILE SPIRITUALE CARE GUVERNEAZĂ LUMEA

CAPITOLUL II

Acoperișuri, sobe și mine de teren

Principiile ascunse care guvernează viața, moartea și fericirea

Încă din fragedă copilărie, am învățat să nu atingem soba fierbinte, ca să nu ne ardem, și să nu sărim de pe acoperișul unei clădiri, ca să nu murim. Cunoașterea elementară a legilor naturale ne ajută să ne păstrăm viața și sănătatea fizică. Însă majoritatea oamenilor nu cunosc legile spirituale, deși acestea sunt mult mai importante. Ele ne afectează nu doar viața de zi cu zi, ci și destinul etern în rai sau în iad, atunci când trupurile noastre mor. În funcție de raportarea noastră la aceste legi spirituale care guvernează viața și moartea, vom avea parte de binecuvântare sau de blestem. Pe parcursul acestui capitol, vom descoperi câteva dintre aceste adevăruri spirituale fundamentale. Cunoașterea lor ne va feri de multe greutăți ale vieții, ne va aduce mai multă pace și prosperitate și ne va ajuta chiar să scăpăm de problemele trecutului.

Speranța mea este că vei ajunge atât de entuziasmat de adevărurile spirituale ale lui Dumnezeu, încât îți vei dori să le cunoști mai bine și vei începe să cercetezi tu însuți Scripturile, pentru a le găsi. În ele se găsesc comori ascunse, care așteaptă să fie descoperite de cei ce caută înțelepciunea și cunoașterea lui Dumnezeu. Fără această cunoaștere, avem tendința să repetăm la nesfârșit greșelile trecutului, suferind inutil în ignoranța noastră.

Suferință și ignoranță

Așa cum am descoperit în Capitolul I, Domnul a vorbit prin profetul Osea, spunând: „Poporul meu piere (este distrus) din lipsă de cunoştinţă". Apostolul Pavel a scris, în Epistola sa către biserica din Efes, că mulţi

> *au mintea întunecată, fiind străini de viaţa lui Dumnezeu din pricina neştiinţei în care se află . . .* Efeseni 4:18

Aceasta este starea în care se află cei mai mulţi dintre noi. Şi, cu toate că ne vedem problemele, nu vedem care este cauza lor. Suferim din cauza propriei noastre ignoranţe. De fapt, ideea că problemele noastre au o cauză spirituală ne surprinde pe mulţi. Vom reveni la această temă din Capitolul I şi vom săpa mai adânc, pentru a vedea de ce ne confruntăm cu anumite probleme. Avem nevoie atât de informare, cât şi de înţelegere, pentru a nu cădea din nou în aceleaşi capcane spirituale, suferind aceleaşi consecinţe: distrugerea anumitor părţi din viaţa noastră.

Haideţi să privim această chestiune din altă perspectivă! Scriind aceste rânduri, am convingerea că Tatăl ceresc ne avertizează chiar acum că, la nivel spiritual, unele lucruri din vieţile noastre sunt la fel de periculoase ca şi marginile acoperişurilor şi la fel de fierbinţi ca o plită de aragaz, de care trebuie să ne ferim. Dificultatea constă în faptul că nu ştim care sunt aceste lucruri. Nu reuşim să percepem legătura cauză – efect. Numai Tatăl ceresc ne poate învăţa această legătură. Toate acestea vor fi analizate în profunzime, în acest capitol.

Legile spirituale, căi spre libertate şi fericire

Cum acţionează legile spirituale

Multe dintre principiile spirituale care ne călăuzesc spre binecuvântare şi ne feresc de nenorocire sunt scrise în Biblie, sub forma legilor spirituale. Deşi multora dintre noi ni s-a spus că legile spirituale vin dintr-o dorinţă parentală a lui Dumnezeu de a-Şi ţine copiii sub control, limitându-le posibilităţile de distracţie, lucrul acesta nu este adevărat. Aceste legi sunt, de fapt, principii imparţiale, exact ca legea gravitaţiei, care afirmă ce se va întâmpla dacă, din punct de vedere spiritual, sărim de pe stânci sau de pe acoperişuri. Legile spirituale mai pot fi asemănate cu nişte mine de teren, care ne vor arunca în aer, împreună cu familiile noastre, dacă pășim în zona lor, chiar și neintenționat. Aceste legi spirituale sunt principiile divine care stau la temelia lumii și o guvernează. Ele se aseamănă cu principiile fizicii și ale chimiei, despre care învățăm la școală, deosebindu-se de acestea doar prin faptul că nu se referă la domeniul fizic. Legile spirituale ne afectează viața și fericirea prezentă, iar când trupul nostru va muri, vor afecta și destinul nostru etern. Aceste legi sunt scrise în Biblie, manualul lui Dumnezeu pentru viață.

Există multe legi spirituale, însă în această carte le vom examina doar pe cele esențiale pentru înțelegerea robiei spirituale și a statutului nostru de văduve, orfani și prizonieri. Aceste legi au efect când încălcăm poruncile lui Dumnezeu. Ele au puterea să ne țină în izolare, disperare și blestem sau să ne elibereze, în funcție de modul în care acționăm. Expresia conceptuală cheie aici este *în funcție de modul în care acționăm*. Aceste legi spirituale sunt principii imuabile, neschimbabile, care există de dinainte de întemeierea lumii. Ele reprezintă temelia vieții în universul creat de Dumnezeu. Dacă dorim o schimbare în viața noastră, trebuie să înțelegem că legile spirituale nu se schimbă. Deci ceea ce trebuie să se schimbe este modul nostru de gândire și acțiune. Dacă neglijăm aceste legi, pentru a ne conforma obișnuințelor sociale și familiale deprinse de la părinți și tiparelor păcătoase ale culturii noastre, viețile noastre și ale copiilor noștri vor oglindi în continuare starea generală a poporului nostru.

Cele patru legi fundamentale

Aceste patru legi, scrise în Biblie cu secole în urmă, sunt și astăzi la dispoziția celor ce vor să le urmeze pentru a-și transforma viața. Ele sunt testate și adevărate. Conformându-ne lor în ultimii douăzeci și cinci de ani din viața noastră, am primit eliberare și prosperitate de la Dumnezeu și am fost folosiți de El pentru a ajuta la eliberarea din robie a mii de oameni. Vom examina aceste legi fundamentale și apoi vom vedea cum să le folosim în beneficiul nostru. Te invit să te alături celor liberi și binecuvântați, care au lăsat în urmă ignoranța, sclavia și durerea.

Legea iertării

Prima lege pe care o vom examina este consemnată în Evanghelia după Matei, în capitolul 6, versetele 14 şi 15: *"...Dacă iertaţi oamenilor greşelile lor, şi Tatăl vostru cel ceresc vă va ierta greşelile voastre. Dar dacă nu iertaţi oamenilor greşelile lor, nici Tatăl vostru nu vă va ierta greşelile voastre."* Aceasta este apoi repetată şi clarificată de Isus, la finalul capitolului 18 din Matei, în parabola despre datornicul care a refuzat să ierte. După ce istoriseşte parabola, Isus arată că, atunci când refuzăm să iertăm pe alţii, Dumnezeu nu ne mai protejează, ci ne lasă pe mâna torţionarilor demonici, care au acces asupra noastră, până când ne schimbăm perspectiva şi decidem să iertăm.

Când cineva ne îndurerează sau ne răneşte, se întâmplă câteva lucruri. Mai întâi, simţim impactul dăunător (de ex., durerea pe care am experimentat-o). În al doilea rând, intervin reacţiile noastre – sentimentul pierderii, durerea, ruşinea. În al treilea rând, ne dorim să facem dreptate, adică să-i cauzăm celui care ne-a rănit o durere cel puţin egală cu a noastră. Dacă nu ne oprim înainte de punctul doi şi trei, vom avea probleme. În inimile noastre, îl considerăm responsabil pe cel ce ne-a rănit. Poate că suntem plini de mânie şi vrem să-l rănim, la rândul nostru. Această intenţie se numeşte răzbunare. Dumnezeu ne cere să abandonăm cu totul această problemă (sau persoană) în mâinile Lui. El este Cel care va prezenta plângerea noastră în faţa tribunalului ceresc, pentru a judeca şi a da sentinţa necesară.

De aceea, aşa vorbeşte Domnul: „Iată, îţi voi apăra pricina şi te voi răzbuna..." Ieremia 51:36

Când nu renunţăm la chestiunea respectivă, la durerea, la acuzaţia şi la dorinţa noastră de răzbunare, păcătuim. Nu noi suntem cei care trebuie să se ocupe de această problemă, ci Isus. Perspectiva şi sentimentele noastre justiţiare distorsionate de durere nu reflectă capacitatea lui Isus de mediator al dreptăţii şi al justiţiei.

Poate că te întrebi: „Dar ce să fac cu durerea, cu suferinţa, cu ruşinea?" Aceste lucruri trebuie date lui Isus, imediat după ce am

VĂDUVE, ORFANI ŞI PRIZONIERI

fost răniţi, pentru ca El să ne poată mângâia. Golirea inimii de suferinţă şi de durere face parte din procesul iertării. Ea face loc mângâierii lui Dumnezeu şi ne ajută să încetăm cu învinovăţirea, blamarea şi acuzarea. Dacă nu este alimentat de combustibilul durerii şi al emoţiilor, focul dorinţei de răzbunare se va stinge şi ne va fi mai uşor să ne încredem în dreptatea lui Dumnezeu. A ierta pe cineva nu presupune că trebuie să ne încredem din nou în acea persoană în domeniul în care ne-a rănit, dacă ea nu s-a schimbat. Iertarea presupune, pur şi simplu, că am renunţat la pretenţia de a ne răzbuna, în favoarea lui Isus. Această abdicare personală nu înseamnă că omul care ne-a rănit a fost transformat sau schimbat. Există o diferenţă imensă între a fi iertat şi a fi de încredere.

Legea iertării ne arată că răsplata şi pedeapsa pe care le vom primi în locurile cereşti[1] se bazează pe ceea ce facem sau gândim aici pe pământ. Mulţi dintre noi suntem atât de înglobaţi în materialism, ştiinţă, istorie, medicină, psihologie sau chiar religie tradiţională, încât nu ne gândim niciodată la posibilitatea ca suferinţa noastră prezentă să fie o manifestare a consecinţelor spirituale ale comportamentului nostru pământesc. Multe biserici pun accentul pe evanghelizare, dorind ca mântuirea să ne deschidă poarta cerului, pentru a avea viaţă eternă când trupurile noastre mor. Însă cei care s-au convertit şi au devenit membri ai bisericii au nevoi şi probleme de origine spirituală. Multe dintre greutăţile lor sunt consecinţa păcatelor altora împotriva lor. Lipsa iertării pentru rănile suferite şi sentimentul trădării sunt adesea chestiuni esenţiale. Una dintre dificultăţile majore cu care se confruntă creştinii este iertarea celor ce i-au rănit.

Vă voi împărtăşi acum o experienţă recentă dintr-o biserică, pentru a vă arăta cum poate acţiona legea iertării în viaţa cuiva.

> Cu puţin timp în urmă, o tânără misionară a venit la noi pentru rugăciune, la sfârşitul serviciului de închinare al bisericii. Ea suferea de o tumoare ovariană şi se simţea foarte rău. Doctorii o informaseră că va trebui să se opereze de urgenţă, deoarece tumoarea îi punea viaţa în pericol.

---

[1] Capitolul al III-lea, *Iertarea - o abordare mai profundă*, dezvoltă mai pe larg acest subiect.

În timp ce ne rugam pentru tânăra respectivă, chiar acolo în biserică, Dumnezeu mi-a dat nişte întrebări pentru ea. Acestea au început să desfacă legăturile neputinţei, care o ţineau în suferinţă fizică. Slujirea s-a desfăşurat astfel: „Spune-mi despre stima ta de sine. Ai o părere bună despre tine?" În momentul când ea a adus această chestiune înaintea Domnului, cerându-i ajutorul, răni adânci au ieşit la suprafaţă. Simptomul fizic era tumoarea care-i ameninţa viaţa, dar, împreună cu această boală fizică, ea suferea şi de o stimă de sine scăzută şi chiar de ură de sine. Mergând până la rădăcina problemei, am descoperit că, în copilărie, fusese abuzată sexual de o rudă apropiată. Acest act a devalorizat-o foarte profund şi a condus la ură de sine.

În cele din urmă, a trebuit să abordăm şi rădăcina neiertării faţă de cel care a abuzat-o. În final, tânăra l-a încredinţat pe abuzator în mâinile lui Isus, pentru a fi judecat sau iertat. Ea şi-a exprimat toată mânia şi durerea înaintea lui Isus, spunându-I exact cum s-a simţit. Efectul a apărut imediat. A fost eliberată de ura de sine, generată de acuzaţiile diavolului că ea ar fi avut o vină în desfăşurarea abuzului. Ura de sine a fost cea care a permis tumorii să crească.

În momentul când ura de sine a ieşit din viaţa ei, duşmanul nu a mai avut dreptul de a ţine acolo tumoarea. Când s-a întors la doctor, după câteva zile, pentru a discuta despre operaţie, s-a descoperit că tumoarea se micşorase atât de mult, încât nu mai trebuia operată.

Ura de sine şi mânia mocnită, cauzate de lipsa de iertare a acestei tinere, au chinuit-o emoţional şi fizic şi au favorizat apariţia unei boli potenţial fatale. Durerea a condus-o la Isus şi la soluţia Lui atât de clar exprimată în legea iertării. Prin schimbarea atitudinii din inimă şi prin iertarea atacatorului, ea însăşi fiind iertată de păcatul neiertării, tânăra a fost eliberată.

Neiertarea poate duce, adesea, la un duh de judecată, pentru că avem tendinţa de a critica aspru caracterul şi personalitatea celui care ne-a rănit sau ne-a ofensat. Vom explora în detaliu acest concept, în următoarea secţiune.

Legea judecăţii

Neprihănirea şi dreptatea sunt temeliile tronului lui Dumnezeu, fundamentele pe baza cărora administrează întreaga Sa creaţie (Psalm 89:14). Judecata implică o comparaţie cu un standard de acceptare, de calitate sau de dreptate. Când Dumnezeu judecă, El ştie totul, inclusiv ceea ce este sau a fost în inima cuiva (Proverbe 2:2). El pune pe un taler atitudinile şi intenţiile inimii şi pe altul, standardele dreptăţii Sale. Apoi, ia măsurile corespunzătoare.

În Daniel 5, Dumnezeu scrie pe peretele palatului că împăratul a fost cântărit (pe cântarul lui Dumnezeu) şi găsit uşor. Când Dumnezeu cântăreşte pe cineva, o face în mod absolut corect, ţinând cont de toate lucrurile. Isus este Judecătorul drept al tuturor (Fapte 17:31). Dar, când noi cântărim şi judecăm, apar patru probleme majore: 1. Nu cunoaştem totul. 2. Nu suntem imparţiali 3. Nu înţelegem pe deplin standardele lui Dumnezeu 4. Dacă judecăm, ocupăm locul lui Isus, Judecătorul. Când judecăm sau evaluăm pe alţii, păcătuim. Legea judecăţii ne vorbeşte despre propria noastră pedeapsă.

Legea judecăţii acţionează în mod similar legii iertării, despre care am vorbit în secţiunea precedentă. În mod supranatural, ne vom izbi de probleme, pentru că am încălcat porunca lui Dumnezeu (vezi Anexa a II-a, *Poruncile şi legile spirituale ale lui Dumnezeu*, pentru o prezentare mai detaliată a acestor principii). Legea judecăţii ne arată pedeapsa corectă pe care o vom primi când nu urmăm porunca lui Isus:

Nu judecaţi, ca să nu fiţi şi voi judecaţi. Matei 7:1

Apostolul Pavel revine cu această poruncă în Epistola către Romani, referindu-se la toţi cei care îi judecă pe alţii:

. . . căci prin faptul că judeci pe altul, te osândeşti singur . . ." Romani 2:1

În continuare, Pavel arată că, deși ne putem simți superiori celor pe care îi judecăm, de fapt, dacă e să fim sinceri, există în viața noastră domenii în care facem și noi aceleași greșeli. Problema este că, atunci când îi condamnăm pe alții, involuntar rostim această judecată și asupra noastră înșine. Pavel ne mai spune că judecata lui Dumnezeu va cădea, pe drept cuvânt, asupra celor care practică aceste lucruri (inclusiv a noastră). Isus arată clar ce se va întâmpla cu noi, cei care-i judecăm pe alții:

Căci cu ce judecată judecați, veți fi judecați; și cu ce măsură măsurați, vi se va măsura. Matei 7:2

În calitate de consilieri în rugăciune, vedem mereu consecințele judecății în viețile oamenilor. Este ca un blestem asupra propriei persoane. Singura cale de scăpare este să renunțăm la acest păcat și să ne cerem iertare pentru vorbele de judecată și pentru că am „ținut evidența" greșelilor altei persoane. Putem fi eliberați doar în Numele și prin sângele scump al lui Isus, care nu numai că ne deschide ușa cerului, dar ne și eliberează din sclavie, cât suntem încă pe pământ.

Haideți să vedem cum acționează legea judecății în viața cuiva. Nu voi uita niciodată această întâmplare, deoarece ea se referă chiar la mine. Dificultatea de a recunoaște relația cauză – efect, în cazul păcatelor noastre, vine din faptul că, adesea, neascultarea s-a întâmplat cu mult timp în urmă, poate chiar în copilărie, fiind astfel de mult uitată. Așa au stat lucrurile și în cazul meu.

Eram căsătorit de puțin timp, când am observat o schimbare neplăcută în comportamentul soției mele. Întârzia din ce în ce mai mult, când trebuia să plecăm undeva împreună.

Îmi aminteam că, înainte de căsătorie, ajungea mereu la timp, cu precizia unui ceas elvețian. Acum însă, indiferent unde mergeam, nu reușea defel să fie punctuală. Fiind creștin născut din nou de curând, cu doar câțiva ani de experiență în comunicarea și în trăirea după voia lui Dumnezeu, făceam eforturi pentru a-mi exprima nemulțumirea. Până în acest moment, reușisem doar câteva aluzii blânde cu privire la ora la care trebuia să ajungem undeva.

VĂDUVE, ORFANI ŞI PRIZONIERI

Soţia mea observase, însă, „problema ei" şi începuse să ia măsuri împotriva întârzierilor tot mai mari. Fără ca eu să ştiu, ea începea sistematic să se pregătească mai devreme, ori de câte ori trebuia să mergem undeva.

Un timp a încercat să îndrepte lucrurile, începând să se pregătească cu cincisprezece minute mai devreme, dar totuşi întârzia. Atunci, a început pregătirile cu jumătate de oră mai devreme, dar şi aşa întârzia. Lunile treceau şi părea că nimic nu va reuşi s-o scoată din casă la timp, când aveam de mers undeva.

Odată cu trecerea timpului, intoleranţa mea faţă de întârzierile ei creştea, cauzând multă tensiune în dreptul meu şi al relaţiei noastre. În cele din urmă, a venit o zi când n-am mai putut suporta s-o privesc îmbrăcându-se încet şi uitându-se printre haine, ca să decidă ce va purta. Era clar că vom întârzia din nou. Am explodat mânios: „Tu chiar nu poţi fi gata la timp niciodată? Eşti exact ca m-a-m-a!" Ultimul cuvânt s-a chinuit să-mi iasă de pe buze, în timp ce eu mă chinuiam să-l opresc. Am rămas uimit când m-am auzit spunând asta, înţelegând imediat că o judecată din trecut ieşise la suprafaţă.

În clipa următoare, faţa mea s-a înroşit de ruşine, fiindcă păcatul meu zăcea acum descoperit în faţa ochilor noştri. Ştiam amândoi foarte bine ce este o judecată, deci am recunoscut-o imediat ce şi-a făcut apariţia în casa noastră. În timp ce ne priveam nemişcaţi, expresia de vinovăţie şi de ruşine de pe faţa soţiei mele s-a transformat în cea a unui avocat al acuzării, interogând un martor în sala de judecată. S-a apropiat de mine, cu mâinile în şolduri şi cu ochii fixaţi asupra mea. Cu un zâmbet uşor superior, mi-a cerut: „Vorbeşte-mi despre mama ta!"

Am ştiut imediat că s-a zis cu mine: eram acuzat, găsit vinovat şi condamnat... totul în doar câteva secunde. Condamnatul fusese acum achitat, iar acuzatorul păşise el însuşi în boxa acuzaţilor.

În adolescență, devenim extrem de conștienți de cei din jur, ceea ce ne face foarte vulnerabili la sentimentul penibilului. Această vulnerabilitate se manifestă când descoperim diferențe reale sau imaginare între noi și familie sau cei din jur. La această vârstă, nu vrem să ne deosebim cu nimic de ceilalți.

Acesta a fost și cazul meu. Observasem că familia mea întârzia adesea la evenimente sociale, fapt pentru care mă simțeam penibil. Încercând să descopăr cauza acestor întârzieri, am ajuns la concluzia că vina îi aparține mamei, care nu reușea să se pregătească de plecare la timp. Familia noastră continua să întârzie, iar eu continuam să-mi judec mama. Îmi amintesc și azi ziua când am răbufnit și apoi am plecat de acasă, lăsându-mi în urmă familia care se pregătea prea încet. Trântind ușa și năvălind în stradă, am strigat: „Nu știu ce faceți voi, dar eu, unul, plec acum și voi ajunge la timp!" Aceste cuvinte erau pline de judecată, de condamnare și de superioritate.

Păcatul meu o făcea pe soția mea să întârzie. Mai târziu, povestea despre această situație: „Era ca și când aș fi mers prin lipici, ori de câte ori încercam să plecăm undeva împreună. Pur și simplu, nu mă puteam mișca mai repede și tot timpul se întâmplau lucruri care mă făceau să întârzii."

Încălcarea poruncii lui Dumnezeu de a nu judeca, pune în mișcare legea judecății. Condamnarea pentru încălcarea acestei legi reflectă în mod uimitor păcatul însuși. Și chiar dacă acest păcat nu duce la excluderea din cer, cu siguranță că ne face să suferim aici, pe pământ (vezi Anexa a V-a, *Trecător versus etern*). În acest caz, pedeapsa pentru că mi-am judecat mama s-a răsfrânt asupra mea după mai mulți ani, prin comportamentul soției mele. După cum ne va arăta următoarea lege, Dumnezeu nu Se lasă batjocorit; acțiunile noastre de azi vor avea consecințe în viitor. Însă, deoarece suferința noastră poate surveni cu mulți ani după momentul păcatului, adesea nu înțelegem că aceasta este o pedeapsă.

În acea după amiază, mi-am mărturisit păcatul judecății și m-am pocăit de el, iar Dumnezeu a eliberat-o pe soția mea din funcția de instrument al pedepsei mele. Acum, nu mai are probleme cu întârzierea. Mai degrabă întârzii eu decât ea.

Pedeapsa păcatului judecății nu se manifestă întotdeauna prin intermediul partenerilor noștri, însă survine de multe ori ca urmare a faptului că ne judecăm părinții. Dacă un bărbat vine să ni se plângă de soția lui, îl întrebăm: „Cum era mama ta?" Este uimitor cât de multe femei supraponderale au soacre supraponderale și cât de mulți bărbați alcoolici au socri alcoolici. Legile divine sunt mereu în vigoare, iar modul și timpul în care se împlinesc sunt în mâna lui Dumnezeu.

Poate că în acest moment cauți tipare de judecată în propria-ți viață, căsnicie sau familie. Rugăciunile din Capitolul al VII-lea te vor ajuta să te eliberezi de consecințele legii judecății, prin singurul remediu posibil, sângele lui Isus vărsat asupra acestui păcat. Primindu-L pe Isus ca Mântuitor, putem deveni copiii lui Dumnezeu, care vor ajunge în cer. Prin mărturisirea păcatelor și prin pocăința de ele, primim dreptul de a pune sângele lui Isus pe ușiorii vieților noastre pământești, pentru a fi protejați de probleme, așa cum s-a făcut la Sărbătoarea Paștelui, când moartea nu a putut intra în casele evreilor.

Legea semănatului și a seceratului

Nu vă înșelați: Dumnezeu nu se lasă să fie batjocorit. Ce seamănă omul, aceea va și secera. Galateni 6: 7 (vezi și Osea 10:12, 13; Exod 34:6, 7)

Dacă plantăm buruieni, ne-am putea oare aștepta să culegem porumb sau pepeni?! Totuși mulți dintre noi se miră că au necazuri, fiindcă au uitat sau nu au știut niciodată că acestea sunt consecințele unui păcat. Uneori, judecata lui Dumnezeu pentru acest păcat vine mult după comiterea lui, iar noi nu facem legătura cauză – efect și continuăm să suferim, neștiind că există o soluție.

Legea semănatului și a seceratului acționează în mod similar cu legea judecății, în sensul că pedeapsa, condamnarea temporară sau greutățile pe care le experimentăm reflectă modul în care am încălcat legea. Diferența dintre această lege și cea precedentă este că legea semănatului și a seceratului nu implică în mod necesar judecarea altora. Este doar un principiu care ne ajută să înțelegem asemănările clare dintre păcatele noastre și consecințele lor. Mai simplu spus, sămânța (păcatul, actul inițial de neascultare) va rodi ceva asemănător ei.

Haideți să vedem cum acționează această lege, privind la Cartea Judecători din Biblie. În această povestire, triburile evreilor continuă cucerirea țării Canaan, după moartea lui Iosua.

Iuda s-a suit, și DOMNUL a dat pe Canaaniți și pe Fereziți în mâinile lor; au ucis zece mii de oameni la Bezec. Au găsit pe Adoni-Bezec (regele) la Bezec; au pornit lupta împotriva lui, și au bătut pe Canaaniți și pe Fereziți. Adoni-Bezec a luat fuga; dar ei l-au urmărit și l-au prins, și i-au tăiat degetele cele mari de la mâini și de la picioare. Adoni-Bezec a zis: „Șaptezeci de împărați, cu degetele cele mari de la mâini și de la picioare tăiate, strângeau mâncare sub masa mea; Dumnezeu îmi răsplătește și mie cum am făcut." Judecători 1:4-7

În acest caz, regele și-a conștientizat păcatul și a înțeles ce i s-a întâmplat. Mulți dintre noi experimentează consecințele păcatelor, fără a fi conștienți de cauzele lor. Înțelegând cum acționează această lege, este adesea posibil să mergem pe firul suferinței, pentru a-i descoperi cauza. Apoi ne putem mărturisi păcatul, pocăindu-ne și fiind iertați în Numele lui Isus. Acest proces începe să ne elibereze de consecințele încălcării legii lui Dumnezeu prin acel păcat specific.

Cu câțiva ani în urmă, ne-a cerut ajutorul un bărbat pe nume Petru (nu este numele lui real), care suferea de migrene cronice. Am rostit o rugăciune simplă de vindecare, dar nu s-a întâmplat nimic. Începând să-i punem întrebări, am aflat că se lovea foarte des la cap, chiar și în

VĂDUVE, ORFANI ȘI PRIZONIERI

timpul activităților casnice de rutină. Însă părea să nu existe nici un punct de origine al acestor probleme.

După ce L-am rugat pe Duhul Sfânt să ne arate cauza, bărbatul și-a amintit brusc o întâmplare din familia sa. Cu câteva generații în urmă, într-o familie de țărani s-a născut un copil cu handicap sever. Neștiind ce să facă cu el, tatăl l-a dus în hambar și l-a omorât cu o lovitură în cap. El a comis păcatul uciderii.

L-am condus pe Petru într-o rugăciune de pocăință pentru crima comisă de familia lui și o rugăciune de iertare pentru cei care au deschis ușa spirituală a pedepsei în viața lui. În timp ce îl slujeam din nou, proclamând libertatea în Numele și prin sângele lui Isus, Petru a fost vindecat instantaneu. După câteva luni, când l-am întâlnit din nou, nu mai suferea de migrene și nu se mai lovea la cap. Fusese eliberat de consecințele încălcării legii semănatului și a seceratului.

Prin această relatare, am introdus un nou concept: păcatul generațional, cu consecințe prezente (vezi Capitolul al IV-lea, *Păcatele familiei*, pentru o explicație mai detaliată a păcatului generațional). Am văzut mulți oameni din fostele țări comuniste primind eliberarea, în momentul când s-au pocăit de păcatele lor și de cele ale părinților sau ale bunicilor.

Este important să înțelegem că noi suntem responsabili de toate păcatele noastre:

Căci toți trebuie să ne înfățișăm înaintea scaunului de judecată al lui Cristos, pentru ca fiecare să-și primească răsplata după binele sau răul, pe care-l va fi făcut când trăia în trup. 2 Corinteni 5:10

Isus a murit pe cruce, pentru a ne dărui nu doar viața veșnică, ci și vindecarea și eliberarea de consecințele păcatului în viața aceasta. De-a lungul anilor, ne-am rugat cu mulți oameni care au fost eliberați de problemele lor curente, în momentul când s-au pocăit de păcatele trecutului.

Suferința noastră prezentă poate fi consecința păcatelor comise atât înainte, cât și după ce L-am primit pe Isus ca Mântuitor. Pedeapsa pentru un păcat nu diferă în funcție de momentul când a fost comis acesta, înainte sau după momentul mântuirii. Mulți rămân surprinși de faptul că mântuirea, care ne deschide poarta cerului, nu ne ferește de suferința experimentată ca urmare a păcatelor noastre cât suntem aici pe pământ. Mai mult, dacă nu ne mărturisim aceste păcate și nu ne pocăim de ele, va trebui să dăm socoteală de ele la poarta cerului, înainte de a intra. Vezi 2 Corinteni 5:10 (versetul de mai sus) și 1 Timotei 4:8.

Toate cele trei legi prezentate în acest capitol ne vorbesc despre destinul nostru și despre legătura dintre binecuvântările pământești și modul în care gândim și acționăm față de Dumnezeu și oameni. Aceste legi spirituale ne arată importanța iertării și a renunțării la răzbunare, pentru că, în funcție de atitudinile și de acțiunile noastre, vom avea parte de binecuvântări sau de greutăți. Este foarte simplu. O mare parte din experiențele pe care le trăim sunt influențate de gândurile, de vorbele sau de acțiunile noastre.

Aceste trei legi spirituale par simple, dar înțelegerea modului cum se aplică ele la viețile noastre este un proces de revelații succesive în umblarea noastră cu Domnul.

Legea idolatriei

Să nu-ți faci chip cioplit, nici vreo înfățișare a lucrurilor care sunt sus în ceruri, sau jos pe pământ, sau în apele de mai de jos decât pământul. Să nu te închini înaintea lor, și să nu le slujești, căci Eu, Domnul Dumnezeul tău, sunt un Dumnezeu gelos, care pedepsesc nelegiuirea părinților în copii până la al treilea și la al patrulea neam al celor ce Mă urăsc, și Mă îndur până la al miilea neam de cei ce Mă iubesc și păzesc poruncile Mele... Exod 20:4-6

Legea idolatriei se găsește în a doua dintre Cele Zece Porunci și este strâns legată de prima poruncă. Atât închinătorii la idoli, cât și urmașii lor vor avea parte de necazuri. Studiind cum acționează idolatria și cine cade în capcana ei, vom începe să înțelegem de ce

VĂDUVE, ORFANI ȘI PRIZONIERI

Dumnezeu Și-a început Cele Zece Porunci vorbind împotriva acestui păcat. Idolatria este primul păcat care îi separă pe oameni de Dumnezeu.

Trebuie să fim atenți când analizăm această lege. Mai întâi, Dumnezeu ne poruncește să nu ne închinăm la idoli. În continuarea acestei porunci vine legea care enunță ce se va întâmpla, dacă ne vom închina la idoli. Legea este prevederea legală a pedepsei pentru cei care încalcă porunca. Examinând această lege și modul ei de acțiune, s-ar putea să descoperi zone ascunse de idolatrie în propria ta viață. În a doua parte a acestei cărți, vom analiza rădăcinile comunismului, care au condus la idolatrie și care ne afectează, încă, viețile. Procesul eliberării de blestemul idolatriei va fi explicat în Capitolul al VII-lea, *Libertatea obținută prin rugăciune*.

Legea idolatriei ne spune, în esență, că aceia care se închină unor dumnezei falși (de ex., Budha, numeroșii zei hinduși: Brahma, Șiva, Vișnu, Krâșna, zeul maimuță sau zeitățile antice, precum Diana/ Artemis - regina cerului, Zeus, Sofia, Tor), vor cădea sub blestemul idolatriei, conform prevederii legale, împreună cu familiile lor.

Însă cum pot eu recunoaște idolatria și efectele ei în viața mea? Cea mai bună modalitate de a recunoaște idolatria este experiența și înțelegerea Scripturii. Câteva exemple din slujirea prin rugăciune vor ilustra cum acționează această lege.

Într-o seară, în timpul unei vizite în Anglia, consiliam, împreună cu soția mea, o femeie care venise la noi cu o problemă. După ce L-am invitat pe Duhul Sfânt să preia controlul, s-a întâmplat ceva uimitor: femeia a intrat într-o stare catatonică. Deși ochii i-au rămas deschiși, nu ne vedea. Toții mușchii i s-au blocat și a rămas nemișcată ca o statuie. Respirația ei era așa de superficială, încât abia putea fi detectată, iar fața ei avea aspectul unei pietre sculptate. N-am reușit nicicum s-o scoatem din această stare. Eram din ce în ce mai îngrijorați că i-am distrus viața, declanșând prin rugăciunea noastră un dezechilibru psihologic sau o boală mintală. În timp ce strigam spre Domnul, El ne-a cerut să citim repede Psalmul 115, care spune:

> *Idolii lor sunt argint şi aur,*
> *făcuţi de mâini omeneşti.*
> *Au gură, dar nu vorbesc;*
> *au ochi, dar nu văd;*
> *au urechi, dar nu aud;*
> *au nas, dar nu miroase;*
> *au mâini, dar nu pipăie;*
> *Au picioare, dar nu merg;*
> *nu scot nici un sunet din gâtlejul lor.*
> *Ca ei sunt cei ce-i fac,*
> *Toţi cei ce se încred în ei.* Psalmul 115:4-8

Având această cunoştinţă de la Dumnezeu, am preluat autoritate asupra duhului de idolatrie (vezi Anexa a VI-a) şi l-am legat, interzicându-i să mai acţioneze cât timp ne rugam pentru femeie. Ea şi-a revenit brusc la normal şi am putut să îi punem câteva întrebări care ne-au ajutat să înţelegem când intrase practica idolatriei în viaţa ei. Când a înţeles aceste lucruri, împreună cu explicaţia noastră referitoare la problema ei, s-a pocăit de această practică păcătoasă şi ne-am rugat pentru ea. Astfel, a fost vindecată şi eliberată de acest duh, prin sângele lui Isus. Toată lauda şi gloria scumpului Său Nume!

Următorul nostru studiu de caz ne va purta în subcontinentul Indiei:

> În timp ce slujeam într-o biserică, Dumnezeu a început să ne descopere diferite infirmităţi de care sufereau unii dintre cei prezenţi. De obicei, Domnul face acest lucru când doreşte să vindece oamenii din acel loc. În acest caz, noi îi chemăm în faţă pe cei suferinzi. Pe aceia pentru care Dumnezeu ne spune să ne rugăm, îi vedem întotdeauna vindecaţi de El. Este dorinţa Lui fierbinte să aducă mila şi compasiunea Lui fiecărei persoane în suferinţă, demonstrându-Şi bunătatea şi puterea, pentru ca ei să-L creadă şi să tânjească să-L cunoască mai profund.

VĂDUVE, ORFANI ȘI PRIZONIERI

Am urmat deci aceeași procedură: am chemat în față oamenii ale căror boli ni le descoperise Domnul și ne-am rugat pentru ei. Am fost șocați de ce s-a întâmplat apoi sau, mai bine zis, de ce nu s-a întâmplat. Nimeni nu a fost vindecat. Surprinderea noastră era întrecută doar de îngrijorare. Unde erau mila, iubirea și puterea lui Dumnezeu? În duhurile noastre, strigam spre El, stând în picioare în mijlocul acelei săli, cu un grup mare de oameni invitați în față, dar nevindecați. În astfel de momente, te întrebi: „Oare chiar L-am auzit pe Dumnezeu?"

Încet, în inimile noastre a venit de sus răspunsul la rugăciune. Acest răspuns avea, de fapt, forma unei întrebări: „Ce au fost oamenii aceștia, înainte de a deveni creștini?" Răspunsul era, desigur, că au fost, cu toții, hinduși. Întrebându-i pe fiecare în parte, am descoperit că niciunul dintre ei nu a renunțat la dumnezeii la care se închinaseră ei și familiile lor. Deși Îl primiseră pe Isus ca Mântuitor, ei nu se pocăiseră niciodată de idolatrie și nu renunțaseră la idoli.

Conform legii idolatriei, ei nu puteau fi vindecați. Acesta a fost mesajul pe care Dumnezeu a vrut să-l primească și să-l înțeleagă toți cei prezenți. Păcatele lor din trecut îi despărțeau de binecuvântările lui Dumnezeu. I-am condus pe toți cei adunați acolo într-o rugăciune de pocăință de păcatul idolatriei personale și familiale și fiecare dintre ei a renunțat la zeii la care se închinase înainte. După ce am legat duhurile de idolatrie și le-am poruncit să plece (am scos aceste duhuri), ne-am putut ruga efectiv pentru vindecarea fiecăruia dintre cei care veniseră în față. Dumnezeu nu ne-a dezamăgit; fiecare dintre ei a fost vindecat imediat!

Deși formele ei de manifestare diferă de la o cultură la alta, idolatria este prezentă pretutindeni. Ea blochează planul lui Dumnezeu în viețile noastre și ne împiedică să ne atingem potențialul deplin în Cristos, bucurându-ne de binecuvântările Lui pentru cei care-L urmează. Anexa a IV-a examinează în detaliu subiectul idolatriei, arătând că există elemente comune mai multor culturi, care iau locul lui Dumnezeu în vieţile noastre, încadrându-se, deci, în definiţia idolatriei. Trebuie să ne pocăim de aceste lucruri. În a doua jumătate a cărţii, *Prizonieri*, vom reveni la acest subiect, cu referire la situaţia celor care au trăit în comunism şi a urmaşilor lor.

Vestea Bună

Deşi acest capitol pare să aducă numai veşti rele, nu este aşa. Noi toţi am fost crescuţi în ignoranţă şi trăim în societăţi care nu-L recunosc pe Dumnezeul adevărat, legile şi poruncile Lui. Deci noi toţi avem domenii aflate în afara zonei de siguranţă a lui Dumnezeu pentru o viaţă binecuvântată şi rodnică aici pe pământ. La finalul acestui capitol, haideţi să ne concentrăm asupra Veştii Bune! Prin mărturisire, pocăinţă şi primirea iertării în Numele lui Isus, putem fi eliberaţi de păcatele trecutului şi ne putem întoarce în graniţele poruncilor şi ale legilor lui Dumnezeu, pentru a ne bucura de binecuvântările Lui. În 2 Cronici 7:14, Dumnezeu ne face o promisiune:

> *Şi dacă poporul Meu peste care este chemat Numele Meu se va smeri, se va ruga, va căuta Faţa Mea, şi se va abate de la căile lui rele, îl voi asculta din ceruri, îi voi ierta păcatul şi-i voi tămădui ţara.* 2 Cronici 7:14 (vezi şi Levitic 26:40-43)

IMPACTUL ASUPRA VIEŢII

Să ne tragem sufletul!

Învăţătura profundă şi intensă din acest capitol ne-a ajutat să descoperim domeniile problematice din vieţile noastre. Pentru a nu fi copleşiţi de aceste descoperiri, ne vom opri o clipă, să ne tragem sufletul, cerând pace şi stabilitate de la Dumnezeu.

Haideţi să-I mulţumim lui Dumnezeu pentru învăţătura primită şi s-o încredinţăm în mâinile Lui. El nu este doar Domnul descoperirii, ci şi Domnul vindecării şi al eliberării de efectele

VĂDUVE, ORFANI ȘI PRIZONIERI

păcatului. El are planul Său pentru vindecarea noastră și va veni să ne întâlnească plin de blândețe, în felul și la timpul Său.

Duhule Sfânt, Te rugăm să vii, să ne întâlnești și să ne aduci pacea Ta, acum, când urmăm instrucțiunile Tale în aceste domenii ale vieților noastre.

Acum, la finalul învățăturii din acest capitol, haideți să ne îndreptăm atenția spre rezumatul conceptelor studiate, de pe pagina următoare. În acest capitol am descoperit cum acționează legile spirituale în viețile oamenilor. Acum, putem să aplicăm aceste informații în dreptul nostru, pentru a vedea cum vrea Dumnezeu să lucreze în aceste domenii ale vieților noastre.

Să ne facem partea – Jurnalul de rugăciune

Ultima parte a acestui capitol începe procesul eliberării de efectele negative ale încălcării legilor spirituale. Într-un duh de rugăciune, haideți să cerem și să așteptăm cu răbdare ajutorul Domnului, pentru a completa jurnalul de rugăciune început în capitolul trecut. Ar putea fi folositor să revezi sugestiile pentru începerea și completarea unui jurnal, de la pagina 22.

Pentru a te pregăti pentru Capitolul VII, *Libertatea obținută prin rugăciune*, vei avea nevoie de o listă care să conțină chestiuni personale descoperite pe parcursul fiecărui capitol. Această listă va cuprinde, de fapt, jurnalul de rugăciune bazat pe răspunsurile tale la *Întrebări cheie*, de la final de capitol – vezi pagina următoare. Este bine să ne amintim din nou că aceasta nu este o cursă contra cronometru. Ia-ți timp pentru a răspunde la întrebări. Dedică timp Domnului pentru completarea jurnalului de rugăciune, programându-ți această întâlnire cu El la ora și în locul în care nu vei fi deranjat.

Concepte cheie din Capitolul al II-lea

Există legi spirituale care guvernează viaţa pe pământ. Cunoaşterea şi folosirea lor ne va conduce spre succes şi fericire. Ignorarea lor ne va aduce eşec, blestem şi nefericire.

Cele 4 legi spirituale majore sunt :
- **Legea iertării** – Daca nu îi iert pe ceilalţi, Dumnezeu nu mă va ierta pe mine. Simplu spus, eu nu voi avea bunăvoinţa lui Dumnezeu, dacă nutresc neiertare în inima mea.
- **Legea judecăţii** – Dumnezeu ne va judeca şi ne va trata în acelaşi mod în care noi îi judecăm şi îi tratăm pe alţii.
- **Legea semănatului şi seceratului** – Întreaga lume este influenţată de această lege. Dacă facem binele, binele se întoarce la noi; dacă facem răul, răul se va întoarce la noi, înmulţit, aşa cum se înmulţeşte o sămânţă plantată.
- **Legea idolatriei** – Cei care se închină la idoli sau sunt implicaţi în lucruri ce conduc la idolatrie, vor muri, adică vor ajunge la fel de nefuncţionali în multe domenii ale vieţii, ca un idol de lemn. Şi mai rău, aceste blesteme le vor afecta urmaşii până la trei sau patru generaţii. Anexa a IV-a extinde definiţia idolatriei, mergând dincolo de chipuri sculptate şi dumnezei falşi, pentru a include orice lucru care ia locul lui Dumnezeu în vieţile noastre.

Întrebări cheie din Capitolul II

Te rog să răspunzi la următoarele întrebări în Jurnalul tău de rugăciune*

1. **Iertarea** – Pe cine nu am iertat? Fă o listă cu persoanele respective. Ce am împotriva lor? De ce nu am putut să trec peste asta?
2. **Judecata** – Există un tipar comportamental negativ sau anumite situaţii problematice care se repetă în viaţa mea sau a soţului/ soţiei mele? Pot identifica vreun astfel de tipar? Este această problemă similară cu ceva ce am văzut şi la alţii? Soţul meu a devenit alcoolic ca şi tatăl meu? Am devenit eu ca tatăl sau ca mama mea în domeniul obiceiurilor rele sau al caracterului? Numeşte aceste domenii. Căsnicia mea s-a destrămat ca şi cea a părinţilor mei? Pe cine am învinuit pentru aceste eşecuri? Pe cine am judecat şi de ce?
3. **Semănatul şi seceratul** – Ce am semănat împotriva căilor lui Dumnezeu, care acum produce roade rele în viaţa mea?
4. **Idolatria** – Există în viaţa mea rădăcini care duc la idolatrie în urma implicării mele în religii false precum hinduism, islam, martorii lui Iehova, ştiinţa creştină etc. sau în practici oculte precum vrăjitorie, ghicirea norocului, cărţi de tarot, horoscop, yoga, Mama Omida/ femeile de la ţară care ghicesc etc.? (Vom relua subiectul în Capitolul IV pentru a vedea cum te poate afecta azi idolatria practicată de generaţiile trecute.)

   Ce lucruri au devenit idoli in viaţa mea – ţigări, alcool, droguri, pornografie, masturbare etc.? (Citeşte Anexa a IV-a pentru a putea răspunde la această întrebare)

* Vezi paragrafele despre Jurnalul de rugăciune de la paginile 21-22.

IERTAREA – O ABORDARE MAI PROFUNDĂ

CAPITOLUL III

Iertarea reprezintă un aspect drag și apropiat inimii lui Dumnezeu. Conceptul iertării apare încă de pe paginile primei cărți a Bibliei, continuând să fie abordată pe tot parcursul acesteia. Dar mulți dintre noi nu avem o înțelegere clară a acestui concept și astfel suntem prinși în sclavia legilor spirituale, care alcătuiesc suportul legal pentru porunca lui Dumnezeu de a ierta. Ne dorim și, deseori, ne așteptăm ca Dumnezeu să ne ierte, dar neglijăm faptul că și noi trebuie să-i iertăm pe ceilalți.

Iertarea lui Dumnezeu pentru oameni

Noi putem obține privilegii doar în cadrul unei relații corecte cu Cel ce ni le poate oferi. Când păcătuim sau pășim în afara granițelor stabilite de Cel ce acordă privilegiile, ne putem aștepta să pierdem beneficiile de care ne-am fi putut bucura în cadrul unei relații corecte cu acesta. Persoana împotriva căreia am comis păcatul sau căreia i-am cauzat daune, deține dreptul de a ne restaura prin intermediul iertării. Dacă ne venim în fire și mărturisim că am greșit, poate chiar oferind o compensare părții rănite, rămâne la latitudinea și în puterea acelui om să ierte sau nu, iar în cazul neiertării, relația rămâne nerestaurată.

Înainte de convertire, datorită condiției noastre de păcătoși, ne era interzisă intrarea în cer de către Dumnezeu, singurul care poate oferi acest privilegiu. Pentru a putea intra în cer, este necesară o restituire statutară de o asemenea valoare, încât nimeni nu poate să o achite și să rămână în viață – nimeni nu este îndreptățit să trăiască etern, în baza propriilor merite. Pedeapsa pentru păcat este moartea, nu doar moartea fizică, ci separarea spirituală eternă de Dumnezeu.

Numai prin pocăință și prin recunoașterea divinității lui Isus și a morții Lui substitutive pe cruce, avem acces la răscumpărarea de la moarte. Iertarea noastră nu ne costă nimic, însă presupune schimbarea atitudinii inimii noastre: supunere față de Însuși Dumnezeu. A intra într-o relație cu Dumnezeu, prin Isus, Fiul Său, nu implică doar un simplu consimțământ intelectual față de sacrificul Său pentru noi, ci presupune intrarea în familia Tatălui, acceptarea autorității Lui și asumarea planului Său pentru viața noastră. Nu mai suntem *agenți liberi*, căpitani ai propriei noastre vieți, ci servitori în slujba Celui care ne-a salvat de la moarte.

Mulți dintre cei care vin la Cristos nu reușesc să înțeleagă că dreptul la viața eternă vine împreună cu obligații față de Cel ce ne-a dăruit viața. Deși mântuirea noastră este gratuită, fiind o favoare din partea lui Dumnezeu, ea implică renunțarea la scopurile personale, în favoarea celor ale lui Dumnezeu. Fără această înțelegere, putem ajunge la scopuri conflictuale cu Dumnezeu, iar dacă persistăm în mod conștient în această stare, ne putem trezi, în cele din urmă, în afara harului în care am intrat.

Iertare interpersonală

Una dintre cele mai urgente nevoi pe care le avem este aceea de a ierta. Este o chestiune de viață și de moarte, de care mulți nu sunt conștienți. În Noul Testament decoperim că doar oamenii iertați se pot bucura de privilegii pământești din partea lui Dumnezeu și pot, totodată, să intre în cer. Isus face o declarație surprinzătoare, în Matei 6:14-15, care pune în legătură statutul nostru de a fi iertați de Dumnezeu, cu atitudinea inimii noastre față de alții. El ne spune că, dacă nu-i iertăm pe alții, nici Tatăl Ceresc nu ne va ierta pe noi. Câți oameni neiertați sunt în rai? Răspunsul este, desigur, niciunul! Dumnezeu este serios în ce privește iertarea noastră unii față de alții. Haideți să analizăm mai departe acest proces al iertării.

Cuvântul „iertare" apare pentru prima dată în Biblie în Genesa 50:17, unde frații lui Iosif încearcă să îi influențeze atitudinea, cerându-i să le cruțe viața. Iertarea începe în inima noastră; trebuie să decidem înăuntrul nostru să iertăm. Apoi, trebuie să acționăm. Dar iertarea nu este neapărat o tranzacție interpersonală, deși, în multe situații, s-ar putea să fie necesar să ne exprimăm iertarea unii față de alții, pentru a restaura o relație destrămată.

VĂDUVE, ORFANI ȘI PRIZONIERI

Mai întâi, iertarea este ceva ce Dumnezeu ne-a poruncit să facem atât în inima noastră, cât și ca o tranzacție cu El. În cele din urmă, este vorba de răspunsul nostru față de El.

Există patru elemente primare, implicate în procesul iertării:

1. Încredințarea persoanei și a situației în mâna lui Isus, pentru ca El să acționeze în mod corespunzător;
2. Încredințarea lui Dumnezeu a tuturor gândurilor noastre cu privire la cele întâmplate;
3. Încredințarea lui Dumnezeu a deciziilor noastre referitoare la persoană și la durerea noastră;
4. Eliberarea înaintea lui Dumnezeu a sentimentelor noastre de furie, respingere, durere, jignire, rușine, răzbunare etc.

Acești patru pași caracterizează iertarea acordată cu întreaga inimă (minte, voință și emoții – vezi Anexa I, Secțiunea 19.0), ca răspuns la imperativul lui Isus, exprimat în Matei 18:34-35. Să examinăm acum un exemplu din viața reală și să vedem cum poate funcționa iertarea în modul descris mai sus. Poate vei regăsi unele elemente din viața ta în acest exemplu.

Tania a venit la noi prezentând probleme serioase. Era o mamă singură, care fugise de acasă, pentru a scăpa de violența tatălui ei alcoolic. Ea a crezut că a găsit evadarea perfectă în Silviu, care o asculta cu înțelegere. Cu toate acestea, la scurt timp a rămas însărcinată, iar Silviu a plecat. La momentul respectiv, Tania se răzvrătea împotriva oricărei autorități, nu putea să-și păstreze un loc de muncă și experimenta diverse dureri și suferințe fizice. În timp ce discutam cu ea, a devenit evident faptul că trebuia să îl ierte pe tatăl ei. Însă ea a explodat de mânie la sugestia noastră. Refuza să îl ierte pe cel pe care îl vedea drept sursa tuturor problemelor ei. Simțea că neiertarea ei era ca un cuțit pe care îl ținea în mână, la gâtul tatălui ei, pedepsindu-l, astfel, pentru tot ce îi făcuse. Ceea ce ea nu putea vedea, era faptul că, prin neiertare, din punct de vedere spiritual, își ținea singură cuțitul la gât și își tăia șansa de a experimenta pacea și vindecarea lui Dumnezeu. Ea protesta: „M-a rănit! Mi-a distrus viața! Ar fi trebuit să fie un tată mai bun! Ce a făcut el, m-a costat totul! Nu îl voi ierta niciodată!"

Dar iertarea nu înseamnă că nu a durut; că nu a contat; că nu ți-a păsat sau că nu te-a costat ceva. Sigur că ai experimentat toate aceste lucruri, dar nu la aceasta se referă iertarea. În mod surprinzător, nu este vorba despre sentimentele noastre față de acea persoană. În inima noastră, poate ne dorim chiar să ucidem persoana care ne-a greșit!

Când i-am explicat Taniei aceste lucruri, a devenit curioasă: „Atunci ce presupune iertarea?" a întrebat.

I-am explicat: „Iertarea presupune să îi încredințăm pe cei care ne-au rănit și toate sentimentele noastre legate de acea rană, în mâna lui Isus, ca El să decidă ce să facă în legătură cu cele întâmplate. Problema este că noi nu știm totul despre viața persoanei, ce anume a determinat-o să facă ceea ce a făcut. Numai Isus cunoaște aceste informații și poate judeca problema cu dreptate. Poate că următorul exemplu vă va fi de ajutor:

Să ne imaginăm un tânăr care locuia în Cluj și era binecuvântat cu un automobil Dacia, vechi de 20 de ani. El visa ca într-o zi să devină un șofer renumit de curse și să concureze la nivel internațional. Astfel că în fiecare zi exersa cu mașina lui, accelerând cât putea de tare în curbe și prin trafic. Într-o zi, a intrat într-o mică competiție de stradă cu un mafiot ce conducea un BMW și a fost scos de pe șosea. Tânărul a fost atât de furios din cauza performanțelor slabe ale mașinii sale, încât a luat un ciocan uriaș și a lovit mașina, până a transformat-o într-o grămadă de sticlă și metal. Acum, cu visele destrămate și cu multă amărăciune în inimă, merge pe jos sau ia autobuzul ori metroul. Vedeți, mașina lui veche avea deja mulți kilometri la bord înainte ca el să o cumpere și nu fusese concepută pentru a fi altceva decât o simplă Dacie.

Am continuat: „Uneori, când cineva ne dezamăgește, ne rănește sau nu se ridică la așteptările noastre, îl judecăm și refuzăm să-i acordăm iertare, pentru că nu a acționat așa cum ne-am dorit sau ne-am așteptat. Suntem ca prietenul nostru din Cluj, care se aștepta la performanțe de mașină de curse de la Dacia lui uzată. Poate că nutrim ură, judecată și crimă, în inima noastră, împotriva cuiva, pe baza așteptărilor noastre, dar fără să cunoaștem abilitățile acelei persoane sau rănile pe care le-a suferit, la rândul ei. Aceste dureri și suferințe îi fac pe oameni incapabili să ne îndeplinească dorințele. Problema este că neiertarea noastră rezultă într-o zbatere prin viață, așa cum prietenul nostru din Cluj a ajuns să circule pe jos."

După ce am discutat mai îndelung cu Tania, ea și-a amintit mai multe istorisiri despre copilăria tatălui ei și despre cum fusese el rănit și îndurerat de părinții lui alcoolici. A început să înțeleagă de ce tatăl ei nu a putut să-i îndeplinească nevoile și așteptările. A renunțat la judecățile și la mânia împotriva tatălui ei, încredințându-le lui Isus. L-a rugat pe Isus să o ierte pentru neiertarea și pentru judecățile ei. După ce ne-am rugat pentru ea, a fost vindecată.

Trebuie să fim, totuși, realiști; iertarea noastră nu îi vindecă și nu îi transformă pe cei care ne-au rănit, deci nu trebuie să credem că persoanele care ne-au rănit sunt acum vrednice de încredere în acele domenii unde au greșit față de noi.

Impact asupra vieții

Pregătirea pașilor spre libertate

Această a doua abordare a iertării ne ajută să înțelegem cât de importantă este ea pentru Dumnezeu. De asemenea, începem să înțelegem cât de profund poate afecta neglijarea acestui aspect atât viața noastră pământească, cât și viața cerească de care ne vom bucura după moartea trupului nostru.

Haideți să ne rezervăm un timp pentru a recapitula punctele principale din Capitolul al III-lea, în secțiunea *Concepte cheie*. Această recapitulare ne va ajuta să ne pregătim pentru rezolvarea aspectelor personale din *Jurnalul personal de rugăciune*, identificate în urma răspunsurilor la întrebările din secțiunea următoare, *Întrebări personale cheie*.

Acum, că deținem o parte din soluțiile pentru iertare, ne aflăm în poziția de a aprofunda ceva mai mult aceste concepte în viața noastră. Următorul pas constă în pregătirea unei noi pagini în Jurnalul de rugăciune, datată și având titlul Capitolul al III-lea, *Iertarea - o abordare mai profundă*. Dacă veți considera necesar, puteți parcurge din nou caracteristicile unui jurnal de rugăciune, prezentate în Capitolul I, la pagina 22. Pe măsură ce elaborăm notițele din jurnal, devenim tot mai pregătiți să lucrăm împreună cu Dumnezeu la rezolvarea problemelor noastre personale. Acestea vor alcătui subiectul principal al Capitolului al VII-lea, *Libertatea obținută prin rugăciune*. Informațiile notate în *Jurnalul de rugăciune* le vei putea folosi ca o bază pentru slujirea prin rugăciune, din acel capitol, în domeniul vindecării, al sfințirii și al schimbării vieții personale.

Acordă-ți câteva momente și roagă-te. Roagă-L pe Dumnezeu să Se apropie de tine și să te ajute să răspunzi la *Întrebările cheie*. Relaxează-te și ia-ți timp să scrii fiecare întrebare, urmată de răspunsul tău, înainte de a trece la următoarea întrebare și la următorul răspuns. Nu te grăbi. Include-L pe Dumnezeu în răspunsul tău, cerându-I să te ajute să scrii adevărul, amintindu-ți lucruri despre tine și despre alții și ajutându-te să vezi împrejurările prin ochii Lui. Nu trebuie să răspunzi la toate întrebările deodată. Dar disciplinează-te să duci sarcina la bun sfârșit. Merită!

Concepte cheie din Capitolul al III-lea

- Putem pierde favoarea lui Dumnezeu când refuzăm să iertăm pe cineva.
- Neiertarea este un păcat. Dumnezeu ne-a poruncit să iertăm.
- Pedeapsa pentru păcat este moartea spirituală, despărțirea veșnică de Dumnezeu (după moartea naturală).
- Dacă iertăm pe cineva nu înseamnă că trebuie să ne placă persoana respectivă. De asemenea, nu înseamnă că nu am fost răniți.
- Când iertăm pe cineva, se produce o tranzacție spirituală. Eliberăm persoana de toată neiertarea și de judecățile noastre, încredințându-I-le pe toate lui Isus (Îl rugăm pe El să judece cu dreptate) și apoi putem primi și noi iertare de la Dumnezeu.

Întrebări personale cheie din Capitolul al III-lea

Vă rog să răspundeți în Jurnalul de rugăciune* la următoarele întrebări pregătitoare pentru o înțelegere mai profundă:

- Dacă Isus te-ar întreba personal : „Vrei să fii iertat?", care și cum ar fi răspunsul tău? Ce crezi că înseamnă asta?
- Matei 6:12 vorbește despre păcatele și despre iertarea noastră. Copiază versetul în jurnalul tău. Ce înseamnă acest verset pentru tine? Ce anume ți se cere și care sunt condițiile pentru a primi acest dar pe care Dumnezeu îl oferă?
- Analizează și explică cuvântul „precum" din Matei 6:12. Ce înseamnă acesta? Examinează conceptele de: calitate, profunzime, sinceritate și plinătate, cuprinse în acest termen de comparație.
- Cum doresc eu să fiu iertat și cum trebuie să îi iert pe alții, dacă vreau să primesc o astfel de iertare de la Dumnezeu?
- Simți că ai avea nevoie de ajutorul lui Dumnezeu pentru o astfel de iertare? Dacă da, cum vei obține ajutorul Lui?
- Matei 6:14-15 ne arată cum ne va trata Dumnezeu. Copiază versetele în jurnalul tău.
- Citește parabola despre iertare, din Matei 18:21-35. Copiază versetele 34 și 35. Ce spune Isus că li se va întâmpla celor care nu vor să ierte?
- Cum și când ar trebui să reacționezi la versetele de mai sus?

Întrebări de slujire din Capitolul al III-lea. A se parcurge în rugăciune!

1. Pe cine nu am iertat? Numește persoanele și chestiunile existente.
2. Există lucruri în viața mea pentru care trebuie să mă iert? Fă o listă.
3. Există vreo persoană căreia trebuie să-i cer iertare pentru ce i-am făcut? Fă o listă cu numele și problema fiecărei persoane pe care ai rănit-o.
4. Am lezat pe cineva într-atât, încât este necesară o restituire? Întrebă-L pe Dumnezeu ce crede El despre fiecare situație; apoi scrie răspunsul tău.

*Vezi paragrafele despre *Jurnalul de rugăciune*, de la paginile 21-22.

PĂCATELE FAMILIEI

CAPITOLUL IV

Pentru a înţelege cum ne poate afecta păcatul generaţiilor anterioare, vom privi la un impresionant exemplu contemporan. Apoi, păstrând în minte drama reală relatată mai jos, vom vedea ce spune Cuvântul lui Dumnezeu despre păcatele strămoşilor noştri. Astfel, vom putea evalua efectele păcatelor generaţionale, colective, asupra vieţilor noastre.

În timp ce ne aflam în Cairo, Egipt, la o conferinţă a pastorilor, am avut programată o întâlnire cu prezbiterii unei biserici care dorea să înainteze în lucrarea lui Dumnezeu, prin introducerea slujirii de vindecare în viaţa de zi cu zi a congregaţiei. Prezbiterii doreau să discute posibilitatea de a planifica în viitorul apropiat un curs de instruire despre desfăşurarea lucrării de vindecare a lui Isus.

În ziua programată pentru întâlnire, am fost înştiinţaţi telefonic cu privire la dorinţa prezbiterilor de a ne ruga pentru o membră a bisericii lor. Tânăra se afla în spital de mai multe luni şi intrase în comă, viaţa scurgându-i-se repede din trup. Întreaga biserică mijlocea pentru ea, iar unele persoane se rugau zilnic la spital. Cum puteam refuza o asemenea rugăminte? Însă când am închis telefonul, am realizat două lucruri. În primul rând, nu mă mai rugasem niciodată pentru o persoană aflată în comă. În al doilea rând, ştiam că rezultatul acestei slujiri de rugăciune va determina acceptarea sau respingerea slujirii de vindecare. Era un test! M-am prăbuşit pe pat, plângând înaintea Domnului pentru tânăra în comă, pentru biserică, pentru întreaga naţiune. Se părea că duşmanul se lupta să împiedice începerea slujirii de vindecare în Egipt. N-aveam nici cea mai vagă idee ce să fac în continuare.

Domnul mi-a vorbit cu blândeţe. Mi-a cerut să deschid

ghidul turistic al Egiptului, pe care îl citisem. Apoi, m-a îndrumat să găsesc în carte numele diferitelor zeități egiptene și să le potrivesc cu plăgile cu care a lovit Egiptul, după ce Moise a mers înaintea lui Faraon. Domnul mi-a explicat că aceste plăgi nu au avut doar scopul de a demonstra puterea Lui, ci și acela de a-i face de rușine pe egipteni și pe zeii la care aceștia se închinau.

Dumnezeu mi-a arătat că motivul pentru care creștinii egipteni nu primiseră răspuns la rugăciunea de vindecare era acela că ei nu se pocăiseră niciodată de aceste practici, ci, generație după generație, poporul lor continua să onoreze zeii faraonici. Până în ziua de azi, aceste principalități dețin controlul asupra țării și a locuitorilor ei. Pe măsură ce imaginile și statuile lor sunt restaurate în scop turistic și arheologic, acești zei câștigă din nou putere! Dumnezeu mi-a spus că această creștină minunată nu avea doar o boală nediagnosticată, ci căzuse sub puterea zeilor egipteni, viața scurgându-i-se treptat.

Am scris pe o bucată de hârtie numele acestor zei și am luat-o cu mine la spitalul musulman unde se afla această femeie. Am găsit-o la secția de terapie intensivă, cu trupul străbătut de tuburi și de fire. Împreună cu un translator (dat fiind faptul că ea vorbea doar araba, iar eu, doar engleza) am intrat în salonul unde mai mulți egipteni se zbăteau între viață și moarte. În timp ce parcurgeam lista și legam fiecare duh, pentru a nu mai avea putere asupra femeii, Dumnezeu mi-a spus s-o chem înapoi la viață și conștiență, în Numele lui Isus. Tânăra și-a deschis ochii, pentru prima oară în multe săptămâni. A fost salvată de la moarte, iar recuperarea ei, deși a necesitat timp, este completă. Când am întâlnit-o după câteva luni, era vindecată, veselă, plină de viață și de energie.

Păcatele comise de familiile și de națiunile noastre, chiar înainte de nașterea noastră, ne afectează atât la nivel spiritual, cât și fizic. În acest capitol, vom cerceta mai îndeaproape efectele pe care le pot avea asupra noastră păcatele generațiilor trecute. Trebuie să înțelegem că nu doar egiptenii, ci și noi suntem afectați

VĂDUVE, ORFANI ȘI PRIZONIERI

astăzi de păcatele trecute ale familiei și ale poporului nostru. În a doua jumătate a cărții, vom analiza efectele comunismului asupra vieților noastre în prezent.

În țara dușmanului

Fiți încurajați! Suntem aproape de a lăsa în urmă blestemele care ne afectează viața, pentru a păși în teritoriul binecuvântărilor promise de Dumnezeu. În Capitolul al II-lea ne-am familiarizat cu ideea că păcatele trecute ale familiei noastre se pot transmite de la o generație la alta, afectându-ne viețile azi. În sens spiritual, mulți dintre strămoșii noștri au încălcat granițele lui Dumnezeu, ieșind din teritoriul dreptății Sale în teritoriul inamic. Ei au devenit, astfel, fii ai neascultării, cu domiciliul în țara blestemului. Poate că noi și familiile noastre locuim, chiar fără să știm, în țara dușmanului. Pentru a intra în țara binecuvântării, trebuie să ieșim din teritoriul spiritual în care ne-au adus strămoșii noștri. O analiză asupra vieții lui Avraam ne va ajuta să înțelegem mai bine această idee.

Am vorbit despre practicile păcătoase ale familiei noastre, care ne influențează starea fizică și spirituală. În Genesa 12, starea spirituală a lui Avraam oglindea starea lui fizică. Născut într-o cultură, Avraam a trebuit să iasă fizic din mijlocul poporului său, pentru a intra în țara binecuvântărilor promise. Tot astfel, dacă noi locuim în teritoriul spiritual al păcatelor strămoșilor noștri, este mai dificil să primim binecuvântările lui Dumnezeu. Trebuie să ne îndepărtăm de aceste păcate.

Familiile, purtătoare ale scopurilor lui Dumnezeu

În continuarea acestui capitol, vom cerceta mai departe legile spirituale, pentru a înțelege cum se transmite până la noi judecata lui Dumnezeu asupra păcatelor strămoșilor noștri. Apoi, vom discuta posibilele manifestări ale acestei judecăți în viețile oamenilor obișnuiți din zilele noastre. Dar, înainte de a începe, este necesar să înțelegem planul lui Dumnezeu de a-Și împlini scopul prin familii. Înțelegând căile Domnului, vom putea să fim de acord cu El și să nu ne mai opunem Lui, din ignoranță.

Haideți să examinăm mai îndeaproape viața lui Avraam și să vedem cum a lucrat Dumnezeu, pentru a crește cel mai puternic arbore genealogic din lume. Cuvântul cheie este „relație". Dumnezeu a inițiat o relație așa de profundă cu Avraam și apoi cu patriarhii Israelului, încât aceștia au imprimat în viețile copiilor lor ascultarea de Dumnezeu. Iată ce a spus Dumnezeu despre Avraam:

> *Căci Eu îl cunosc și știu că are să poruncească fiilor lui și casei lui după el să țină Calea Domnului, făcând ce este drept și bine...* Genesa 18:19

Planul suprem al lui Dumnezeu a fost ca fiecare copil să crească și să-și învețe, la rândul său, copiii să-L cunoască pe Dumnezeu. Acest concept va fi dezbătut mai pe larg în Capitolul al V-lea, *Unde au dispărut tații*. Acum, haideți să ne întoarcem la Avraam și să vedem cum a început Dumnezeu acest proiect grandios și, în același timp, delicat.

Familia, sursa moștenirii noastre spirituale

Într-una dintre cele mai dramatice relatări ale Bibliei, regăsim un bărbat pe nume Avram. Fiu al unor părinți idolatri, din Mesopotamia antică, Avram este chemat să intre în planurile și în scopurile lui Dumnezeu, chiar din adâncimile idolatriei și ale altor practici familiale și culturale păcătoase. La începutul povestirii, Avram (numele pe care l-a avut înainte ca Dumnezeu să i-l schimbe în Avraam) locuia în ținutul haldeilor și era căsătorit cu sora lui vitregă, Sarai. Însă Dumnezeu avea un plan uimitor. Începând cu Avraam, El Și-a format pentru Sine un popor prin intermediul căruia întreaga lume avea să-L cunoască.

> *Avraam va ajunge negreșit un neam mare și puternic, și în el vor fi binecuvântate toate neamurile pământului...* Genesa 18:18

Când Dumnezeu a început acest proiect, națiunea dorită de El nu exista decât în planurile și în scopurile inimii Sale. Pentru realizarea acestei sarcini globale, care implica toate generațiile viitoare ale omenirii, Dumnezeu a început cu un singur bărbat, căsătorit cu o femeie infertilă, undeva în Câmpia Mesopotamiei. Apoi, Şi-a petrecut următorii aproape o sută de ani stabilind o relaţie cu acest bărbat şi formându-i caracterul, înainte de a-i dărui copii. De obicei, Dumnezeu îi vorbea lui Avraam în duhul lui, călăuzindu-l şi încurajându-l, dar, din când în când, de-a lungul anilor, S-a întrupat, uneori însoţit de îngeri, pentru a-i vizita pe Avraam şi pe Sara, în cortul lor.

Aşa cum vom vedea în capitolul următor, încă de la început, Dumnezeu a dorit fierbinte să reproducă în omenire chipul Său, prin intermediul şi în cadrul familiei. Însă chipul Său în oameni a fost distorsionat de păcat şi de planurile celui rău. Prin Avraam, Dumnezeu a început restaurarea familei şi a creaţiei. Însă înainte ca Avraam să poată deveni tatăl poporului ales, Dumnezeu a trebuit să lucreze mult la caracterul şi la credinţa lui. Dumnezeu dorea ca, atunci când Avraam va avea urmaşi, să fie un tată care să-i iubească, să-i încurajeze, să-i corecteze, dar mai ales să imprime în vieţile lor caracterul lui Dumnezeu, pentru ca ei să reflecte imaginea Creatorului divin. Pentru a realiza acest lucru, era nevoie de un om care să aibă credinţă, o relaţie de o viaţă cu Dumnezeu şi un caracter dovedit dincolo de orice umbră de îndoială. Acest om, care şi-a riscat viaţa în ascultare de Dumnezeu, a fost vizitat, din când în când, de Dumnezeu Însuşi.

Planurile lui Dumnezeu gravitează în jurul familiei, locul în care El vrea să ne binecuvânteze şi să ne crească în relaţia cu Sine. Însă tocmai în şi prin familie suntem atacaţi cel mai tare. Legile lui Dumnezeu ne arată cum putem transmite generaţiilor următoare binecuvântarea şi ascultarea de Domnul, ca moştenire spirituală. Dar, datorită imparţialităţii acestor legi, atât efectele pozitive, cât şi efectele negative ale comportamentului familiei se transmit generaţiior următoare. La începutul acestui capitol, am văzut că nu deţinem toate informaţiile necesare despre moştenirea spirituală a familiei noastre. Această lipsă de cunoaştere ne-ar putea împiedica să ne bucurăm de binecuvântările lui Dumnezeu pentru vieţile noastre şi să împlinim planurile Sale. Haideţi să analizăm acum mai îndeaproape cum se transmite dezaprobarea lui Dumnezeu de la o generaţie la alta, ajungând să ne afecteze vieţile.

OTTO BIXLER

Legea spirituală care guvernează moştenirea binecuvântărilor şi a blestemelor

Ideea că păcatul familiilor noastre ne afectează dramatic vieţile nu este prea populară în zilele noastre, deşi în vremurile biblice era un concept bine înţeles. O analiză asupra unei tragedii contemporane ne poate oferi mai multă înţelegere spirituală. Ştim cu toţii că urmaşii persoanelor expuse la radiaţii în timpul accidentului nuclear de la Cernobîl, au suferit malformaţii sau boli din cauza acestei experienţe a părinţilor lor. Însă mulţi sunt surprinşi să descopere că greşelile spirituale ale părinţilor şi ale strămoşilor noştri, ne pot afecta în egală măsură. Moştenirea spirituală ni se transmite în acelaşi fel ca şi cea fizică, prin faptele familiei noastre, indiferent dacă sunt bune sau rele.

Dumnezeu a legat porunca despre idolatrie din Exod 20:3-5 de o lege spirituală:

> ... *căci Eu, Domnul, Dumnezeul tău, sunt un Dumnezeu gelos, care pedepsesc nelegiuirea părinţilor în copii până la al treilea şi la al patrulea neam al celor ce Mă urăsc şi Mă îndur până la al miilea neam de cei ce Mă iubesc şi păzesc poruncile Mele.* Exod 20:5-6

De vreme ce, în bisericile actuale, nu se face prea des referire la acest principiu, mulţi creştini consideră că această poruncă a încetat odată cu era Noului Testament. Însă Isus ne-a învăţat altceva:

> *Să nu credeţi că am venit să stric Legea sau Proorocii, am venit nu să stric, ci să împlinesc. Căci adevărat vă spun, câtă vreme nu va trece cerul şi pământul, nu va trece o iotă sau o frântură de slovă din Lege, înainte ca să se fi întâmplat toate lucrurile.* Matei 5:17-18

Inspirat de Domnul, profetul Isaia a descris în termeni duri consecinţele pe care le vom suporta din cauza păcatelor noastre şi ale familiilor noastre.

> *Iată ce am hotărât în Mine: Nici gând să tac, ci îi voi pedepsi; da, îi voi pedepsi. Pentru nelegiuirile voastre – zice Domnul – şi pentru nelegiuirile părinţilor voştri... de aceea, le voi măsura plata pentru faptele lor din trecut.* Isaia 65:6-7

VĂDUVE, ORFANI ȘI PRIZONIERI

Păcatul sexual generațional

Există trei surse majore de păcat sexual în viețile noastre: 1. propria noastră poftă și slăbiciune, alimentate de minciunile societății contemporane și de ignoranța noastră. Această ignoranță este amplificată de faptul că biserica nu ne-a ajutat să înțelegem sexualitatea din punct de vedere spiritual; 2. propria judecată asupra familiei noastre, în special asupra părinților noștri (vezi Capitolul al II-lea, *Legea judecății*); și 3. consecințele păcatelor sexuale ale predecesorilor noștri.

Analizând viața lui David de pe paginile Bibliei, vom înțelege mai bine aceste chestiuni. Relatarea la care ne vom referi se găsește în 2 Samuel, capitolele 11, 12 și 13.

Într-o primăvară, regele David a hotărât să stea acasă, în loc să-și conducă armata, după cum îl obliga datoria de rege. Neîndeplinindu-și această datorie, el se afla în neascultare de mandatul pe care i-l încredințase Dumnezeu. Aflându-se deja într-o stare vulnerabilă din cauza păcatului, David s-a urcat pe acoperișul casei, de unde a privit-o pe Bat-Șeba îmbăindu-se în apropiere. Pofta lui crescândă a culminat în adulter. Însă povestea n-a început aici, ci mult mai devreme, în linia genealogică a lui David, cam cu nouă sute de ani în urmă, în familia lui Iacov, tatăl lui Iuda, care a fost neascultător de Dumnezeu. În neascultarea sa, Iuda a comis un păcat sexual cu nora lui, Tamar (soția fiului său decedat). În urma acestei relații, s-au născut doi fii nelegitimi: Pereț și Zerah (vezi Genesa 38). Dacă numărăm generațiile de la Iuda până la David, vedem că sunt exact zece (Matei 1:3-6). În Deuteronom 23:2 descoperim faptul că, în baza legii legitimității, blestemul păcatului sexual poate fi transmis pe linie genealogică până la a zecea generație.

Se pare că toate trei influențele spre păcat sexual acționau în viața lui David, când a păcătuit cu Bat-Șeba. Prin actul său, el a deschis ușa spirituală păcatului sexual în familia lui pentru alte zece generații. Biblia relatează că fiul lui David, Amnon, a comis același tip de păcat sexual ca și Iuda. Victima acestui păcat a fost sora lui, Tamar, având același nume ca nora lui Iuda (2 Samuel 13).

În slujirea noastră, am observat că blestemul ilegitimității, transmis pe cale generațională, are două mari consecințe: predispoziție spre păcatul sexual și dificultatea de a ne apropia de Dumnezeu, pentru a-L cunoaște și a-L experimenta în mod profund. De asemenea, am identificat numeroase forme de respingere în viețile persoanelor în a căror linie genealogică este prezent păcatul ilegitimității.

Până acum am discutat despre efectele păcatului sexual prin încălcarea legii legitimității. Însă sexul în afara căsniciei este doar unul dintre multele păcate sexuale. Orice formă de păcat sexual aduce blestem cu efecte asupra mai multor generații de urmași. Pentru a beneficia din plin de slujirea de rugăciune, trebuie să luăm în considerare toate aceste domenii, după cum vom vedea în Capitolul al VI-lea.

Versete contradictorii din Scriptură?

Deși Biblia face multe referiri la efectele păcatelor strămoșești asupra vieților noastre (vezi referințele adiționale, pagina 56), putem fi derutați când citim două pasaje care par să contrazică atât experiența noastră contemporană, cât și alte versete din Scriptură. Decât să lăsăm aceste întrebări fără răspuns, mai bine să le examinăm chiar acum. Primul verset se află în Ieremia 31, începând cu versetul 27:

> „Iată, vin zile," zice Domnul... „În zilele acelea, nu se va mai zice «Părinții au mâncat aguridă, și copiilor li s-au strepezit dinții». Ci fiecare va muri pentru nelegiuirea lui; oricărui om, care va mânca aguridă, i se vor strepezi dinții." Ieremia 31:27-30

În primul rând, trebuie să ne amintim că Ieremia este profet. În această calitate, el vorbește despre viitor, nu despre prezent. Așa cum citim în capitolul 31 al cărții sale, el ne oferă mai multe informații despre zilele care vor veni, când întreg Israelul Îl va cunoaște pe Domnul. Privind atât la Israelul contemporan, cât și la cel din vechime, vedem că această profeție nu s-a împlinit încă. În acest pasaj, Ieremia nu se referă deci la efectul păcatului generațional asupra vieții noastre prezente.

VĂDUVE, ORFANI ȘI PRIZONIERI

În Ezechiel 18 se află câteva versete asemănătoare despre părinții care au mâncat aguridă și despre copiii cărora li s-au strepezit dinții. În aceste pasaje, Ezechiel reia și explică o altă temă prezentată în Ieremia 31:30, care spune:

Ci fiecare va muri pentru nelegiuirea lui; oricărui om, care va mânca aguridă, i se vor strepezi dinții. Ieremia 31:30

Pe măsură ce Dumnezeu continuă să ni se descopere prin profetul Ezechiel, înțelegem clar că nu ne vorbește despre efectele generaționale ale păcatului, ci despre consecința lui eternă - moartea spirituală.

Iată că toate sufletele sunt ale Mele. După cum sufletul fiului este al Meu, tot așa și sufletul tatălui este al Meu. Sufletul care păcătuiește, acela va muri. Ezechiel 18:4

Știm că toți vom muri din punct de vedere fizic, așa că pasajul nu ar avea sens, dacă s-ar referi numai la moartea trupului nostru din cauza păcatului. Aici, Dumnezeu vorbește despre sufletul nostru veșnic, asigurându-ne că noi nu vom merge în iad datorită judecății Lui asupra părinților noștri.

În Ieremia 31 și Ezechiel 18, Dumnezeu nu vorbește despre efectele prezente ale legilor spirituale, adică despre binecuvântările primite sau despre suferința îndurată, în această viață, pentru păcatele strămoșilor noștri. În aceste pasaje, El clarifică diferența dintre consecințele temporare și consecințele eterne ale păcatului (vezi Anexa a V-a, *Trecător versus etern*).

IMPACTUL ASUPRA VIEȚII

Pe urmele lui Avraam

La începutul acestui capitol, am vorbit despre Avraam, care a părăsit Mesopotamia, țara idolatriei strămoșilor lui, pentru a călători spre țara promisă de Dumnezeu. Acest capitol ne poartă și pe noi într-o călătorie spirituală asemănătoare. Ca și pentru orice altă călătorie a vieții, trebuie să ne pregătim. Mai întâi, trebuie să evaluăm unde au locuit strămoșii noștri din punct de vedere spiritual și unde locuim noi și apoi să facem pregătirile necesare pentru a realiza această mutare de natură spirituală.

Capitolul *Păcatele familiei* conține concepte noi, despre care nu auzim, de obicei, în bisericile contemporane. Pentru a reuși să ieșim din teritoriul dușmanului, trebuie să stăpânim bine conceptele prezentate aici. Mai jos veți găsi o listă cu versete din Scriptură, care se adaugă la cele deja discutate. Aceste versete vor aduce încurajare din Cuvântul lui Dumnezeu celor care nu stăpânesc conceptul de păcat generațional.

Secțiunea *Concepte cheie*, de pe ultima pagină a acestui capitol, prezintă, într-o formă condensată, adevărurile de la baza celor prezentate aici. Înțelegând aceste adevăruri, vom putea să ne examinăm propriile vieți și istorii familiale.

Jurnal de rugăciune

În final, trebuie să lăsăm în urmă păcatele familiei noastre. Vom discuta acest proces în Capitolul al VII-lea, *Libertatea obținută prin rugăciune*. Ca și Avraam, pentru a intra în țara binecuvântării, suntem obligați să alegem ce trebuie să luăm cu noi și ce trebuie să lăsăm în urmă. Călătoria spre sfințenie va fi prea grea, dacă vom duce cu noi păcatele familiilor noastre.

Jurnalul de rugăciune te va ajuta să înțelegi mai profund Capitolul al IV-lea și să descoperi păcatele familiei, la care trebuie să renunți, prin slujirea de rugăciune din Capitolul al VII-lea. Copiază, te rog, în jurnalul tău, fiecare întrebare din *Întrebări cheie*, de pe ultima pagină a acestui capitol, și scrie răspunsurile tale dedesubt. Ia-ți timp și roagă-L pe Dumnezeu să te ajute să dai răspunsuri sincere și detaliate. Dacă ai nevoie de ajutor pentru a începe sau pentru a continua jurnalul, citește sugestiile de la pagina 22, din Capitolul I.

VĂDUVE, ORFANI ȘI PRIZONIERI

Referințe biblice suplimentare referitoare la păcatul generațional și național:

a. Plângerile lui Ieremia 5:7 – „Părinții noștri, care au păcătuit, nu mai sunt, iar noi le purtăm păcatele."
b. Levitic 26:40-42 – „Își vor mărturisi fărădelegile lor și fărădelegile părinților lor, călcările de lege pe care le-au săvârșit față de Mine și împotrivirea cu care Mi s-au împotrivit – ...și vor plăti datoria fărădelegilor lor... atunci îmi voi aduce aminte de legământul Meu (cu Iacov, Isaac și Avraam)..."
c. Ieremia 16:10-13 – „...Părinții voștri M-au părăsit, zice Domnul, s-au dus după alți dumnezei, le-au slujit și s-au închinat înaintea lor; iar pe Mine m-au părăsit, și n-au păzit Legea Mea..."
d. Ieremia 14:20 – „Doamne, ne recunoaștem răutatea noastră și nelegiuirea părinților noștri; căci am păcătuit împotriva Ta."
e. Exod 20:5-6 – „...pedepsesc nelegiuirea părinților în copii până la al treilea și la al patrulea neam al celor ce Mă urăsc și Mă îndur până la al miilea neam de cei ce Mă iubesc și păzesc poruncile Mele."
f. Deuteronom 23:2, 3 – „Cel născut din curvie să nu intre în adunarea Domnului... dar și cei care urăsc pe Israel până la al zecelea neam." (Caută rădăcini antisemite în familia ta și în poporul tău).

Concepte cheie din Capitolul al IV-lea

* Putem fi afectați de consecințele spirituale ale păcatelor generaționale din familiile noastre.
* Este mai greu să beneficiem de binecuvântările lui Dumnezeu, dacă trăim sub blestemele cauzate de păcatele strămoșilor noștri direcți.
* Legile spirituale ale lui Dumnezeu prescriu modul în care consecințele ascultării și ale neascultării (păcatelor) noastre se vor transmite generațiilor următoare.
* Există două mari domenii de păcat (blestem) strămoșesc, de care suntem foarte mulți afectați: păcatul sexual, care poate fi transmis la următoarele zece generații, și idolatria, care poate prejudicia trei sau patru generații.

Întrebări cheie din Capitolul al IV-lea
În Jurnalul tău de rugăciune* răspunde, te rog, la următoarele întrebări:

Întrebări pentru aprofundare:
* Notează-ți versetul din Exod 20:5. Câte generații pot fi afectate în mod direct de acest păcat?
* Acum citește Anexa a IV-a, *Idolatria*, pentru definiția de bază a *idolatriei*. Când vei răspunde la ultima dintre *Întrebările de slujire* de mai jos, folosește această definiție.

Întrebări pentru slujirea de rugăciune din Capitolul al VII-lea:
1. Roagă-L pe Duhul Sfânt să îți amintească istorisirile de familie referitoare la greșelile strămoșilor tăi direcți. Fă o listă cu păcate, de exemplu: neiertare, amărăciune, ură, ceartă, violență, necinste, alcoolism, furt, imoralitate, antisemitism etc. Alăturat fiecărui păcat, notează cine l-a făcut – tata, mama, bunicul/bunica din partea mamei sau a tatălui etc. Găsește un verset biblic care vorbește despre fiecare păcat al familiei tale. Notează-ți aceste versete.
2. Există în viața ta domenii păcătoase, pe care le-ai mărturisit și de care te-ai pocăit, dar în dreptul cărora încă nu experimentezi victorie? Numește-le. (Legăturile acestor păcate pot fi mai puternice din cauza păcatelor familiale).
3. Cine din familia ta a fost conceput în afara căsătoriei? Ia în considerare propria persoană, părinții, bunicii și alții dintre predecesorii tăi direcți.
4. Idolatria – Ce formă de idolatrie au practicat strămoșii tăi? Au avut o altă religie decât creștinismul? Numește-o. Gândește-te la familia și la poporul tău și ia în considerare atât practicile de idolatrie contemporane, cât și pe cele istorice: vrăjitoria, prezicerile, închinarea falsă.
5. Ce alte lucruri au devenit idoli în linia ta generațională (pentru părinții și bunicii tăi) – țigări, alcool, narcotice, pornografie, masturbare etc.? (Citește Anexa a IV-a, pentru a putea răspunde la această întrebare).

*vezi paragrafele despre *Jurnalul de rugăciune*, de la paginile 21-22.

UNDE AU DISPĂRUT TAȚII?

CAPITOLUL V

Am rămas orfani, fără tată; mamele noastre sunt ca niște văduve. **Plângerile lui Ieremia 5:3**

Tiparul familial al tatălui absent poate fi observat în toate fostele țări comuniste. În Capitolul I am arătat că familiile noastre au fost lipsite de tați. În Capitolele al II-lea și al III-lea am început să explicăm de ce nu ne bucurăm de binecuvântările dorite. Mai trebuie să răspundem, însă, la întrebarea: „De ce am rămas fără tați?" Există două cauze principale, pe care le vom examina în această carte: în primul rând, planurile globale ale lui Satan de a separa omenirea de Dumnezeu, și în al doilea rând, contextul social, cultural și spiritual creat de regimurile totalitare din fostele țări comuniste, sub a cărui influență ne-am trăit viața.

Planul lui Dumnezeu pentru guvernarea lumii

Vom examina, mai întâi, planul lui Dumnezeu de a umple și de a supune pământul printr-un guvern care să-L reprezinte. În mod surprinzător, în centrul acestui plan se află familia, după cum ni se arată în mandatul din Genesa 1:

> *Dumnezeu l-a făcut pe om după chipul Său, l-a făcut după chipul lui Dumnezeu; parte bărbătească și parte femeiască i-a făcut. Dumnezeu i-a binecuvântat și Dumnezeu le-a zis: „Fiți roditori și înmulțiți-vă, umpleți pământul și supuneți-l; și stăpâniți peste peștii mării, peste păsările cerului, și peste orice viețuitoare care se mișcă pe pământ."* (trad. lb. engl.) Genesa 1:27-28

Încredințând acest mandat primilor oameni, Dumnezeu a dorit să-Și extindă stăpânirea asupra întregului pământ, prin intermediul descendenților lor, al generațiilor succesive de copii ascultători de El.*

---

*Acum putem înțelege planurile globale ale lui Satan (dușmanul), care se opune întotdeauna planurilor lui Dumnezeu. Dar, pentru a fi restaurați, nu vom cerceta planurile diavolului, ci pe cele ale Domnului, pentru a învăța cum putem recâștiga terenul pierdut în favoarea dușmanului.

Dar copiii nu vin pe lume ascultători de Dumnezeu în mod automat și într-o relație cu El. Planul divin este ca ei să ajungă să-L cunoască pe Dumnezeu prin dragostea, purtarea de grijă și acceptarea părinților lor. Părinții Îl reprezintă pe Dumnezeu și Îl fac cunoscut copiilor, prin propriul lor comportament. Acest plan divin pentru familii cuprinde două niveluri relaționale. La nivel orizontal, fiecare copil intră în relație mai întâi cu părinții și frații (nucleul familial) și apoi cu cei din jur. Pe măsură ce copilul crește, părinții îl învață despre Dumnezeu, urmând să se dezvolte, în plan vertical, o relație între copil și Tatăl ceresc. Prin aceste două niveluri relaționale, familia are menirea de a extinde domnia lui Dumnezeu asupra întregii lumi. N-ar trebui să ne surprindă că Satan își concentrează eforturile distructive asupra familiei. Din cauza ignoranței noastre, el are succes la nivel mondial.

Să înțelegem mandatul din Genesa 1

Dar oare cum vom putea recâștiga terenul pierdut în fața dușmanului, de-a lungul secolelor? Pentru a răspunde la această întrebare, va trebui să înțelegem mai bine planul lui Dumnezeu pentru noi. Apoi, vom putea începe să ne împotrivim lucrării diavolului în viețile, în familiile, în bisericile și în națiunile noastre.

În mandatul consemnat în capitolul întâi al primei cărți din Biblie, Genesa 1, Dumnezeu Își prezintă planul administrativ de guvernare a creației Sale, planeta Pământ.

Dumnezeu l-a făcut pe om după chipul Său, l-a făcut după chipul lui Dumnezeu; parte bărbătească și parte femeiască i-a făcut.

Dumnezeu i-a binecuvântat și Dumnezeu le-a zis: „Fiți roditori și înmulțiți-vă, umpleți pământul și supuneți-l; și stăpâniți peste peștii mării, peste păsările cerului, și peste orice viețuitoare care se mișcă pe pământ. (trad. lb. engl.) Genesa 1:27- 28

Haideți să analizăm terminologia folosită în aceste două versete, pentru a înțelege planul lui Dumnezeu. Mai întâi, vedem că Dumnezeu i-a creat pe oameni după chipul Său. Cuvântul tradus prin „chip" este:

tselem* (853d); dintr-un cuvânt rar folosit; tradus în acest pasaj

VĂDUVE, ORFANI ȘI PRIZONIERI

prin „chip", dar de mai multe ori în *Vechiul Testament (numerele din paranteze reprezintă frecvența utilizării termenului) el este tradus prin – formă (1), imagine (5), imagini (6), asemănare (3), fantomă (1)*

* *Înregistrat în catalogul Strong sub numărul 6754: Rădăcina cuvântului este „umbră".*

Dumnezeu a vrut ca omul să-I reflecte ființa în același fel în care o umbră reflectă forma persoanei căreia îi aparține. În plus, umbra dezvăluie și acțiunile posesorului, pentru că ea face exact ce face omul, în armonie perfectă cu acesta. În Ioan 14:9, Isus i-a spus lui Filip: *Cine M-a văzut pe Mine, a văzut pe Tatăl.* Iar în Ioan 5:19, Isus a spus: *„și tot ce face Tatăl, face și Fiul întocmai".*

Isus a venit să-L prezinte omenirii pe Tatăl din ceruri, El fiind umbra lui Dumnezeu pe pământ. Venind în lume, Isus a avut atât calitatea de Fiu, pregătind calea înspre Tatăl, cât și cea de al doilea Adam, demonstrând astfel rolul de purtători ai chipului lui Dumnezeu, pe care trebuie să-l îndeplinim în propriile noastre vieți, conform Genesei 1. Atunci când alegem să devenim creștini, luăm decizia în inima noastră de a umbla cum a umblat Isus în planurile și în scopurile lui Dumnezeu pentru viețile noastre. Astfel, ca niște umbre ale lui Isus, ne asemănăm cu Isus și, prin urmare, cu Tatăl nostru, făcând doar ce face El. Umbra Tatălui face ce face Tatăl. Planul lui Dumnezeu pentru viețile noastre este să fim umbra Lui:*...să fie asemenea chipului Fiului Său* (Romani 8:29), reflectând ca și El, chipul Tatălui ceresc.

Planul lui Dumnezeu pentru tați

În această secțiune, vom examina planul lui Dumnezeu pentru tați. Astfel, vom dobândi înțelegerea care ne va ajuta să fim vindecați de daunele suferite la nivelul caracterului și al abilității de a fi părinte. Majoritatea celor care au crescut în țările comuniste sau post-comuniste au probleme în aceste două domenii.

Pentru început, vom analiza poruncile date de Dumnezeu părinților, în Genesa 1:27, 28: „*fiți roditori și înmulțiți-vă".* În familiile care trăiesc după voia lui Dumnezeu, tatăl are rolul de a îndeplini aceste două imperative. Împlinirea lor este cheia înțelegerii planului lui Dumnezeu pentru tați. Pentru a ne însuși această cheie, trebuie să înțelegem doi termeni; „rodirea" și „înmulțirea" (multiplicarea).

Deslușirea planului lui Dumnezeu pentru tați ne va oferi un standard de comparație. Cu ajutorul lui, vom putea evalua creșterea primită din partea taților noștri, precum și pe cea pe care noi am oferit-o sau o oferim copiilor noștri. Putem, de asemenea, să analizăm tiparul cultural al relației tată-copii, din țara noastră. Punctul de referință, „standardul de aur", nu se află în cărți de psihologie sau în manuale de creștere a copiilor. Pentru a găsi răspunsuri la întrebările noastre, trebuie să cercetăm cu atenție Biblia.

Rodirea

În încercarea de a înțelege procesul de creștere a copiilor, haideți să examinăm procesele descrise prin „rodire și înmulțire". Inițial, Adam și Eva au fost învestiți cu ceva din Dumnezeu Tatăl: asemănarea cu El. Dumnezeu Și-a revelat planul de a guverna întregul pământ prin oameni ca Adam și Eva. Însă El nu intenționa să mai creeze alți oameni în același mod în care i-a creat pe ei. Sarcina reproducerii le-a fost încredințată lor, în calitate de reprezentanți ai omenirii, și apoi tuturor urmașilor lor. Prin ceea ce ne-a dăruit Dumnezeu, noi suntem cei care trebuie să aducem pe lume făpturi asemeni nouă. Parte din procesul acestei reproduceri este „rodirea". La nivel biologic, reproducerea înseamnă că oamenii vor aduce pe lume copii, așa cum stejarii produc ghinde, care se transformă apoi în noi stejari.

Multiplicarea

Însă cum stau lucrurile cu înmulțirea? Oare nu cumva exprimă aceeași idee ca și rodirea? Vom începe analiza acestor termeni, aducând în discuție caracterul și personalitatea, două dintre caracteristicile care deosebesc omenirea de regnul vegetal. Un copac sau o plantă oarecare înmagazinează în sămânța ei esența a ceea ce este, caracteristicile ei neschimbabile. Copacul va rămâne la fel, indiferent de influenţele exterioare. Însă caracterul unui om poate fi influenţat în bine sau în rău.

Dumnezeu a investit şi un alt gen de sămânţă în Adam şi Eva, şi anume, caracterul Său. Reproducerea biologică nu este suficientă. Formarea caracterului are loc în cadrul relaţiilor, iar aceasta începe când copilul este încă în pântecele mamei. Dumnezeu doreşte ca părinţii să-şi pregătească şi să-şi înveţe copiii, dând mai departe ceea ce s-a investit în ei. În grădina Edenului, Dumnezeu a investit în Adam timp de calitate, educându-l şi dezvoltându-i caracterul. Acolo, Adam a învăţat lucruri practice despre cultivarea grădinii, dar a experimentat şi grija părintească a lui Dumnezeu. În rolul Său de Tată, Dumnezeu a adus fiecare pasăre şi fiecare animal la Adam, investindu-l cu autoritatea de a le da un nume. Probabil că a fost un proces foarte îndelungat, având în vedere numărul aproape nelimitat de specii de animale şi păsări (multe dintre ele fiind astăzi specii dispărute). Adam a făcut acest lucru împreună cu Tatăl său, Dumnezeu.

Caracterul lui Adam s-a dezvoltat prin instruire, observaţie şi imitaţie, în relaţia cu Creatorul lui, Tatăl Dumnezeu. În limitele experienţei şi ale umanităţii sale, Adam a ajuns cu siguranţă să reflecte ceva din chipul lui Dumnezeu. Biblia arată că Dumnezeu a petrecut timp cu Adam şi cu Eva, plimbându-Se cu ei prin grădină. Dar El a procedat astfel numai cu aceşti doi oameni, care nu aveau părinţi pământeşti de la care să înveţe.

Puii de vultur învaţă să devină vulturi de la părinţii lor, puii de leu învaţă să devină lei de la părinţii lor, iar „puii" de oameni învaţă să devină oameni de la părinţii lor. Structura noastră biologică este un dat de la Dumnezeu, însă o mare parte din ceea ce suntem şi modul în care ne purtăm, vine din relaţia cu părinţii noştri. Dumnezeu ne-a chemat să fim roditori, adică să ne înmulţim din punct de vedere fizic. Însă El ne-a mai dat o poruncă: replicarea (multiplicarea sau întipărirea) chipului Său în copiii noştri. Pentru a-Şi întipări chipul în oameni, Dumnezeu a coborât din cer, să petreacă timp cu primii oameni, apoi l-a întâlnit pe Avraam față în față și, în final, L-a trimis pe Fiul Său, Isus, ca să ni-L prezinte pe Tatăl.

Să examinăm, în continuare, modul în care părinții transmit copiilor ceea ce sunt și cred ei înșiși. Acest lucru se realizează prin puterea exemplului, nu atât de mult prin instruire, cât prin ceea ce se întâmplă în prezența copilului și prin acțiunile părintelui cu și pentru copil. Părinții creștini, mai ales tații, sunt chemați să demonstreze caracteristicile lui Dumnezeu Tatăl în fața copiilor lor, chiar înainte ca aceștia să poată vorbi și, bineînțeles, cu mult înainte ca ei să înțeleagă lucrurile din perspectiva unui adult. Procesul întipăririi are două aspecte. Unul dintre ele este învățarea, care îl pregătește pe copil să Îl cunoască pe Dumnezeu Însuși. Prin relația cu tatăl pământesc, copilul poate învăța cum este Dumnezeu și ce înseamnă să dezvolte o relație cu El. Al doilea aspect al întipăririi este imprimarea caracterului lui Dumnezeu în copii, astfel încât ei să-L reflecte pe Cel care a creat omul după asemănarea Sa. Acesta este mandatul multiplicării, din Genesa 1.

Dumnezeu a dorit ca întreaga omenire să reflecte chipul și caracterul Său. El ne-a poruncit să ne alăturăm Lui, în procesul multiplicării chipului divin. Această multiplicare se realizează când întipărim în copiii noștri chipul Lui, exact așa cum darul reproducerii biologice aduce urmași în familiile noastre, conform planului și poruncii Lui. Acesta este planul divin.

Așchia nu sare departe de trunchi...

Poate că acum suntem nerăbdători să aflăm caracteristicile lui Dumnezeu, pe care părinții noștri ar fi trebuit să ni le întipărească, pentru a putea reflecta chipul Său. Dacă posedăm sau dobândim aceste atribute, putem vedea cu ușurință lucrurile în care este implicat Tatăl acum pe pământ și ne putem alătura Lui în ceea ce face. Procedând astfel, am putea trăi ca și Isus, care L-a urmat pe Tatăl Său în tot ce făcea.

> *Isus a luat din nou cuvântul și le-a zis: „Adevărat, adevărat vă spun, că Fiul nu poate face nimic de la Sine; El nu face decât ce vede pe Tatăl făcând; și tot ce face Tatăl, face și Fiul întocmai."*
> Ioan 5:19

VĂDUVE, ORFANI ŞI PRIZONIERI

Standardul pe care îl ridică Dumnezeu înaintea ochilor noştri este tocmai această relaţie dintre Tatăl şi Fiul. Dacă creşterea primită din partea taţilor noştri a fost una corectă, după voia lui Dumnezeu, ne putem surprinde urmându-L şi însoţindu-L pe Tatăl ceresc în tot ce face El, ca nişte umbre. Problema apare atunci când taţii noştri pământeşti nu ne-au oferit o creştere conformă cu standardul lui Dumnezeu şi, prin urmare, nu ne-au insuflat atributele şi valorile unui caracter creştin, astfel că nici măcar nu ştim când deviem de la calea cea bună. Aceste remarci nu au menirea să ne cufunde în descurajare, ci doar să ne conştientizeze de motivul pentru care nu suntem în stare să împlinim dorinţele Tatălui ceresc pentru vieţile noaste. Haideţi să personalizăm această discuţie, analizând modul în care Îl percepem pe Dumnezeu şi examinându-ne convingerile, pentru a afla dacă sunt corecte.

IMPACTUL ASUPRA VIEŢII

Să-L descoperim pe Dumnezeu

Isus a spus: *"...veţi cunoaşte adevărul şi adevărul vă va face liberi."* (Ioan 8:32) În această secţiune, vom examina cincizeci şi două de calităţi ale lui Dumnezeu, prezente în Scriptură, şi le vom folosi pentru a începe procesul eliberării de problemele trecutului. Dumnezeu doreşte să ne binecuvânteze şi să pună în noi calităţile caracterului Său, care nu ne-au fost întipărite în copilărie. Chiar dacă taţii noştri pământeşti au fost imperfecţi, Dumnezeu este gata să ne ajute. Putem fi „crescuţi din nou" de Dumnezeu. Însă, pentru a fi crescuţi de El, trebuie să fim mai întâi copiii Lui (vezi Anexa I). Dacă am primit botezul cu Duhul Sfânt, vom fi susţinuţi de puterea cerului, pe măsură ce păşim într-o relaţie mai profundă cu Tatăl ceresc. Iar atunci când ne supunem căilor Lui, El ne va dezvolta caracterul, astfel încât să fim întregi şi să nu ducem lipsă de nimic (Iacov 1:4).

Să ne familiarizăm acum cu tabelul: *Caracteristicile lui Dumnezeu Tatăl*, din paginile următoare. Vom folosi acest tabel în notiţele noastre pentru *Jurnalul de rugăciune* de la finalul capitolului.

- În prima coloană sunt listate câteva caracteristici ale lui Dumnezeu, care reies din comportamentul Lui.
- A doua coloană conține versetele biblice care descriu caracteristicile lui Dumnezeu din prima coloană.
- În a treia coloană vom nota propriile noastre impresii despre Dumnezeu, care corespund caracteristicilor din prima coloană. Vom da dovadă de curaj și îndrăzneală, analizând modul în care-L percepem cu adevărat pe Dumnezeu. Percepțiile ne-au fost influențate de creșterea imperfectă primită din partea taților noștri pământești și de alte experiențe care ne-au condus la o imagine despre Dumnezeu, contrară Scripturii.
- În coloana a patra vom folosi din nou, ca punct de referință, caracteristicile lui Dumnezeu, din prima coloană. În această coloană vom nota comportamentul tatălui nostru în ce privește această calitate, pentru a vedea cum L-a reprezentat el pe Dumnezeu Tatăl. De exemplu, în rândul cinci, Dumnezeu este prezentat ca fiind drept, dar, dacă tatăl nostru pământesc a fost nedrept, vom scrie în coloana a patra „nedrept".
- Ultima coloană o vom folosi pentru a ne evalua pe noi înșine, în raport cu calitățile lui Dumnezeu exprimate în prima coloană. Vom vedea, astfel, unde ne situăm față de standardul Lui. De exemplu, dacă și noi am fost nedrepți, vom scrie „nedrept" în ultima coloană.

Scopul acestui exercițiu este să ne ajute să identificăm și să ne schimbăm percepțiile greșite despre Dumnezeu. Dacă punem lucrurile în ordine, vom obține două beneficii personale clare: vom deschide calea unei relații mai bune și mai rodnice cu Dumnezeu și vom începe să creștem tot mai mult în asemănarea cu Isus. Haideți să vedem cum se pot realiza aceste schimbări.

Iată un raționament interesant: Isus ne spune că este reprezentarea exactă a Tatălui și, dacă Îl vedem pe El, Îl vedem pe Tatăl (Ioan 14:9). De aceea, dacă mărturisim că vrem să fim asemeni lui Isus, afirmăm, în același timp, că vrem să fim asemeni Tatălui Său, care este și Tatăl nostru. Deci, trăsăturile de caracter

VĂDUVE, ORFANI ȘI PRIZONIERI

ale lui Dumnezeu identificate în prima coloană reprezintă ce dorește El de la noi. Problema noastră constă în faptul că am fost crescuți de părinți imperfecți, iar percepția noastră cu privire la Dumnezeu este mult influențată de circumstanțele primilor ani de viață.

Poate că nu L-am cunoscut pe Dumnezeu așa cum este El descris în prima coloană. Unele calități ale Sale se află în afara experienței noastre. De fapt, am putea chiar protesta, spunând că Dumnezeu nu ne-a tratat conform afirmațiilor Scripturii. Poate că așa este, însă trebuie să vedem de ce experiența noastră indică o relație cu Dumnezeu diferită de cea exprimată în versetele biblice examinate. Vom analiza câteva versete uimitoare, care ne vor ajuta să înțelegem mai profund ce înseamnă o relație cu Dumnezeu.

Cu cel bun Tu te arăți bun, cu omul neprihănit Te arăți neprihănit; cu cel curat Te arăți curat și cu cel stricat Te porți după stricăciunea lui. Psalmul 18:25-26

Într-un fel, Dumnezeu ne tratează în funcție de comportamentul nostru. Deci, dacă acționăm conform căilor Sale, Îl vom experimenta așa cum afirmă El că este, dar, dacă ne îndepărtăm de căile, planurile și scopurile Sale, vom fi tratați pe măsură. Proverbul românesc spune: „După faptă, și răsplată", iar Biblia afirmă: „Ceea ce seamănă omul, aceea va și secera" (Galateni 6:7; vezi Capitolul al II-lea, *Legile spirituale care guvernează lumea*). În parabola talanților, din Matei 25:24, slujitorul care își considera stăpânul un om aspru, a îngropat banii primiți de la acesta pentru a fi investiți. Interesant, stăpânul s-a purtat cu el conform așteptărilor sale.

Poate că noi nu L-am cunoscut pe Dumnezeu așa cum este, pentru că ne-am comportat în conformitate cu ceea ce credem noi că este (sau nu este) El, pe baza creșterii primite din partea părinților noștri. Acest comportament L-a împiedicat pe Dumnezeu să ne trateze așa cum El și noi am fi dorit. Deși Dumnezeu este minunat în multe privințe, este posibil ca principiile spirituale ale relațiilor pe care tocmai le-am examinat să ne fi împiedicat să-L experimentăm așa cum și-ar fi dorit El.

OTTO BIXLER

Notițe pentru jurnalul de rugăciune

Iată-ne ajunși într-o poziție favorabilă pentru a-L cunoaște mai bine pe Dumnezeu. Poți începe o pagină nouă în jurnalul de rugăciune pentru Capitolul al V-lea, *Unde au dispărut tații*. Dacă se poate, fă o copie a tabelului *Caracteristicile lui Dumnezeu Tatăl* și introdu-o în jurnal. Completează apoi spațiile goale, examinând versetul biblic. Pentru a beneficia cât mai mult de acest exercițiu, te rog să urmezi indicațiile din paragrafele următoare. Înainte de a începe, ia-ți timp și roagă-L pe Duhul Sfânt să îți descopere adevărul despre starea și experiența vieții tale.

Odată ce ai cerut ajutorul lui Dumnezeu în completarea acestui exercițiu, începe cu coloana a treia, notând ceea ce simți sau cum L-ai perceput pe Dumnezeu Tatăl, în baza propriei experiențe. Trebuie să fim atenți, pentru că este ușor să ne „spiritualizăm" convingerile, în încercarea de a da un răspuns corect, acceptabil și sigur. Dacă, în urma rugăciunii, completăm cu sinceritate coloana a treia, vom putea identifica aspectele în care am fost privați de înțelegerea și de cunoașterea lui Dumnezeu Tatăl, din cauza influențelor lumești.

Acum, că am prins mai mult curaj, vom completa și coloana a patra, notând trăsătura de caracter a taților noștri pământești, corespunzătoare caracteristicilor lui Dumnezeu, din prima coloană.

Ultimele completări din tabel se referă la noi înșine. Să Îl rugăm pe Duhul Sfânt să ne ajute în completarea ultimei coloane din tabel. Trebuie să ne autoevaluăm corect și sincer, pentru a vedea în ce măsură reflectăm caracteristicile lui Dumnezeu, din prima coloană. El dorește ca noi să oglindim și să exprimăm atributele Lui în viața noastră de copii ai Săi.

Completând acest exercițiu, vom descoperi câteva paralele interesante între imaginea pe care ne-am format-o despre Dumnezeu și imaginea despre tații noștri pământești. Apoi, pe măsură ce vom completa coloana a cincea, vom înțelege cum ne-a influențat și ne-a format caracterul, modul în care am fost crescuți de tații noștri. Dacă am dat dovadă de sinceritate, am

VĂDUVE, ORFANI ȘI PRIZONIERI

putut descoperi până acum aspecte care constituie o bază de lucru pentru a aduce schimbări pozitive în viețile noastre. În următorul capitol, vom vedea cum putem avansa în acest proces, dar, până atunci, mai avem puțin de lucru în acest capitol.

Vom examina acum ideile fundamentale din acest capitol dificil. În secțiunea *Concepte cheie*, de la sfârșitul capitolului, avem un rezumat al ideilor principale. După ce ni le vom reaminti, putem să tragem concluzii pe baza descoperirilor făcute prin completarea tabelului.

Pentru a încheia studiul acestui capitol, răspunde la *Întrebările cheie* de pe ultima pagină, notând răspunsurile în jurnalul de rugăciune. Ele te vor ajuta să folosești informațiile rezultate din completarea tabelului *Caracteristicile lui Dumnezeu Tatăl*. Din nou, scrie fiecare întrebare și răspunsul ei în jurnal, înainte de a trece la următoarea.

Caracteristicile lui Dumnezeu Tatăl

Caracteristicile lui Dumnezeu	Referința biblică	Cum L-am perceput eu pe Dumnezeu	Cum l-am perceput eu pe tatăl meu pământesc	Caracteristici personale
Dumnezeu este dragoste	1 Ioan 4:8			
Generos	Romani 8:32			
El îi socotește neprihăniți pe aleșii Săi	Romani 8:33			
Nimic nu ne poate despărți de dragostea Lui, în Isus Cristos	Romani 8:34-39			
Nu există nicio nedreptate în Dumnezeu	Romani 9:14			
Dumnezeu este bun	2 Samuel 9:3			
Bunătate, îngăduință, îndelungă răbdare	Romani 2:4			
El îți dă odihnă	Iosua 1:13			
El îți dă tărie și putere	Psalmul 68:35			
El îți dă îndurare și slavă	Psalmul 48:11			
El îți dă perseverență și încurajare	Romani 15:5			
El acordă har, milă și pace	2 Ioan 3			
El dăruiește pacea	Evrei 13:20			
El dă speranță, bucurie și pace	Romani 15:13			
Compasiune	Ieremia 16:5			

VĂDUVE, ORFANI ȘI PRIZONIERI

Caracteristicile lui Dumnezeu	Referința biblică	Cum L-am perceput eu pe Dumnezeu	Cum l-am perceput eu pe tatăl meu pământesc	Caracteristici personale
Răbdare	1 Corinteni 13:4-7			
Nu ne va lăsa niciodată	Evrei 13:5			
Nu ne va părăsi niciodată	Evrei 13:5			
Nu este părtinitor	1 Corinteni 13:4-7			
Este imparțial	Deuteronom 10:17 Fapte 10:34			
Se împotrivește oricărei nelegiuiri	Romani 1:18			
Voia Sa este bună, plăcută și desăvârșită	Romani 12:2			
Credincios	1 Corinteni 1:9			
Sfânt	1 Corinteni 3:17			
Nu al confuziei (neorânduielii), ci al păcii	1 Corinteni 14:33			
Nu Se lasă să fie batjocorit	Galateni 6:7			
Nu este nedrept	Evrei 6:10			
Dumnezeu este lumină și în El nu este întuneric	1 Ioan 1:5			
Nu minte	Numeri 23:19			
Face dreptate orfanului și văduvei	Deuteronom 10:18			
Plin de har și de compasiune	2 Cronici 30:9			

Caracteristicile lui Dumnezeu	Referința biblică	Cum L-am perceput eu pe Dumnezeu	Cum l-am perceput eu pe tatăl meu pământesc	Caracteristici personale
Mâna Domnului este peste toți cei ce-L caută, spre binele lor	Ezra 8:22			
Un judecător drept	Psalmul 7:11			
Dumnezeu este adăpostul și sprijinul nostru, un ajutor care nu lipsește niciodată în nevoi	Psalmul 46:1			
Căile Sale sunt sfinte	Psalmul 77:13			
Este drept în tot ce face	Daniel 9:14			
Îndelung răbdător*	1 Corinteni 13:4-7*			
Plin de bunătate*	1 Corinteni 13:4-7*			
Nu e gelos (nu pizmuiește)*	1 Corinteni 13:4-7*			
Nu se laudă*	1 Corinteni 13:4-7*			
Nu este arogant (nu Se umflă de mândrie)*	1 Corinteni 13:4-7*			
Nu se poartă necuviincios *	1 Corinteni 13:4-7*			
Nu caută folosul Său*	1 Corinteni 13:4-7*			
Nu Se mânie (cu ușurință)*	1 Corinteni 13:4-7*			
Nu Se gândește la rău*	1 Corinteni 13:4-7*			

VĂDUVE, ORFANI ȘI PRIZONIERI

Caracteristicile lui Dumnezeu	Referința biblică	Cum L-am perceput eu pe Dumnezeu	Cum l-am perceput eu pe tatăl meu pământesc	Caracteristici personale
Nu se bucură de nedreptate*	1 Corinteni 13:4-7*			
Se bucură de adevăr*	1 Corinteni 13:4-7*			
Acoperă totul*	1 Corinteni 13:4-7*			
Suferă totul*	1 Corinteni 13:4-7*			
Își disciplinează fiii	Evrei 12:7-11 Deuteronom 8:5			
Îi mustră pe cei pe care îi iubește	Apocalipsa 3:19			
Nu ne va părăsi și nu ne va lăsa orfani	Ioan 14:18			

*Caracteristici ale dragostei din I Corinteni 13:4-7, unde ni se amintește că Dumnezeu este dragoste.

Concepte cheie din Capitolul al V-lea

- Familiile sunt atacate în lupta pentru stăpânirea pământului.
- Dumnezeu a intenționat ca părinții să întipărească în copiii lor chipul Lui.
- Percepția noastră cu privire la caracterul lui Dumnezeu se formează, mai întâi, prin interacțiunea cu părinții, în al doilea rând, prin citirea Scripturii, și în al treilea rând, văzând cum ne tratează Dumnezeu pe noi și pe alții.
- Dacă vrem să știm cum trebuie să fim, putem cerceta Biblia, ca să vedem cum este Dumnezeu – așa trebuie să fim și noi.

Întrebări cheie din Capitolul al V-lea

Întrebări de aprofundare*

Cu atenție și deschidere la vocea Domnului (cere ajutorul Duhului Sfânt), examinează tabelul *Caracteristicile lui Dumnezeu Tatăl*, completat în jurnalul tău de rugăciune.
- Descoperă tiparele conform cărora impresia ta despre Dumnezeu nu corespunde afirmațiilor Scripturii despre El.
- Acum, caută punctele în care tatăl tău sau părinții tăi nu au reflectat foarte bine caracterul lui Dumnezeu în relația cu tine.
- În final, cercetează-ți caracterul, pentru a descoperi aspectele care nu corespund menirii tale de chip sau umbră a lui Dumnezeu.

Întrebări de slujire – Te rog să răspunzi la ele în jurnalul tău de rugăciune*

1. Alcătuiește o listă cu domeniile din tabel în care ai descoperit că impresiile tale despre Dumnezeu, bazate pe experiența personală, contrazic afirmațiile Lui despre Sine. Ești dispus să Îl cunoști pe Dumnezeu conform Scripturii? Oriunde găsești o diferență, scrie o scurtă rugăciune, cerându-I lui Dumnezeu să ți Se descopere printr-o experiență proaspătă, astfel ca trăirea ta să certifice spusele Bibliei.
2. Fă o listă cu fiecare lucru prin care părinții tăi ți-au creat o impresie greșită despre Dumnezeu. Ești gata să-i ierți?
3. Fă o listă cu domeniile în care simți că ai devenit exact ceea ce nu ți-a plăcut (caracterisitici păcătoase) la părinții tăi. Poți să te ierți? Scrie o scurtă rugăciune pentru fiecare aspect, rugându-L pe Dumnezeu să te ajute să te asemeni Lui în acea trăsătură de caracter.

*Vezi paragrafele referitoare la *Jurnalul de rugăciune* de la pagina 21 și 22.

FAMILIA, PIATRA DE TEMELIE A SOCIETĂȚII

CAPITOLUL **VI**

În capitolul precedent am început să înțelegem importanța taților în familie, ei având rolul de a ne modela imaginea despre Dumnezeu Tatăl. Studiind mandatul din Genesa 1, am descoperit că planul lui Dumnezeu pentru familii este acela de a se înmulți, pentru a administra și a conduce lumea (Genesa 1:27, vezi Capitolul al V-lea). Acum, haideți să examinăm rolul taților în familie dintr-o perspectivă nouă.

În cartea sa, *Fathers [Tați]*, Derek Prince prezintă trei roluri majore ale tatălui în contextul familiei: profet, preot și rege. În rolul său de profet, tatăl comunică dorințele și adevărurile lui Dumnezeu familiei sale. În rolul său de preot, tatăl aduce familia și nevoile ei înaintea lui Dumnezeu. Iar în rolul său de rege, tatăl își conduce familia în împlinirea sarcinilor pământești. Din această perspectivă, vom examina două dintre strategiile principale folosite de dușmanul sufletelor noastre pentru a distruge familiile prin intermediul taților. Prima strategie a diavolului este să compromită caracterul taților și abilitatea lor de a iubi și de a conduce familia. A doua strategie de atac este îndepărtarea tatălui din mijlocul familiei, fie fizic, fie făcându-l ineficient.

În Capitolul al V-lea am văzut că modul în care Îl percepem pe Dumnezeu este influențat de caracterul tatălui nostru, care ne afectează și propriul caracter. Acum vom examina cum a îndepărtat dușmanul prezența și influența taților din familiile noastre.

Unde au dispărut tații II

Diavolul privează familiile de influența pozitivă a taților, cucerind inimile acestora cu afaceri, cu sporturi, cu activități recreative, cu misiuni de caritate sau chiar cu slujirea Domnului. Relatarea de mai jos poate fi considerată o parabolă modernă, care ne arată cum se pot întâmpla astfel de lucruri chiar și într-o familie creștină:

Tatăl lui Silviu era un creștin minunat, un pastor care instruia pastori, un învățător biblic extraordinar și un vorbitor foarte căutat de bisericile din țară și chiar din străinătate. El vizita adesea America sau Europa de Vest, țări mai dezvoltate economic decât țara sa, ca să strângă fonduri pentru biserică. Când călătorea în țară, nu lipsea, de obicei, mai mult de o săptămână. Însă când strângea fonduri în Vest, putea fi plecat chiar și mai mult de o lună și se întorcea acasă complet epuizat. Tatăl lui Silviu părea să fie mereu absent, fie fizic, fie emoțional.

Familia păstra o minunată fațadă creștină. Pastorul Rădulescu era respectat și onorat în propria-i biserică, în toată țara și în străinătate. Însă acasă, respectul și onoarea cuvenite tatălui, erau doar o formalitate. Relațiile dintre membri familiei erau tensionate, formale, rigide, lipsite de căldură și dinamism. Pastorul Rădulescu nu avea timp decât pentru Dumnezeu, studiu biblic, compunerea predicilor și, bineînțeles, pentru mulțimea de vizitatori care veneau să-i solicite sfatul înțelept și slujirea de rugăciune. În cele din urmă, noaptea târziu, mult după ce familia lui se culcase, pastorul se prăbușea în pat, pentru un somn mult prea scurt, epuizat și fără vise. De fapt, el nu era niciodată acasă cu adevărat. Privată de un tată funcțional, profet, preot și rege, familia sa suferea imens.

În timp, Silviu a devenit posac, certăreț și, după o vreme, absent de acasă, ca și tatăl lui. Și-a găsit semnificația bărbătească după care tânjea, într-o bandă de cartier. Acolo, manifestându-și frustrarea și mânia, prin furt și violență, a ajuns unul dintre lideri, căutându-și în același timp consolarea în relații sexuale ilicite, care erau la dispoziția membrilor mai duri ai bandei. Satan reușise să-l fure pe tatăl lui Silviu din mijlocul familiei și acum îl ținea strâns legat pe Silviu însuși. Familia se afla la un pas de dezastru.

Această poveste are un final fericit, deși a fost nevoie de o tragedie până când pastorul Rădulescu a căutat și a auzit sfatul Duhului Sfânt pentru familia lui. Pastorul s-a trezit doar când Silviu se zbătea între viață și moarte pe un pat de spital, din cauza unei răni de cuțit primite într-o încăierare între bande.

Atunci a înțeles pastorul cât de mult se îndepărtase fiul lui de el, de familie și mai ales de Dumnezeu. Când a strigat către Domnul, de lângă patul de spital al fiului său, cerând viața lui, a început să se gândească la cauzele catastrofei. Atunci L-a simțit pe Domnul spunându-i: „Am tot așteptat să mă întrebi." Apoi, în modul Lui blând și tandru, Dumnezeu a început să-i descopere pastorului cum a abdicat de la rolul de părinte și a făcut din slujire un idol, neglijându-și familia.

Silviu și-a revenit miraculos, după ce tatăl său s-a pocăit de neglijența lui și, cu lacrimi, și-a cerut iertare de la fiul său și de la întreaga familie. Calea spre intimitate cu primul său născut a fost lungă. Însă, pe măsură ce a început să fie atent la Silviu, să-i vorbească și să fie prezent mai mult acasă, relația tată-fiu a început să înflorească. Pentru a realiza această schimbare, pastorul a trebuit să renunțe la alte activități și să investească timp în relația cu Silviu.

Treptat, cei doi au început să fie mai deschiși unul față de altul. Astăzi, pastorul Rădulescu continuă să slujească în țară și în străinătate, dar acum cântărește bine fiecare invitație, înaintea Duhului Sfânt, refuzând angajamentele la care nu-l cheamă Dumnezeu. Acum, când călătorește, este însoțit adesea de unul sau mai mulți membri ai familiei, chiar și în străinătate. În doi ani, Silviu s-a întors la Domnul, a fost admis la seminarul teologic din București și, la sfârșit de săptămână, își ajută tatăl să dezvolte o nouă și vibrantă lucrare cu tinerii bisericii.

Răpirea părinților la nivel mondial

Pe tot cuprinsul lumii, părinții sunt răpiți din mijlocul familiilor lor, rezultatele fiind asemănătoare: mulți tați sunt dependenți de fotbal, petrecând în fața televizorului timpul în care sunt acasă. Multe mame cu copii de vârstă preșcolară lucrează, pentru a contribui la întreținerea familiei, lipsind de acasă întreaga zi. Tații care sunt destul de norocoși să aibă un loc de muncă lucrează adesea ore suplimentare neplătite, ca să nu-și piardă serviciul. Sau, dacă sunt promovați pe scara „succesului", petrec din ce în ce mai mult timp departe de casă. Unii sunt dependenți de alcool, pierzând vremea prin birturi și având, uneori, relații extraconjugale.

Deși lucrul acesta ne poate uimi, experiențe ca ale pastorului Rădulescu sunt frecvente chiar și printre membri obișnuiți ai bisericilor, mai ales că multe dintre ele au nenumărate activități „obligatorii". De fapt, aceste activități nu fac decât să răpească părinții de lângă copiii lor, în Numele lui Dumnezeu. Indiferent dacă tatăl se străduiește să-și întrețină familia ca vânzător la o tarabă, sau este mereu implicat în activitățile bisericii, sau bea și este dependent de fotbal, efectul este același. Privirea taților (părinților) este defocalizată de la copiii lor, care sunt privați de dragostea, instruirea și stabilitatea familiei. Astfel, când părinții nu-și păzesc cuibul, copiii devin o pradă ușoară pentru dușmanul sufletelor noastre.

Metoda comunistă

Comunismul specific Uniunii Sovietice a încercat să construiască un sistem guvernamental cu o putere la nivel mondial. Pentru a-și realiza scopul, arhitecții lui au înțeles necesitatea loialității absolute față de stat. Programele comuniste de îndoctrinare a copiilor s-au inspirat din tehnicile lui Adolf Hitler. Scopul lor a fost să atragă privirile copiilor spre liderii-marionetă, spre oficialii armatei și mai ales spre stat în sine. Raționamentul lor se baza pe concepția că, odată câștigate inimile copiilor, vor avea, în câțiva ani, cetățeni complet îndoctrinați, care vor asculta orbește statul.

Nu vă lăsați înșelați! Principiile statului comunist nu au avut niciodată menirea de a crea utopia socială sau de a aduce pacea, folosind îndoctrinarea pentru a schimba comportamentul oamenilor. Scopul liderilor comuniști era să domine lumea ca supraputere. De fapt, conducătorii statului nu intenționau să trăiască în conformitate cu standardele pe care le susțineau public.

VĂDUVE, ORFANI ŞI PRIZONIERI

Planul lor era să se bucure de bunuri, servicii, plăceri şi putere, care nu se aflau la dispoziţia clasei muncitoare loiale, înşelate, îndoctrinate şi dominate.

Programele de îndoctrinare din organizaţiile şoimilor patriei, ale pionierilor şi ale UTC-ului au fost create pentru a înfige săgeţile otrăvite ale îndoctrinării, adânc în inimile copiilor şi ale tinerilor. Această otravă cu acţiune lentă, menită să producă loialitate faţă de stat, a avut drept efect secundar distrugerea inocenţei, dezamăgirea şi deziluzia. Şcoala nu era destinată doar învăţării, ci şi îndoctrinării copiilor cu ideile socialismului marxist – leninist. Şcolarii erau expuşi unui amestec uimitor de propagandă, doctrină socialistă, beneficiind de favoritism în cadrul şcolii, al excursiilor pentru tineret în aer liber, în cadrul unor şedinţe speciale, precum şi la diferite activităţi de la palatele copiilor. În cadrul acestor activităţi, copiii primeau autoritate şi diverse privilegii în grupurile lor de apartenenţă, uniforme distincte, cravate, şnururi, trese, insigne, carnete de membru şi multe altele.

În ţările comuniste, multe familii aveau o stare materială precară, pentru că „se sacrificau pentru stat". Părinţii stăteau la cozi interminabile pentru alimente de bază, precum pâinea şi laptele. Astfel, căminele erau lipsite atât de bunuri materiale, cât şi de părinţi, aceştia fiind la muncă sau la cozi. Spre deosebire de familii, palatele copiilor erau pline de activităţi şi recompense, oferind micuţilor ceea ce le lipsea acasă. În consecinţă, inimile copiilor s-au îndepărtat de mamele, de taţii şi de familiile lor, fiind cucerite de stat şi de programele lui. Astfel, investiţia copiilor în familie (părinţi) a fost împiedicată. Părinţii, frustraţi şi împovăraţi de sistemul abuziv, perpetuat şi menţinut de statul totalitar poliţienesc, nu erau în stare să le acorde atenţie copiilor. Unii aveau inimile cucerite de propagandă, iar alţii erau frânţi şi disperaţi. Oricare ar fi fost situaţia, nu erau în stare să poarte de grijă copiilor. Pentru a-şi îneca amarul, unii părinţi au recurs la alcool şi la relaţii imorale, care au condus la distrugerea familiilor, mulţi copii devenind la modul propriu orfani, iar mamele lor, văduve.

Blestemul lui Maleahi

În planul lui Dumnezeu, lumea trebuia cucerită și administrată de copiii Lui, urmașii lui Adam și ai Evei. Dumnezeu a poruncit acest lucru mai întâi în Genesa 1:26-31, iar apoi, după potop, în Genesa 9:1, 7, când i-a vorbit lui Noe. Pentru a-Și pune în aplicare planul, Dumnezeu l-a așezat pe Adam în grădina Eden și l-a învățat agricultura. Singura modalitate de împlinire a planului divin de cucerire și populare a lumii, consta în cooperarea oamenilor unul cu altul și cu Dumnezeu (vezi Anexa I). Iar Dumnezeu a dorit să așeze temelia acestei cooperări, în cadrul familiilor iubitoare și ascultătoare de El. Acesta este încă un motiv pentru care Dumnezeu prețuiește atât de mult familia. În familie, Dumnezeu ne dezvoltă capacitatea de a coopera cu El și unii cu alții și de a supune și stăpâni pământul, ca administratori ai guvernului Său.

Statul comunist avea menirea de a înlocui părinții fiecărui copil, privându-l de dragoste, îngrijire, încredere reciprocă și de orice învățătură despre Dumnezeu. Această strategie se opune flagrant planurilor și scopurilor divine.

Familia este atât de iubită, atât de prețuită și atât de importantă în ochii lui Dumnezeu, încât El a arătat clar că orice popor care nu o susține, va cădea sub blestem.

Iată, voi trimite pe proorocul Ilie, înainte de a veni ziua Domnului, ziua aceea mare și înfricoșată. El va întoarce inima părinților spre copii și inima copiilor spre părinții lor, ca nu cumva, la venirea Mea, să lovesc țara cu blestem! Maleahi 4:5-6

După ce a rostit aceste vorbe, la finalul Vechiului Testament, Dumnezeu a tăcut aproape patru sute de ani. Cu referire la lucrarea de prevestitor a lui Ioan Botezătorul, Dumnezeu a spus că va lovi cu blestem fiecare națiune care se opune planului Său pentru familii. Familia are o importanță vitală pentru Dumnezeu și, în cele din urmă, El nu va permite nimănui să împiedice planul Său. Dumnezeu ne-a poruncit să fim roditori și să ne înmulțim (vezi Anexa I, secțiunea 6.0, *Scopul vieții noastre pământești* și *Planul lui Dumnezeu pentru tați*, din Capitolul al V-lea). Cei care se opun acestui plan, vor cădea sub blestem. Cuvântul ebraic pentru blestem, utilizat în Maleahi 4:6 este חֵרֶם „cherem". Privind la națiunile care s-au opus planului lui Dumnezeu pentru familii, constatăm că au fost blestemate în multe feluri.

Comunismul a avut viață scurtă, doar șapte decenii din istoria Europei. În urma lui au rămas însă orașele și satele distruse, care se pot vedea și azi în fostele țări comuniste, inclusiv în România. Chiar și astăzi, serviciile medicale sunt de proastă calitate, utilitățile și serviciile sociale lasă de dorit, polițiștii sunt corupți, politicienii, necinstiți, iar crima organizată este în floare. În aceste țări, școlile sunt prost echipate, șoselele sunt pline de gropi, fabricile sunt în paragină, rata șomajului este ridicată, salariile sunt insuficiente pentru un trai decent, iar asistența din partea statului este aproape inexistentă. Așa arată țările aflate sub blestem.

Calea spre binecuvântare

Descrierea de mai sus poate părea o veste rea, însă ea nu este decât o evaluare spirituală corectă a națiunilor post-comuniste. Dacă dorim să ieșim dintr-o situație proastă, trebuie să fim mai întâi conștienți că există ceva mai bun. Am avea, de asemenea, nevoie de o hartă spirituală, care să ne arate drumul spre binecuvântare. Dar, pentru a utiliza o hartă, trebuie să știm atât unde ne aflăm, cât și unde dorim să ajungem. Știm deja că ne aflăm sub blestem, iar destinația noastră este acel „ceva mai bun", adică binecuvântarea. Am avea deci nevoie de o hartă care să ne conducă pe drumul de la blestem, la binecuvântare. Vestea bună este că o astfel de hartă există pentru toți cei aflați sub blestemul comunismului sau sub oricare alt blestem. Dumnezeu, prin Isus Cristos, este calea noastră de salvare. Prin mărturisirea și pocăința de păcatele care au dat blestemului dreptul de a exista și de a acționa, putem păși pe această cale deschisă, lăsând în urmă blestemele și luând în stăpânire țara binecuvântărilor.

Cum sare vrabia încoace și încolo și cum zboară rândunica, așa nu nimerește blestemul neîntemeiat. Proverbe 26:2

Conform acestui verset, dacă îndepărtăm motivul blestemului, acesta nu va continua să acționeze în dreptul nostru. Păcatele colective ale familiilor în care părinții nu sunt implicați în viața copiilor, iar copiii sunt privați de grija părintească, reprezintă cauza blestemului lui Maleahi. Astfel, pentru a scăpa de acest blestem, mamele și tații trebuie să-și restabilească relația cu copiii, iar aceștia din urmă trebuie să le fie supuși. În situațiile în care blestemul vine din cauza unui păcat național, pentru ca poporul să fie restaurat, reprezentanții spirituali ai națiunii trebuie să se pocăiască, în numele poporului. În Iona 3:5, când Dumnezeu l-a trimis pe Iona la Ninive, întreaga cetate s-a pocăit, iar Dumnezeu nu a adus asupra lor distrugerea pe care o meritau pentru păcatul lor colectiv.

Modelul scriptural pentru îndepărtarea blestemelor naționale este prezentat clar în Cuvântul lui Dumnezeu pentru Israel în 2 Cronici 7. În acest pasaj, Dumnezeu deschide o cale de întoarcere de la blestemele cu care urma să lovească Israelul din cauza neascultării lor:

Când voi închide cerul și nu va fi ploaie, când voi porunci lăcustelor să mănânce țara, când voi trimite ciuma în poporul Meu: dacă poporul Meu peste care este chemat Numele Meu se va smeri, se va ruga și va căuta Fața Mea și se va abate de la căile lui rele, îl voi asculta din ceruri, îi voi ierta păcatul, și-i voi tămădui țara. 2 Cronici 7:13-14

Această cale de întoarcere, care a fost eficientă pentru păgânii din Ninive și, de nenumărate ori, pentru Israel, va fi eficientă și pentru tine, pentru familia și națiunea ta. Însă trebuie să înțelegem că pocăința noastră personală, cu excepția faptului în care suntem președintele țării, nu va putea produce schimbări semnificative la nivel național. Dar Dumnezeu ne va binecuvânta, chiar și în mijlocul adversităților sau în mijlocul unui popor păcătos.

Ieșind de sub blestemul lui Maleahi

În următorul capitol vom vedea cum putem scăpa de problemele cauzate de neascultarea noastră personală sau familială. Vom vedea cum ne putem elibera nu doar de blestemul lui Maleahi, ci și de problemele pe care le-am descoperit în primele șase capitole ale cărții. A doua parte a cărții ne poartă mai adânc în explorarea problemelor de origine spirituală, cauzate de implicarea personală sau familială în comunism.

IMPACTUL ASUPRA VIEȚII

În acest capitol și în Anexa I, Secțiunea 7, am văzut că, în planul lui Dumnezeu, familiile trebuie să fie conduse de tați. Dacă dorim binecuvântările lui Dumnezeu, trebuie să ne întoarcem la El, sursa binecuvântărilor. Vom recapitula acum învățătura fundamentală a acestui capitol, prin conceptele cheie de pe pagina următoare. Însușindu-ne aceste idei, vom putea apoi răspunde întrebărilor care vor transforma învățarea într-o ocazie de schimbare a vieții.

Jurnal de rugăciune

Aceasta este ultima secțiune de jurnal care ne pregătește pentru slujirea de rugăciune din Capitolul al VII-lea, *Libertatea obținută prin rugăciune*. Am început acest jurnal de rugăciune la pagina 20 din capitolul I. De atunci, am completat multe pagini, mai avem însă puțin de lucru. Este momentul să începi o secțiune nouă, răspunzând la *Întrebările cheie*, de pe ultima pagină a capitolului.

Ia-ți timp și cere-I Duhului Sfânt să te ajute să răspunzi întrebărilor, astfel încât să fii pregătit să-ți însușești planul lui Dumnezeu pentru viața ta. Calea spre libertate este doar prin Isus Cristos. Haideți să vedem acum ce impact are acest capitol asupra vieții noastre. Scrie fiecare întrebare în jurnal și notează răspunsul tău înainte de a trece la următoarea. Nu uita să-ți faci suficient timp, aceasta nu este o cursă contra cronometru. Poate că vei avea nevoie de mai multe sesiuni de lucru, pentru a parcurge întrebările.

Concepte cheie din Capitolul al VI-lea

- În planul lui Dumnezeu, tatăl prezintă dorințele și adevărurile Lui familiei sale, aduce nevoile familiei înaintea Domnului și își conduce familia în sarcinile pământești.
- Când tații nu investesc suficient timp și energie în familie, aceasta începe să se destrame.
- Planul mondial al diavolului este să întoarcă inimile taților de la copii și inimile copiilor de la tații lor.
- Familiile în care inimile părinților sunt îndepărtate de copii și inimile copiilor sunt îndepărtate de părinți sunt lovite cu blestem (Maleahi 4:6)
- Putem ieși de sub blestemul din Maleahi, prin mărturisire, prin pocăință și prin primirea iertării, pe baza sângelui vărsat de Isus pe cruce.

Întrebări cheie din Capitolul al VI-lea
Te rog să răspunzi la următoarele întrebări în jurnalul tău de rugăciune*

Întrebări de aprofundare
- Descrie în cuvintele tale, rolul încredințat de Dumnezeu tatălui familiei, de profet, preot și rege.
- Descrie obiectiv, nu critic, modul în care tatăl tău și-a îndeplinit rolurile de profet, preot și rege în familie.
- Ești gata să îți ierți pe deplin tatăl pentru greșelile lui?
- L-ai iertat pe tatăl tău pentru modul în care te-a dezamăgit pe tine și pe familia ta? Notează aspectele în care tu și familia ta ați fost dezamăgiți de tatăl tău.

Întrebări de slujire – în Jurnalul tău de rugăciune* răspunde, te rog, la următoarele:

1. Scrie domeniile în care trebuie să îți ierți tatăl/ mama, pentru că nu au petrecut suficient timp cu tine și cu familia: TV, sport, muncă, biserică, petreceri, droguri, alcool, relații sexuale (adulter) etc.
2. În ce mod sau în ce măsură ai devenit orfan, iar mama ta, văduvă?
3. Din evaluarea făcută mai sus, care dintre cele trei roluri paternale nu a fost reprezentat bine de către tatăl tău? Cum a influențat lucrul acesta abilitatea ta de a întemeia și de a conduce o familie? Dacă ai copii, ai fost și tu neglijent față de ei, în aceleași domenii?
4. În ce măsură a fost inima ta îndepărtată de părinții tăi, prin activitățile șoimilor patriei, ale pionierilor și ale UTC-ului? Ești gata să Îl rogi pe Dumnezeu să te ierte pentru lipsa ta de respect și atenție față de mama /tatăl tău, din cauza implicării tale în activitățile acestor organizații?
5. Ți-ai spionat sau ți-ai disprețuit familia pentru atitudinile pe care le-a avut împotriva statului?
6. Există printe strămoșii tăi persoane care și-au vândut inima statului, devenind membri sau lideri ai partidului, colaboratori ai securității, gardieni, polițiști etc.? Fă o listă a celor pe care trebuie să îi ierți pentru implicarea în astfel de activități.

*Vezi paragrafele despre *Jurnalul de rugăciune*, de la paginile 21-22.

LIBERTATEA OBȚINUTĂ PRIN RUGĂCIUNE

CAPITOLUL **VII**

În acest capitol vom începe să căutăm o cale de ieșire din îngrădirile personale descoperite în primele șase capitole. Acest proces implică întărirea legăturii cu Dumnezeu. Dacă ne dorim o viață mai bună, trebuie să ne evaluăm în relație cu Dumnezeu și cu căile Lui. În ultimele șase capitole, ne-am examinat viața și relațiile, aflând poziția noastră față de cadrul binecuvântărilor lui Dumnezeu. Să vedem acum în ce fel putem intra în țara binecuvântărilor.

Cine poate intra în țara binecuvântărilor?

Deși accesul la binecuvântare este deschis tuturor, trebuie să înțelegem ceva în plus, pentru a putea fi ajutați în acest sens. În 1Timotei 4:8, apostolul Pavel scrie: „. . .evlavia este folositoare în orice privință, întrucât ea are făgăduința vieții de acum și a celei viitoare." Observăm, din acest verset, că există un tărâm pământesc al binecuvântărilor și un tărâm ceresc al binecuvântărilor.

Binecuvântările pământești

Oricine poate alege să renunțe la neascultare față de poruncile lui Dumnezeu și să beneficieze de binecuvântările Lui aici, pe pământ. Totuși, fără ajutorul Duhului Sfânt, este imposibil să ne supunem lui Dumnezeu pe deplin, pentru că noi înșine nu suntem suficient de puternici. De aceea, fără o relație cu Dumnezeu, nu vom putea intra în plinătatea binecuvântărilor Lui aici, pe pământ.

Chiar dacă renunțăm să mai trăim în neascultare, păcatul nostru din trecut rămâne ca o ușă deschisă, care permite blestemului să ne influențeze în continuare viața (vezi Capitolul al II-lea, *Legea judecății și Legea semănatului și a seceratului*). De exemplu, dacă în trecut am jefuit o bancă, dar acum ne-am lăsat de această „meserie", există totuși o pedeapsă pământească, cu care suntem datori pentru comportamentul nostru din trecut: acest păcat specific va avea consecinţe spirituale care vor continua să ne creeze probleme aici, pe pământ. În sfârşit, uşa blestemului deschisă de păcatele strămoşilor noştri nu poate fi pur şi simplu închisă printr-un comportament corect în prezent sau în viitor. (vezi Capitolul al IV-lea, *Păcatele familiei*).

Binecuvântările cereşti

Chiar dacă stilul nostru corect de viaţă are potenţialul de a aduce binecuvântări cereşti, fără pocăinţa noastră (acceptarea morţii lui Isus pe cruce), nu vom putea ajunge în rai, după ce trupul nostru moare. Iată de ce nu vom putea primi nicio răsplată pe baza unui comportament corect aici, pe pământ. Vom primi doar binecuvântări pământeşti care pot fi un rezultat al comportamentului nostru, fără să Îl cunoaştem pe Isus. Dar pentru cei care şi-au însuşit mântuirea, comportamentul nostru bun pe pământ poate avea rezultate atât temporare, cât şi eterne (vezi Anexa I, *Salvator şi Domn*).

Să eradicăm consecinţele păcatului

Cele două secţiuni precedente nu sunt prea încurajatoare. Poate că te întrebi: „Ce speranţă mai am eu?" „Dacă plata păcatului este moartea (Romani 6:23), cum voi putea eu să scap vreodată de efectul cumulat al păcatelor trecute şi prezente?" Nu renunţa, eliberarea este posibilă. Să vedem, aşadar, cum putem închide uşa blestemului venit prin păcat şi cum putem intra în binecuvântările lui Dumnezeu.

Există cinci paşi importanţi pe care îi putem face pentru a scăpa de efectele păcatului şi pentru a intra în binecuvântările lui Dumnezeu:

- **Să Îl primim pe Isus şi să acceptăm moartea Lui ca jertfă pentru păcatele noastre.** (Anexa I, Secţiunile 1, 2 şi 3)
- **Să Îl facem pe Isus Domn al fiecărui domeniu din viaţa noastră.** (Anexa I, Secţiunea 4)
- **Să fim botezaţi în apă şi în Duhul Sfânt.** (Anexa I, Secţiunile 5 şi 6)

VĂDUVE, ORFANI ȘI PRIZONIERI

- Să aducem păcatele noastre din trecut înaintea Domnului, prin mărturisire și pocăință și să primim iertarea în Numele lui Isus. (Anexa a II-a, Secțiunile 7 și 8)
- Să înlăturăm toate influențele/ legăturile demonice care s-au folosit de păcatele noastre și ale familiei noastre ca de un drept pentru a ne distruge viața. (Anexa a VI-a, Secțiunile 3.4, 3.5, 5.1 și 5.2)

Intrarea în binecuvântările lui Dumnezeu

Puterea lui Dumnezeu – esența acestui proces

Procesul de intrare în binecuvântările lui Dumnezeu începe cu apropierea de El și cu alăturarea la familia Lui, prin jertfa lui Isus pe cruce. Mulți dintre cei care citiți aceste rânduri, Îl cunoașteți deja pe Isus ca Mântuitor și sunteți avansați în umblarea cu Dumnezeu; pentru alții, poate că lucrurile nu stau așa. Să începem acum călătoria noastră de slujire prin rugăciune, fiind eliberați prin puterea lui Dumnezeu.

Poate că Domnul vă călăuzește să treceți peste primii pași, pentru că i-ați făcut deja. Toți acești pași pot fi considerați slujire prin rugăciune. Rugăciunea înseamnă a vorbi cu Dumnezeu și presupune implicarea noastră în acest proces, alături de El. Fără ca atenția să ne fie îndreptată spre Dumnezeu, toți acești pași ar fi făcuți fără puterea Lui de a ne salva. Ei ar fi doar un exercițiu fără sens!

Pași de bază

Mântuirea

Dacă vrei să Îl cunoști pe Dumnezeu și să experimentezi bunătatea Lui, te încurajăm să rostești rugăciunea de mai jos (vezi Anexa I). Este important să faci această declarație printr-o rugăciune rostită, nu spusă în gând (dacă nu poți vorbi, scrie-o). Dacă se poate, ar fi bine să ai o persoană care să îți fie martoră la declarația ta în fața lui Dumnezeu. Vezi Anexa I, secțiunile 1, 2 și 3 pentru o explicație mai detaliată.

> ### Rugăciunea de mântuire
>
> Dacă ai ajuns să crezi în Isus Cristos ca Domn și Mântuitor, umătorul pas este să folosești aceste chei ale mântuirii pentru a face cunoscută credința ta prin mărturisire și rugăciune. Intră pe ușa mântuirii rostind o rugăciune (următorul model de rugăciune te poate ajuta):
>
> Dragă Tată din ceruri, vin acum înaintea Ta în Numele Fiului Tău, Isus.
> - Recunosc că nu Te-am cunoscut și că nu mi-am trăit viața conform căilor Tale drepte, îndepărtându-mă de Tine și mergând spre iad.
> - Te rog să mă ierți pentru stilul meu păcătos de viață.
> - Aleg să îmi schimb perspectiva și să îmi trăiesc viața conform voii Tale.
> - Mărturisesc azi că Isus este Domn și aleg să Îl fac Domn al meu.
> - Accept cu recunoștință ceea ce a făcut Isus pentru mine, suferind pedeapsa pentru păcatele mele în trupul Lui și murind pe cruce, pentru ca eu să pot avea viață.
> - Cred că Tu, Tată din ceruri, L-ai înviat pe Isus din morți.
> - Te rog acum să mă primești ca pe un copil al Tău, prin sângele prețios pe care Isus L-a vărsat pentru mine.
> - Te rog să mi Te descoperi mai mult și să îmi dai puterea de a putea umbla în căile Tale. Amin.

Domnia

Dacă vrem să scăpăm de efectele păcatelor noastre din trecut și să continuăm călătoria noastră spre țara binecuvântărilor lui Dumnezeu, avem nevoie de ajutor. Este necesar ca Dumnezeu să fie Comandant și Șef peste tot ceea ce gândim și facem. Noi nu cunoaștem drumul și nici nu știm cum să ajungem într-acolo. Avem nevoie de Cineva care să ne călăuzească, să ne direcționeze,

VĂDUVE, ORFANI ȘI PRIZONIERI

să ne protejeze și să ne conducă. Avem nevoie de Isus ca Domn (Adonai sau Stăpân) peste viața noastră. Desigur, când Îl primim pe Isus ca Mântuitor, Dumnezeu devine Tatăl nostru, însă trebuie să recunoaștem domnia Lui totală. Pentru a avea succes în umblarea noastră creștină, trebuie să ne dedicăm întreg sufletul și trupul nostru (Anexa I, Secțiunile 9, 9.1, 9.2 și 9.3) călăuzirii Sale. Vă oferim explicații suplimentare în secțiunile din Anexa I.

Modelul de rugăciune de pe pagina următoare te va ajuta să te supui Domniei lui Isus. Dacă este posibil, atunci când rostești această rugăciune, este bine să ai lângă tine o persoană care să fie martoră la declarația ta. Declarația ta față de Dumnezeu trebuie rostită, nu spusă în gând. Dacă dintr-un anume motiv nu poți vorbi, ajunge și o declarație scrisă de mână.

Botezul

Împărăția lui Dumnezeu a învins împărăția întunericului. Problemele noastre personale își au originea în împărăția întunericului. Dacă vrem să depășim problemele noastre pământești, trebuie să intrăm în Împărăția Lui Dumnezeu. În Ioan 3:5, Isus ne spune că trebuie să fim botezați în apă și în Duh, ca o cerință pentru a intra în Împărăția lui Dumnezeu. Biblia nu afirmă că nu putem primi vindecare sau eliberare din robie, fără să fim botezați. Totuși, pentru a ne bucura în mod continuu de prezența Lui Dumnezeu (manifestarea Împărăției Lui aici pe pământ), trebuie să fim botezați în apă și în Duh. Dacă vrem să operăm în darurile Sale spirituale, botezul este o cerință obligatorie (vezi Anexa I, secțiunile 5.0, 5.1, 5.2, și 6). În Matei 28:19, Isus ne poruncește să îi botezăm pe toți ucenicii noștri (convertiții pe care îi pregătim). Concluzia este că fiecare creștin trebuie să fie botezat.

Botezul în apă

Continuarea călătoriei noastre în și spre Dumnezeu necesită să fim botezați în numele Tatălui, al Fiului și al Duhului Sfânt. Această procedură se face prin scufundare, adică trebuie să intrăm complet sub apă. Noi nu ne putem boteza singuri, ci un alt creștin botezat trebuie să ne boteze.

RUGĂCIUNEA DE ÎNTRONARE A LUI ISUS CRISTOS CA DOMN

Doamne Isuse, recunosc că am nevoie de Tine şi Te accept ca Mântuitor al meu, Salvator al meu, Domn al meu şi Eliberator al meu.

Te invit să fii Domn al întregii mele vieţi:

- Al duhului meu – al rugăciunilor mele, al închinării mele, al înţelegerii mele spirituale, al creativităţii mele şi al conştiinţei mele
- Al minţii mele – al gândurilor mele, al amintirilor mele, al viselor mele
- Al emoţiilor mele – al sentimentelor mele, al exprimării şi al reacţiilor mele emoţionale
- Al voinţei mele – al tuturor deciziilor şi al scopurilor mele

Te invit să fii Domn al întregului meu trup:

- Al ochilor mei: a tot ceea ce privesc şi al oricărei priviri a mele
- Al urechilor mele şi a tot ceea ce ascult
- Al nasului meu şi a tot ceea ce intră în el
- Al gurii mele, a tot ce intră în ea şi al oricărui cuvânt rostit
- Al sexualităţii mele
- Al tuturor activităţilor mele fizice

Te invit să fii Domn al relaţiilor mele: trecute, prezente şi viitoare.

Te invit să fii Domn al resurselor mele: timp, energie, finanţe, proprietăţi şi tot ceea ce am...

Vino, Doamne Isuse, şi ia-Ţi locul Tău de drept în toate domeniile vieţii mele.

Mulţumesc pentru sângele Tău, care s-a vărsat ca eu să pot fi liber de sub influenţa egoismului şi a lui Satan. Amin.

Adesea, biserica locală va fi prezentă, alături de un pastor sau un prezbiter, care ne va conduce în acest sacrament. Relatările biblice ne arată că botezul era făcut de cei care își încredințaseră viața lui Dumnezeu în totalitate și trăiau ca reprezentanți ai Săi: discipoli, profeți, apostoli, evangheliști, pastori și învățători. Cei aflați în autoritate spirituală sunt recunoscuți ca fiind calificați pentru a-i boteza pe alții. Dacă nu ai fost încă botezat în apă, poți cere bisericii tale să experimentezi și tu acest sacrament.

Botezul în Duhul Sfânt

Pasul care urmează botezului în apă este botezul în Duhul Sfânt. Dumnezeu inițiază acest botez doar unde și când vrea El. Uneori, se întâmplă imediat după botezul în apă, chiar în momentul când persoana iese din apă. Alteori, cineva deja botezat în Duhul Sfânt „pune mâinile" peste noi, invitându-L pe Isus să ne boteze în Duhul Sfânt. Adesea, botezul în Duhul Sfânt va fi însoțit și de darul vorbirii în limbi, atunci când Duhul Sfânt coboară peste noi cu putere.

Botezul în Duhul Sfânt este o experiență puternică, nu este ceva ce trece neobservat, ceva pentru care va fi nevoie să ne exersăm credința, pentru a crede, sau ceva ce trebuie revendicat după ce am fost slujiți în acest domeniu. Dacă nu am avut o experiență puternică, notabilă sau supranaturală cu Dumnezeu, înseamnă că nu am fost botezați în Duhul Sfânt. Totodată, dacă întregul tău trup nu a fost scufundat în apă la botez (prin imersiune), nu ai fost botezat în apă.

Să ne debarasăm de păcat și să fim sfințiți

În această secțiune, vom începe să ne rugăm pentru problemele personale descoperite, analizând și rugându-ne pe baza informațiilor prezentate în Capitolele I – VI. Procesul de a ne debarasa de păcat este dezvoltat în Anexa a II-a, secțiunile 6 și 7. Dumnezeu ne-a oferit o cale de a scăpa de păcatele noastre, prin mărturisirea lor, unii altora, pocăința de fiecare păcat în parte și primirea iertării prin sângele pe care Isus L-a vărsat pentru noi. Această procedură îndepărtează drepturile pe care le are dușmanul în viața noastră și prin care vrea să aducă pedeapsă asupra noastră. S-ar putea să fie nevoie să îi poruncim potrivnicului care ne chinuieşte, să plece din viaţa noastră, odată ce am parcurs acest proces prin rugăciune. (vezi Anexa a VI-a, secţiunile 3, 4 şi 5)

Haideţi să începem acum să ne rugăm pentru problemele pe care le-am descoperit şi pe care le-am notat în *Jurnalul de rugăciune*, citind prima jumătate a acestei cărţi. Pentru a putea fi mai eficienţi în munca pe care o depunem pe baza celei de-a doua jumătăţi a acestei cărţi, vom avea nevoie de libertatea şi de descătuşarea obţinute în urma acestor rugăciuni.

Recomandăm modelul biblic din Iacov 5, mărturisirea păcatelor unii altora.

Slujirea pentru problemele depistate în Jurnalul de rugăciune

Slujire prin rugăciune, pe baza întrebărilor din fiecare capitol

Capitolul I, *Văduve şi orfani* – Slujire prin rugăciune

- Este recomandat pentru cei care doresc să primească acest fel de slujire, să aibă o viaţă personală de rugăciune, studiu biblic, închinare şi ucenicizare, în cadrul unei biserici locale. Creştinii care doresc să progreseze în relaţia lor cu Dumnezeu şi să-şi păstreze libertatea primită vor trebui să persevereze în aceste discipline spirituale.

Primul set de întrebări – Fundamentele
În cadrul pregătirii pentru slujirea prin rugăciune, am discutat şi ne-am rugat pe baza primului set de întrebări din *Jurnalul de rugăciune* de la Capitolul I. Să trecem acum la următoarele seturi de întrebări.

Al doilea set de întrebări – Problemele de divorţ între părinţi
Consultaţi *Jurnalul de rugăciune*, citind răspunsurile referitoare la al doilea set de întrebări din Capitolul I.

Dacă provii dintr-o familie destrămată, în care părinţii tăi nu mai locuiesc împreună (divorț, separare, abandon) încă de când locuiai în casa lor, se pune o întrebare importantă: Pe cine consider eu responsabil pentru toată această pierdere? După cum am văzut din capitolele al II-lea și al III-lea, neiertarea poate fi o sursă majoră care ne creează probleme în viață. O altă problemă care vine în urma neiertării este judecata. *Legea judecății* (Capitolul al II-lea) ne asigură că necazurile se vor abate asupra noastră, dacă judecăm, în cazul de față, greșelile părinților noștri sau pe cei care au făcut să se destrame căsnicia părinților noștri.

Dacă provenim dintr-o familie destrămată, mai întâi trebuie să îi iertăm pe cei care ne-au rănit atât pe noi, cât și pe cei dragi ai noștri. Acum este momentul să rostești o rugăciune, eliberându-i pe cei care au făcut să se destrame căsnicia părinților tăi. Te rog să găsești o persoană potrivită, care să-ți devină partener de rugăciune, și rostește prima rugăciune de iertare, în prezența acestei persoane mature, care este demnă de încredere și care păstrează principiul confidențialității. Menționează numele adecvate situației.

Model de rugăciune pentru a ierta pe cineva care ne-a rănit

- **Este recomandat pentru cei care doresc să primească acest fel de slujire, să aibă o viață personală de rugăciune, studiu biblic, închinare și ucenicizare, în cadrul unei biserici locale. Creștinii care doresc să progreseze în relația lor cu Dumnezeu și să-și păstreze libertatea primită vor trebui să persevereze în aceste discipline spirituale.**

Rugăciunea ta:
Dragă Tată din ceruri, vin la Tine în Numele lui Isus.
Printr-un act al voinței mele, aleg să iert (pe mama și/ sau pe tata) pentru (că au cauzat divorțul/ separarea/ abandonul meu) (exact ce au făcut).
Când (mama și/ sau tata) a făcut asta, am fost atât de (mânios, rănit, rușinat, pătat, cuprins de teamă, stânjenit, singur, vulnerabil etc.).
Îți dau Ție aceste sentimente acum; nu mai vreau să le păstrez.

Doamne Dumnezeule, Îți dau Ție și gândurile și deciziile mele legate de aceste (<u>răni, durere și/ sau pierdere pe care le-am suferit</u>).

Te rog acum să mă separi de orice legătură păcătoasă cu (<u>mama și/ sau tata</u>) (de ex., persoanele care te-au rănit) stabilită prin păcatul lor.

Eliberez acum pe (<u>mama și/ sau tata</u>) în mâna Ta, prin iertarea mea (<u>față de ea/ el</u>). În eliberarea mea completă, renunț la judecățile mele. Am încredere că Tu vei ierta sau vei judeca în acord cu adevărul, iar prin mila și dreptatea Ta, vei trata pe fiecare după cum dorești. Aleg, de asemenea, printr-un act al voinței mele, să iert (<u>pe prietenul mamei mele sau pe prietena/ amanta tatălui meu</u>), care a contribuit la divorț. Îl/ o eliberez complet pe (<u>numele prietenei/ prietenului</u>) în mâna Ta, pentru judecată sau iertare, conform dreptății și milei Tale, pentru ceea ce au făcut. Renunț la judecata mea asupra lor.

Al treilea set de întrebări – Pregătirea inimii pentru restaurare

Când vei examina acest ultim set de întrebări din Capitolul I, fii conștient de progresul extraordinar pe care l-ai făcut în părăsirea țării blestemului. Pentru a beneficia de toate lucrurile bune pe care le are Dumnezeu pentru tine, este necesar să crezi în restaurarea pe care El o va produce. Următoarea rugăciune te va ajuta să intri în această relație de încredere.

Rugăciunea ta:

Doamne Isuse, Îți mulțumesc pentru mântuirea mea și pentru că ai intrat în viața mea prin Duhul Sfânt, ca să mă ajuți să-mi schimb modul de viață și de gândire. Te rog acum să îmi restaurezi viața. Te rog să îmi redai pacea interioară, să restaurezi relațiile mele, să îmi restabilești sănătatea fizică, sănătatea mentală și să mă cureți de influența diavolului, pentru ca să pot primi sănătate spirituală. Te rog acum să mă ajuți să mă apropii de Tine într-un mod mai profund și mai puternic, să Te cunosc pe Tine ca Tată al meu.

VĂDUVE, ORFANI ȘI PRIZONIERI

Capitolul al II-lea, *Legile spirituale care guvernează lumea*
– Slujire prin rugăciune

- Este recomandat pentru cei care doresc să primească acest fel de slujire să aibă o viață personală de rugăciune, studiu biblic, închinare și ucenicizare, în cadrul unei biserici locale. Creștinii care doresc să progreseze în relația lor cu Dumnezeu și să-și păstreze libertatea primită vor trebui să persevereze în aceste discipline spirituale.

Examinează răspunsurile pe care le-ai dat la întrebările din *Jurnalul de rugăciune*, Capitolul al II-lea. Caută în viața ta chestiunile care îți pot aduce necazuri, luând în considerare cele patru legi spirituale examinate. Roagă-te pentru fiecare problemă, împreună cu un partener de rugăciune matur, demn de încredere și care păstrează principiul confidențialității. Este posibil să existe chestiuni multiple (spirituale) legate de o singură persoană. Trebuie să te rogi pentru fiecare problemă, separat. Totodată, e posibil să te confrunți cu probleme similare legate de mai multe persoane sau în mai multe circumstanțe asemănătoare. Asigură-te că te rogi pentru fiecare problemă în parte. Să continuăm acum cu slujirea prin rugăciune.

Primul set de întrebări – Neiertarea

Rugăciunea ta:

Dragă Tată din ceruri, Te rog să mă ierți pentru că am trăit în neiertare față de (numele persoanei sau numele grupului). Aleg acum, printr-un act al voinței mele, să iert pe (el/ ea sau ei) pentru (identifică sau explică ce ți-a/u făcut). Eliberez în mâna Ta toate gândurile mele legate de această situație, orice decizie păcătoasă pe care am luat-o din cauza durerii și a rănii primite și toate sentimentele pe care le-am păstrat înlăuntrul meu. Îți dau Ție în mod specific toată durerea mea, sentimentele de răzbunare, toată mânia care s-a adunat înăuntrul meu etc. – Doamne, am fost așa de (mânios, rănit, rușinat etc.)! Te rog acum ca Tu să mă eliberezi de toate aceste simțăminte, în Numele lui Isus și prin sângele Lui prețios, care a fost vărsat pentru păcatele mele. Îl rog pe Duhul Tău cel Sfânt să mă curețe și să mă întărească în decizia mea de a ierta. [Ține minte: Trebuie să treci prin acest proces referindu-te la fiecare persoană pe care ai notat-o în „Lista neiertării" din *Jurnalul de rugăciune*].

Partenerul de rugăciune rostește:
În Numele lui Isus, rostesc iertare peste tine pentru păcatul tău de neiertare asupra (<u>numele persoanei pe care o ierți</u>). Doamne Isuse, Te rog, ajută pe fratele meu/ sora mea să-și elibereze în mâna Ta <u>sentimentele</u> legate de această problemă. În Numele lui Isus, rostesc vindecare peste duhul tău omenesc. Duhule Sfânt, Te rog, vino, vindecă și mângâie pe fratele meu/ sora mea, de toate rănile suferite în această problemă pentru care slujim acum.

Al doilea set de întrebări – Judecățile

Acest set de întrebări a fost creat pentru a te ajuta să descoperi cicluri de judecată din viața ta: situații în care ai judecat pe cineva, iar acum efectul judecății se întoarce asupra ta. Semnul distinctiv al unui ciclu de judecată este faptul că lucrul de care suferi tu acum oglindește, într-un fel, ceea ce ai judecat la altcineva.

Examinează răspunsurile din *Jurnalul de rugăciune*, al doilea set de întrebări. Identifică problemele care au un impact asupra vieții tale prezente, similare cu cele pe care le-ai văzut la alții și care ți-au creat repulsie. Poate că l-ai judecat pe tatăl tău pentru alcoolism, iar bărbatul cu care te-ai căsătorit a devenit alcoolic ori soția slăbuță cu care te-ai căsătorit a devenit supraponderală, la fel ca mama ta, pe care ai judecat-o pentru că era grasă; sau pot fi multe alte situații variate, de exemplu, mânie, violență, necredință, divorț etc., în care exact lucrul pe care l-ai judecat, a venit peste tine. Aceste judecăți ale tale se pot manifesta fie în partenerul tău, fie într-un alt membru al familiei sau chiar în tine.

Să folosim acum următorul model de rugăciune, pentru fiecare judecată pe care ai descoperit-o.

VĂDUVE, ORFANI ŞI PRIZONIERI

Rugăciunea ta:

Dragă Tată din ceruri, vin la Tine acum cu păcatul meu de judecată. Mărturisesc că am judecat (<u>numeşte persoana sau grupul</u>) şi am găsit (<u>persoana sau grupul</u>) inferioară sau necorespunzătoare în ochii mei, crezând că eu sunt superior şi că nu m-aş putea comporta atât de urât, dacă m-aş afla în aceeaşi situaţie. Doamne, acesta este păcatul judecăţii. Renunţ la acest păcat şi aleg, printr-un act al voinţei mele, să scot această judecată din inima mea. Proclam că numai Tu eşti adevăratul judecător. De aceea, eliberez pe (<u>numele persoanei sau al grupului</u>) în mâna Ta, pentru iertare sau judecată, după cum consideri Tu. Numai Tu, ca Dumnezeu, poţi să ştii toate faptele şi starea inimii omului şi poţi lua o decizie corectă asupra comportamentului lor. Cer sângele lui Isus peste păcatul meu de judecată şi Te rog să mă eliberezi de consecinţele acestui păcat.

Partenerul de rugăciune rosteşte:

În Numele lui Isus, rostesc iertare peste tine pentru păcatul tău de judecată asupra (<u>numeşte persoana pe care ai eliberat-o în inima ta</u>). Doamne Isuse, Te rog, ajută pe fratele meu/ sora mea să elibereze sentimentele lui/ ei în mâna Ta. În Numele lui Isus, rostesc vindecare peste duhul tău omenesc. Duhule Sfânt, Te rog, vino, vindecă şi mângâie pe fratele meu/ sora mea, de toate rănile suferite în această problemă pentru care slujim acum.

Al treilea set de întrebări – Semănatul şi seceratul

Caută în *Jurnalul de rugăciune* al treilea subiect din acest capitol. Ajunşi aici, putem examina problemele din viaţa noastră, rugându-L pe Duhul Sfânt să ne arate sursa lor. Acele surse ale păcatului care au fost aduse la lumină, pot fi mărturisite, te poţi pocăi de ele şi poţi primi iertare. Astfel, va fi stopată izbucnirea unor noi probleme provenite din această sursă.

Trebuie să conştientizezi că legea semănatului şi a seceratului funcţionează, multiplicând tot ceea ce faci. Dacă îi binecuvântezi pe alții, vei primi mai multe binecuvântări. Dacă îi necăjești pe alții prin comportamentul tău, te vei lovi, la rândul tău, de mai multe necazuri decât le-ai făcut tu altora. E ca atunci când plantezi semințe, vei obține o recoltă din ceea ce ai semănat. Totuși, chiar dacă pui capăt unui anumit păcat din viața ta (semănarea necazului), vechea ta recoltă de necazuri s-ar putea să continue să răsară în viața ta, chiar și după ce te oprești (pocăiești). Poate că nu vei vedea o ameliorare imediată, dar, până la urmă, va fi mai bine. Folosește rugăciunea următoare pentru fiecare din domeniile legii semănatului și seceratului, descoperite împreună cu Domnul, în *Jurnalul de rugăciune*.

Rugăciunea ta:

Dragă Tată din ceruri, vin la Tine în Numele lui Isus. Doamne, mărturisesc că am păcătuit prin (spune-I lui Dumnezeu ce ai greșit – unde, când, cu cine sau față de cine etc.). Doamne, îmi pare rău că Te-am nesocotit pe Tine și că am acționat împotriva căilor Tale. Aleg să renunț la acest păcat și să nu mai fac asta niciodată. Te rog, ajută-mă, Duhule Sfânt, să mă îndepărtez de acest păcat din viața mea. Tată din ceruri, Te rog să mă ierți, în Numele lui Isus și prin sângele Lui prețios. Amin.

Partenerul de rugăciune rostește:

În Numele lui Isus, rostesc iertare peste tine pentru păcatul de (numește păcatul), pe care tocmai l-ai mărturisit. În Numele lui Isus, poruncesc oricărui duh de (practicarea acestui păcat) să plece de la (numele fratelui/ surorii), acum. [Așteaptă un moment, ca Dumnezeu să-Și facă lucrarea.] [Repetă această ultimă poruncă pentru fiecare păcat la care se renunță. Verifică împreună cu Duhul Sfânt, asigurându-te că orice eliberare necesară a avut loc.]

Al patrulea set de întrebări – Idolatria

În această secțiune a *Jurnalului de rugăciune*, ne vom ocupa de religiile false pe care le-ai practicat. Există câteva elemente cheie pentru înlăturarea acestor influențe din viața ta: 1. Mărturisește și pocăiește-te de implicarea ta (renunțarea la religia respectivă, la doctrinele ei și la fiecare idol pe care l-ai slujit); 2. Poruncește oricărui duh rău, asociat cu această religie și cu dumnezeii ei să plece, în Numele lui Isus (vezi Anexa a VI-a); 3. Înlătură toate materialele care aparțin sectei/ religiei false și eliberează-te de legăturile sufletești cu acea religie/ sectă.

Slujirea prin rugăciune pentru Capitolul al IV-lea acoperă și efectele generaționale ale idolatriei. Din nou, vrem să amintim cititorului că este important să aibă un partener de rugăciune în timpul rugăciunii. Un element esențial în slujirea prin care se scot afară duhurile rele.

O rugăciune tipică pentru eliberarea din religia falsă este următoarea:

Obținerea eliberării în cazul implicării directe și personale

Rugăciunea ta:

Dragă Tată din ceruri, vin la Tine în Numele lui Isus. Mărturisesc păcatul meu de a fi implicat, de a crede și de a practica religia falsă (numele religiei sau al sectei). Mă pocăiesc acum și renunț la această religie falsă. Renunț la toate doctrinele și la toți dumnezeii (idolii) ei. Îi numesc acum (numele dumnezeilor falși din această religie). Renunț la toate dedicările și ceremoniile de îndoctrinare (numește fiecare lucru în care ai fost implicat). Renunț la toate numele speciale și la identitățile primite ca rezultat al implicării mele în (numește religia falsă). Mă rog ca Duhul Tău cel Sfânt să mă ajute să ies din toate practicile și păcatele acestei religii false. Doamne, Te rog să mă ierți pentru toate păcatele mele de idolatrie legate de (numește secta/ religia falsă). Doamne Isuse, Te rog acum să mă separi de orice individ cu care am o legătură sufletească/ spirituală păcătoasă, stabilită prin implicarea mea în (numește secta/ religia falsă). Te rog să mă eliberezi de legăturile păcătoase cu (numește-i pe cei care te-au pregătit, te-au îndoctrinat sau te-au condus spre această religie falsă).

Partenerul de rugăciune rostește:
În Numele lui Isus, rostesc iertare peste tine pentru păcatul de idolatrie pe care l-ai mărturisit. În Numele lui Isus, poruncesc oricărui duh de idolatrie din (<u>numește secta/ religia falsă</u>), să plece de la (<u>numele fratelui/ surorii</u>), acum. [Așteaptă un moment, ca Dumnezeu să-Și facă lucrarea.] În Numele lui Isus, poruncesc duhului de (<u>numește dumnezeul sau idolul la care s-a renunțat</u>) să plece de la (<u>numele fratelui/ surorii</u>), acum. [Așteaptă un moment, ca Dumnezeu să-Și facă lucrarea.] [Repetă această ultimă poruncă, pentru fiecare dumnezeu sau idol la care s-a renunțat. Verifică împreună cu Duhul Sfânt, asigurându-te că toată eliberarea necesară a avut loc.]

Doamne, Te rog să separi pe (<u>numele tău</u>) de legătura sufletească păcătoasă cu (<u>numele persoanei</u>), de care a fost legat prin (<u>numele religiei false/ practicii idolatre</u>). Isuse, Te rog să întregești orice aspect din viața lui (<u>numele tău</u>) care a fost investit greșit în (<u>numele persoanei cu care ai fost implicat în păcatul de idolatrie</u>) și eliberează orice legătură greșită cu (<u>numele acelei persoane</u>). În Numele lui Isus, poruncesc oricărui duh rău care a locuit sau a influențat această relație, să plece de la (<u>numele tău</u>). [Partenerul de rugăciune: așteaptă să observe ce se întâmplă, verificând cu Duhul Sfânt, pentru a fi sigur că orice eliberare necesară a avut loc].

Totul (cărți, broșuri, certificate, obiecte, imagini, bijuterii, haine, insigne, embleme, trofee, premii etc.) aparținând sectei/ religiei false, trebuie îndepărtat din casă sau din proprietatea dumneavoastră și distrus, nu vândut sau dăruit.

Al cincilea set de întrebări – Idolii carnali
Răsfoiește acum răspunsurile din *Jurnalul de rugăciune* pentru Capitolul al II-lea, secțiunea cinci. Această serie de întrebări analizează mai profund viața ta, ajutându-te să descoperi domeniile în care nu te încrezi pe deplin în Dumnezeul cel atotsuficient. În aceste domenii ale sufletului tău, altceva a luat

VĂDUVE, ORFANI ȘI PRIZONIERI

locul lui Dumnezeu, aducându-ți pace, mângâiere, satisfacție, importanță, prestigiu, bunuri materiale, siguranță, relații; în aceste zone, ai făcut din firea pământească puterea ta (Ieremia 17:5) etc. Când depindem de ceva/ cineva care să ne împlinească nevoile, acel substitut al lui Dumnezeu poate deveni un adevărat idol (vezi Anexa a IV-a).

Rugăciunea care corespunde detectării idolilor din viața ta este următoarea:

Rugăciunea ta:

Dragă Tată din ceruri, vin la Tine în Numele lui Isus și mărturisesc păcatul idolatriei (prin folosirea de alcool, narcotice, tutun, masturbare, mâncare, materialism, bani, etc.) și, printr-un act al voinței mele, renunț la această (mângâiere, pace, siguranță, încredere etc.) pe care o primeam din această (substanță, proces etc., orice substitut al lui Dumnezeu). Duhule Sfânt, Te rog să mă ajuți să nu mai cad din nou în cursa acestui substitut al lui Dumnezeu. Sunt de acord că abuzul de substanțe și mâncarea în exces îmi scurtează viața. De aceea, mărturisesc păcatul de sinucidere (scurtare a propriei vieți) și Te rog să mă ierți pentru asta. Cer sângele lui Isus între mine și acest păcat. Printr-un act al voinței mele, aleg să mă iert pe mine însumi de această practică.

Dacă cineva te-a ajutat să începi sau să menții acest obicei, va trebui să îl/ o ierți pentru că te-a condus sau te-a ajutat să comiți acest păcat. Rugăciunea următoare te poate ajuta.

Rugăciunea ta:

Dragă Tată din ceruri, printr-un act al voinței mele, aleg acum să iert pe (numește persoana care te-a condus sau te-a menținut în acest păcat) pentru partea (lui/ ei/ lor) în păcatul meu de (numește păcatul).

Partenerul de rugăciune rostește:

În Numele lui Isus, rostesc iertare peste tine pentru păcatul idolatriei, pe care l-ai mărturisit. În Numele lui Isus, poruncesc oricărui duh de idolatrie din (numește practica idolatră mărturisită), să plece de la (numește fratele/ sora), acum. [Așteaptă un moment, ca Dumnezeu să-Și facă lucrarea. Observă ce se întâmplă și verifică împreună cu Duhul Sfânt, asigurându-te că toată eliberarea necesară a avut loc. Repetă această ultimă poruncă, pentru fiecare practică idolatră la care s-a renunțat].

În cazul în care a existat un parteneriat anume în cadrul acestui păcat, adică o persoană care a ajutat la inițierea în acest păcat sau a menținut păcatul și a fost numită în rugăciunea de mai sus, **Partenerul de rugăciune** continuă:

> Doamne, Te rog să separi pe (numele tău) de legătura sufletească păcătoasă cu (numește persoana de care cel pentru care te rogi a devenit atașat prin abuzul de substanțe). Isus, Te rog să redai tot ceea ce a fost luat de la (numele persoanei pentru care te rogi), ceea ce a fost investit greșit în (numește persoana împreună cu care ai comis păcatul de idolatrie) și să eliberezi tot ce aparține (acelei persoane) din viața (numele persoanei pentru care te rogi).

În cazul în care a existat un abuz de substanțe, mâncare, alcool, tutun, folosire ilegală de droguri etc., care au condus la scurtarea vieții, iar acest lucru a fost mărturisit în rugăciunea de mai sus de către fratele/ sora ca fiind o sinucidere, **Partenerul de rugăciune** continuă:

> În Numele lui Isus, rostesc iertare peste tine, pentru păcatul de sinucidere. [Privește direct în ochii persoanei și spune următoarele:] Rostesc viață peste tine, în Numele lui Isus. Acum, în Numele lui Isus, poruncesc duhurilor de moarte care au venit prin (numește practică păcătoasă de abuz de substanțe la care persoana a renunțat și de care s-a pocăit), să plece. [Așteaptă un moment, ca Dumnezeu să-Și facă lucrarea. Observă ce se întâmplă și verifică împreună cu Duhul Sfânt, asigurându-te că toată eliberarea necesară a avut loc].

VĂDUVE, ORFANI ȘI PRIZONIERI

Capitolul al III-lea, *Iertarea* – *o abordare mai profundă* – Slujire prin rugăciune

- Este recomandat pentru cei care doresc să primească acest fel de slujire, să aibă o viață personală de rugăciune, studiu biblic, închinare și ucenicizare, în cadrul unei biserici locale. Creștinii care doresc să progreseze în relația lor cu Dumnezeu și să-și păstreze libertatea primită vor trebui să persevereze în aceste discipline spirituale.

Capitolul al III-lea ne ajută să ne angajăm în procesul de iertare, înțelegând că mulți oameni care ne-au creat necazuri au făcut aceasta din cauza propriilor răni și dureri. Nu este necesar ca noi să știm de ce ne-a rănit cineva, nici nu trebuie să judecăm sau să acceptăm orice motiv sau scuză ca fiind valabilă. Totuși, știind că am putut fi răniți din anumite motive, putem fi ajutați să avem disponibilitatea de a-i ierta pe alții.

Întrebările de slujire din *Jurnalul de rugăciune* de la sfârșitul Capitolului al III-lea, sunt create pentru a-ți aminti de cei pe care trebuie să îi ierți, ca un răspuns la porunca lui Dumnezeu de a ierta. Este posibil să existe mai multe probleme (chiar spirituale) legate de o singură persoană. Va trebui să te rogi pentru fiecare problemă separat. Este posibil să ai același tip de problemă cu mai mulți oameni sau în mai multe circumstanțe asemănătoare. E important să te rogi pentru fiecare persoană separat. Să începem acum drumul nostru, examinând răspunsurile din *Jurnalul de rugăciune* și analizând problemele care au ieșit la iveală din *Întrebările de slujire* de la sfârșitul Capitolului al III-lea.

Primul set de întrebări – *Eliberarea de neiertare*

Citind răspunsurile la *Întrebările pregătitoare pentru o înțelegere mai profundă*, din Capitolul al III-lea, vei descoperi că Dumnezeu îți cere să ierți (din toată inima) pe cei care te-au rănit. Să începem acum să ne rugăm pe baza listei în care ai notat persoanele pe care trebuie să le ierți. Din nou, recomandăm să ai un partener de rugăciune care să-ți fie martor și să-ți slujească acolo unde este necesar. Poți folosi modelul următor de rugăciune, pentru a ierta fiecare persoană de pe listă.

Rugăciunea ta:

Doamne Tată, Te rog să mă ierți pentru că am nutrit neiertare față de (numele persoanei sau grupului). Aleg acum, printr-un un act al voinței mele, să iert pe (el/ ea/ ei) pentru (identifică sau explică ce ți-a/u făcut). Eliberez în mâna Ta: toate gândurile mele, orice decizie păcătoasă pe care am luat-o din cauza rănii și a durerii suferite și toate sentimentele pe care le-am ținut în mine din cauza rănii. Îți dau Ție în mod specific toată durerea mea, sentimentele mele de răzbunare și toată mânia pe care am ținut-o în mine etc. Doamne, am fost așa de (mânios, rănit, rușinat etc.)! Te rog acum ca Tu să mă eliberezi de toate aceste lucruri, în Numele lui Isus și prin sângele Lui prețios, vărsat pentru păcatele mele. Cer ca Duhul Tău cel Sfânt să vină acum, să mă curățească și să mă întărească în alegerea mea de a ierta. [Ține minte: Trebuie să treci prin acest proces cu fiecare persoană de pe „lista neiertării" pe care ai făcut-o răspunzând la întrebările din *Jurnalul de rugăciune,* Capitolul al III-lea].

Partenerul de rugăciune rostește:

În Numele lui Isus, rostesc iertare peste tine pentru păcatul de neiertare față de (numele persoanei pe care o ierți). Doamne Isuse, Te rog să ajuți pe fratele meu/ sora mea să-și elibereze sentimentele în mâna Ta. În Numele lui Isus, rostesc vindecare peste duhul tău omenesc. Duhule Sfânt, Te rog să vii, să vindeci și să mângâi pe fratele meu/ sora mea, de toate rănile suferite în această problemă pentru care ne rugăm acum.

Al doilea set de întrebări

Poate că una dintre persoanele cel mai greu de iertat ești tu însuți. Unora dintre noi ne este ușor să găsim scuze pentru eșecurile noastre, dar pentru mulți e dificil să se despartă de propriile păcate. Problema este că autocondamnarea este opusă dragostei lui Dumnezeu pentru tine și iertării Lui prin mărturisire, prin pocăință și prin sângele lui Isus. Când refuzăm să ne iertăm pe noi înșine, ne aflăm într-o poziție spirituală opusă față de Dumnezeu. Această poziție nu este una corectă, deschizând ușa pentru eșec și pentru vizitele dușmanului.

Trebuie să renunțăm la autocondamnare și la neiertarea personală. Modelul de rugăciune pentru neiertare personală este următorul:

Rugăciunea ta:

Dragă Tată din ceruri, aleg să mă iert pe mine însumi/ însămi pentru (numește lucrul pe care l-ai făcut). În Numele lui Isus, renunț la autocritică și la condamnare. Aleg să mă privesc prin ochii Tăi și să mă văd iertat. [Notă – Va trebui să te ierți pentru toate lucrurile în care te autocondamni].

Partenerul de rugăciune rostește:

Rostesc iertare peste tine, prin sângele lui Isus, pentru condamnarea și neiertarea pe care le-ai nutrit împotriva ta. Acum, în Numele lui Isus, rup puterea fiecărui blestem care a venit peste tine și poruncesc oricărui duh care s-a folosit de aceste ocazii pentru a face rău, să plece în Numele lui Isus. [Așteaptă un moment, ca Dumnezeu să-Și facă lucrarea. Observă ce se întâmplă și verifică împreună cu Duhul Sfânt, asigurându-te că toată eliberarea necesară a avut loc].

Al treilea set de întrebări

Este important să închei pace cu cei pe care i-ai rănit. Desigur, pot fi diverse motive pentru care s-au întâmplat aceste lucruri, dar, dacă este posibil, trebuie să mergem la cei pe care i-am rănit, să le spunem că am greșit și să le cerem iertare. Nu e momentul pentru tot felul de scuze sau să găsești motive pentru ceea ce ai făcut. Este pur și simplu un timp în care să-ți mărturisești greșeala, o asumare a faptelor tale, prin care ai rănit acea persoană. Acest proces ar trebui să înceapă printr-o rugăciune personală, în intimitate cu Dumnezeu, căutând ajutorul Lui, pentru a primi pace în acea problemă. Apoi, cu ajutorul lui Dumnezeu, poți merge la acea persoană sau, dacă locuiește departe, îi poți scrie o scrisoare. Înainte de a comunica cu persoana pe care ai rănit-o, trebuie să pui sângele lui Isus peste păcatul tău. Rugăciunea ta în acest sens, poate fi următoarea:

Rugăciunea ta:

Dragă Tată din ceruri, vin la Tine în Numele prețios al lui Isus. Îmi dau seama acum că am rănit pe (<u>numele persoanei/ persoanelor</u>), prin faptele mele. Doamne, te rog să mă ierți pentru păcatul meu de (<u>numește păcatul</u>), prin care am rănit pe (<u>numește persoana/ persoanele</u>). Aleg să nu mai fac asta niciodată și Îl rog pe Duhul Tău cel Sfânt să mă ajute să nu mă mai port așa niciodată.

Partenerul de rugăciune rostește:

În Numele lui Isus, rostesc iertare peste tine pentru păcatul de (<u>numește păcatul mărturisit</u>).

Din nou, când comunici cu cei pe care i-ai rănit, înțelege că ei au motive să nu dorească să vorbească cu tine, motive date de tine. Avem patru elemente cheie care trebuie să existe în comunicarea ta cu cei pe care i-ai rănit:

- Am greșit când ți-am făcut asta.
- Îmi pare rău că te-am rănit.
- Nu am nicio scuză pentru ceea ce am făcut.
- Te rog să mă ierți; voi încerca să nu mai fac niciodată ceea ce ți-am făcut.

Al patrulea set de întrebări

S-ar putea să furăm ceva, să distrugem ceva care aparține altei persoane sau păcatul nostru poate cauza cuiva o pierdere financiară. Datoria noastră spirituală, dacă ne stă în putință, este să compensăm pierderea pe care am cauzat-o. Acesta este principiul restituirii. Se aplică pentru lucrurile împrumutate, pentru lucrurile furate și pentru cele distruse prin comportamentul nostru greșit.

În *Jurnalul de rugăciune* ai răspuns la întrebarea legată de restituire. Te-ai rugat, cerându-I lui Dumnezeu să îți amintească lucrurile pe care le-ai făcut și care necesită compensare față de cineva. Referitor la orice persoană pentru care Dumnezeu ți-a vorbit că trebuie să faci restituire, trebuie să Îl asculți pe El și să înlocuiești ceea ce a pierdut acea persoană. S-ar putea ca Dumnezeu să îți spună să dai înapoi mai mult decât paguba inițială, ca o plată care să acopere durerea și neplăcerea datorate comportamentului tău.

La fel ca în răspunsul tău la întrebarea trei, trebuie să mergi la persoana/ persoanele pe care le-ai rănit și să le spui aceleași lucruri pe care le-am recomandat mai sus:

- Am greșit când ți-am făcut asta.
- Îmi pare rău că te-am rănit.
- Nu am nicio scuză pentru ceea ce am făcut.
- Te rog să mă ierți; voi încerca să nu mai fac niciodată ceea ce ți-am făcut.

În plus, trebuie să compensezi financiar sau să înlocuiești acel obiect și, poate, să dăruiești un dar pe care Dumnezeu ți-l pune pe inimă.

Capitolul al IV-lea, *Păcatele familiei* – Slujire prin rugăciune

- **Este recomandat pentru cei care doresc să primească acest fel de slujire, să aibă o viață personală de rugăciune, studiu biblic, închinare și ucenicizare, în cadrul unei biserici locale. Creștinii care doresc să progreseze în relația lor cu Dumnezeu și să-și păstreze libertatea primită vor trebui să persevereze în aceste discipline spirituale.**

Capitolul al IV-lea introduce ideea că păcatele strămoșilor noștri ar putea să ne cauzeze probleme personale în prezent. Întrebările la care ai răspuns în *Jurnalul de rugăciune*, au fost create pentru a te ajuta să descoperi unele probleme din viața ta de creștin, ale căror origini se află în linia ta directă de sânge, fie din partea mamei, fie din partea tatălui. Să aducem acum aceste probleme înaintea lui Dumnezeu, pentru ca să poți primi eliberare și vindecare.

Primul set de întrebări

Recitind *Jurnalul de rugăciune*, la Capitolul al IV-lea, vei descoperi că există două secțiuni distincte pentru răspunsurile tale: *Întrebări pregătitoare* și *Întrebări pentru slujirea prin rugăciune*. Acum lucrăm asupra răspunsurilor date la secțiunea *Întrebări pentru slujirea prin rugăciune*. La prima întrebare ai scris păcatele (excluzând idolatria, care va fi dezbătută mai târziu) care au fost comise de cei din linia ta directă de sânge, înainte de nașterea ta. Ceea ce urmează este un model de rugăciune ce te poate ajuta să primești eliberare de fiecare dintre aceste păcate familiale de care ești conștient:

Rugăciunea ta:

Dragă Tată din ceruri, vin la Tine în Numele lui Isus. Mărturisesc păcatul de (numește păcatul), comis de (numește ruda, inclusiv linia de sânge – a mamei sau a tatălui). Mă dezic de această practică păcătoasă, mă pocăiesc și cer sângele lui Isus între (mama, tata, ruda mamei/ tatălui) și mine. Aleg acum să iert pe (numește ruda ta de sânge) pentru că a deschis ușa necazului în viața mea.

Partenerul de rugăciune rostește:

În Numele lui Isus și prin sângele Lui prețios, te despart de păcatele mamei/ tatălui tău sau de cele ale rudei din partea mamei/ tatălui (numește ruda). În Numele lui Isus, poruncesc oricărui duh rău venit pe linie generațională la (numește fratele/ sora care primește rugăciune), să plece de la el/ ea, acum. [Așteaptă un moment, ca Dumnezeu să-Și facă lucrarea. Observă ce se întâmplă și verifică împreună cu Duhul Sfânt, asigurându-te că toată eliberarea necesară a avut loc.]

Al doilea set de întrebări

În această secțiune, căutăm probleme în viața ta de creștin, lucruri care par păcate de netrecut: acei bolovani de care te tot împiedici, ai încercat tot ce ai putut, dar nu ai reușit să treci de ei. Puterea acestor păcate poate avea o forță spirituală câștigată prin păcatele familiei tale. Putem face o declarație în ce privește poziția noastră față de un anumit păcat (categorie de păcate), fără să știm cine din familia noastră a comis acel păcat. Dacă a existat o rădăcină generațională a eșecurilor noastre în acel domeniu, puterea și hrana sa vor fi înlăturate. Urmează slujirea prin rugăciune.

Rugăciunea ta:

Dragă Tată din ceruri, vin la Tine în Numele lui Isus. Mă pocăiesc de (mă întorc de la) păcatul de (<u>numește păcatul – care a fost o problemă pentru tine</u>), în numele strămoșilor mei, pe linia de sânge a mamei și a tatălui meu. Printr-un act al voinței mele, îi iert pe toți cei din familia mea care au comis acest păcat, deschizând o ușă spirituală pentru probleme în viața mea. Cer sângele lui Isus între mine și cei care au păcătuit în acest fel.

Partenerul de rugăciune rostește:

În Numele lui Isus și prin sângele lui prețios, te separ de păcatul de (<u>numele păcatului</u>), comis de oricine din (<u>familia mamei și a tatălui</u>). În Numele lui Isus, te eliberez de puterea acestui păcat. În Numele lui Isus, poruncesc oricărui duh rău legat de (<u>numele păcatului</u>), care a venit pe linie generațională la (<u>numele fratelui/ surorii care primește rugăciune</u>), să plece (<u>de la el/ ea</u>), acum. [Așteaptă un moment, ca Dumnezeu să-Și facă lucrarea. Observă ce se întâmplă și verifică împreună cu Duhul Sfânt, asigurându-te că toată eliberarea necesară a avut loc.] Doamne Isuse, Te rog să închizi și să pecetluiești fiecare dintre aceste uși de acces în viața (<u>numele fratelui/ surorii</u>). Amin.

Al treilea set de întrebări

În Capitolul al IV-lea am descoperit legea legitimității (Deuteronom 23:2), care ne spune că păcatul de a avea un copil în afara căsniciei, va aduce blestem pe linie familială. Experiența de viață a celor aflați sub acest blestem, este respingerea din partea creștinilor și a altora. Totodată, aceștia sunt mai vulnerabili la păcatul sexual. Dar cel mai semnificativ este că acest păcat conduce la o lipsă de intimitate cu Dumnezeu Tatăl, prin Isus Cristos. În sens natural, fiii nelegitimi și fiicele nelegitime nu au dreptul legal la moștenire pământească. Experiența noastră din slujire ne-a arătat că mulți creștini nu beneficiază de binecuvântările pământești pe care ar trebui să le primească ca fii și fiice ale lui Dumnezeu.

Dacă am fost concepuți în afara căsătoriei sau dacă cineva din linia noastră de sânge a fost conceput în afara căsătoriei (pe parcursul a zece generații anterioare), înseamnă că și noi ne aflăm sub acest blestem. Dacă știm că noi sau strămoșii noștri au fost concepuți în afara căsătoriei, putem să ne rugăm specific pentru a fi eliberați, iertându-i pe cei care au adus acest blestem în viața noastră. Totodată ne putem pocăi și de păcatele membrilor familiei noastre, care ne-au rămas necunoscute. Slujirea prin rugăciune va fi similară, aducându-ți eliberare de sub acest blestem.

Rugăciunea ta:

Dragă Tată din ceruri, vin la Tine în Numele lui Isus. Aleg, printr-un act al voinței mele, să iert pe (<u>numele strămoșilor</u>) [Dacă nu știi numele, spune doar <u>toți cei din linia mea directă de sânge</u>, care au conceput un copil în afara căsătoriei]. Îi iert pentru că au adus acest blestem în viața mea. Mărturisesc că ceea ce au făcut ei, este păcat. În Numele lui Isus, mă pocăiesc de acest păcat. Cer acum sângele lui Isus între păcatul lor și mine.

Partenerul de rugăciune rostește:

În Numele lui Isus și prin sângele Lui prețios, te separ de păcatul sexual care s-a concretizat prin nașterea ta sau a altui copil, conceput de (<u>mama/ tata sau numele rudelor materne/ paterne</u>). În Numele lui Isus, te eliberez de blestemul de nelegitimitate. În Numele lui Isus, poruncesc oricărui duh rău venit pe linie generațională la (<u>numele fratelui/ surorii care primește rugăciune</u>), să plece acum. [Așteaptă un moment, ca Dumnezeu să-Și facă lucrarea.

Observă ce se întâmplă și verifică împreună cu Duhul Sfânt, asigurându-te că toată eliberarea necesară a avut loc.]

Partenerul de rugăciune continuă:

Doamne Isuse, Te rog acum să vii și să vindeci rănile adânci de respingere, singurătate și izolare, existente în viața (fratelui/ surorii). Rostesc acceptare ca (fiu/ fiică) al Tău/ aTa, chiar acum. [Nu te grăbi în această slujire. Privește și așteaptă să vezi ce va face Duhul Sfânt. Acordă-I timp să facă tot ceea ce dorește].

Al patrulea set de întrebări – Idolatria generațională

În slujirea de rugăciune de la Capitolul al II-lea am lucrat asupra efectelor idolatriei din cauza implicării în religii păgâne. Efectele blestemului idolatriei și al religiei false pot afecta linia de sânge a trei sau patru generații. (Exod 20:4, 5)

Există mai multe elemente cheie, implicate în înlăturarea acestor influențe moștenite din viața ta: 1. Primul este să beneficiezi de slujire prin rugăciune pentru implicarea ta personală (dacă este cazul, așa cum ai făcut la Capitolul al II-lea). 2. Mărturisire și pocăință – să renunți la religiile false și la dumnezeii (idolii) strămoșilor tăi. 3. Să îi ierți pe strămoșii tăi pentru că au deschis aceste uși spirituale în viața ta. 4. În Numele lui Isus, să poruncești fiecărui duh rău asociat cu această religie și zeilor ei, să plece de la tine (vezi Anexa a VI-a). 5. Să arunci toate materialele aparținând acestei secte/ religii false, care ar putea fi în casa ta. Din nou, amintim cititorului că este important să aibă un partener de rugăciune pentru sesiunile de slujire; chestiune esențială, mai ales când se pune problema scoaterii unor duhuri rele.

Să ne rugăm acum pentru eliberare de păcatele generaționale pe care le-ai notat în *Jurnalul de rugăciune*, păcate legate de familia ta, ca răspuns la întrebarea patru, de la sfârșitul Capitolului al IV-lea. Va trebui să te rogi pentru fiecare religie falsă și idol la care s-au închinat strămoșii tăi. Dacă nu știi nimic despre asta, iar familia ta nu te-a putut ajuta cu astfel de informații, roagă-L pe Duhul Sfânt să te ajute.

Urmează un model de slujire prin rugăciune:

Obținerea eliberării de implicarea păcătoasă a strămoșilor tăi

Rugăciunea ta:

Dragă Tată din ceruri, mă pocăiesc de practicile idolatre ale sectei/ religiei false (<u>numește-o</u>), practicate de cei din linia mea directă de sânge a tatălui și a generațiilor anterioare/ a mamei și a generațiilor anterioare. Renunț la toți dumnezeii lor falși și la zeitățile (<u>numește-le pe cele pe care le cunoști</u>). Iert familia mea (<u>numește linia de sânge și rudele, unde este cazul</u>) care, prin practicarea acestor lucruri, a deschis uși spirituale de blestem în viața mea. Cer sângele lui Isus între mine și cei care au păcătuit în acest fel.

Partenerul de rugăciune rostește:

În Numele lui Isus, poruncesc oricărui duh de idolatrie (<u>numește secta/ religia falsă</u>) moștenit, să plece acum de la (<u>numele fratelui/ surorii</u>). [Așteaptă un moment, ca Dumnezeu să-Și facă lucrarea]. În Numele lui Isus, poruncesc duhului de (<u>numește zeul sau idolul la care s-a renunțat mai devreme</u>), să plece acum de la (<u>numele fratelui/ surorii</u>). [Așteaptă un moment, ca Dumnezeu să-Și facă lucrarea. Observă ce se întâmplă și verifică împreună cu Duhul Sfânt, asigurându-te că toată eliberarea necesară a avut loc. Repetă ultima poruncă, pentru fiecare dumnezeu sau idol la care s-a renunțat].

Al cincilea set de întrebări – Idolii generaționali

Citește răspunsurile din *Jurnalul de rugăciune*, întrebarea cinci, Capitolul al IV-lea. Ne vom referi la aceleași probleme pentru care te-ai rugat personal în slujirea din Capitolul al II-lea, doar că acum le vom trata din punct de vedere generațional. Acest set de întrebări abordează mai pe larg păcatele strămoșilor, ajutându-te să descoperi zona în care ei au creat o breșă a păcatului pe linia ta de sânge, datorită faptului că nu s-au încrezut în Dumnezeu pentru toate nevoile lor.

VĂDUVE, ORFANI ȘI PRIZONIERI

Domeniile cheie sunt mângâierile sufletești oferite de substitute ale lui Dumnezeu, care au adus pace, mângâiere, satisfacție, importanță, prestigiu, bunuri materiale, siguranță și relații. Astfel, ei s-au sprijinit pe remedii sufletești (Ieremia 17:5). Dependența de ceva/ cineva pentru împlinirea nevoilor noastre, face ca acel substitut să devină idol. (vezi Anexa a IV-a)

Slujirea prin rugăciune, care se referă la lucrarea naturii păcătoase și la idolii generaționali notați în *Jurnalul de rugăciune*, ca răspuns la întrebarea cinci, este următoarea:

Rugăciunea ta:

Dragă Tată din ceruri, vin la Tine, în Numele lui Isus, și mărturisesc păcatul generațional de idolatrie comis prin folosirea (alcoolului, narcoticelor, tutunului, masturbării, mâncării în exces, materialismului, banilor etc.). Printr-un act al voinței mele, renunț la această modalitate falsă de a găsi (mângâierea, pacea, siguranța, încrederea etc.), pe care membrii familiei mele au folosit-o prin (procesul, substanța care L-a înlocuit pe Dumnezeu). Mă pocăiesc de căile păcătoase ale familiei mele. Duhule Sfânt, Te rog să mă ajuți și să mă întărești să nu mai apelez la acest substitut al lui Dumnezeu.

Sunt de acord că abuzul de substanțe și mâncatul în exces scurtează viața umană. De aceea, mărturisesc păcatul familial de sinucidere (scurtare a vieții) și mă pocăiesc de acest păcat. Îi iert pe membrii familiei mele pentru că m-au făcut vulnerabil la blesteme de moarte, prin păcatele lor. Cer sângele lui Isus între păcatul familiei mele și mine.

Partenerul de rugăciune rostește:

În Numele lui Isus, cer sângele lui Isus între (numele tău) și practica păcătoasă (numește păcatul de care persoana s-a pocăit). Te eliberez, prin sângele lui Isus, de blestemele care au venit pe linie generațională datorită acestui păcat. În Numele lui Isus, poruncesc oricărui duh de idolatrie din (numește practica idolatră mărturisită), să plece de la (numele tău), acum. [Aşteaptă un moment, ca Dumnezeu să-Şi facă lucrarea. Observă ce se întâmplă şi verifică împreună cu Duhul Sfânt, asigurându-te că toată eliberarea necesară a avut loc. Repetă această ultimă poruncă pentru fiecare practică idolatră la care s-a renunţat.]

Dacă a fost vorba despre abuz de substanţe, mâncare, alcool, tutun, uz ilegal de droguri etc., care duc la scurtarea vieţii şi acest lucru a fost mărturisit în rugăciunea de mai sus, de fratele/ sora, ca fiind sinucidere, **Partenerul de rugăciune**, continuă:

În Numele lui Isus, cer sângele lui Cristos între (numele tău) şi păcatul generaţional de sinucidere. [Priveşte direct în ochii persoanei şi spune următoarele:] Rostesc viaţă peste tine, în Numele lui Isus. Acum, în Numele lui Isus, poruncesc duhurilor de moarte care au venit prin (numeşte practica păcătoasă de abuz de substanţe, la care persoana a renunţat şi de care s-a pocăit), să plece. [Aşteaptă un moment, ca Dumnezeu să-Şi facă lucrarea. Observă ce se întâmplă şi verifică împreună cu Duhul Sfânt, asigurându-te că toată eliberarea necesară a avut loc.]

Capitolul al V-lea, *Unde au dispărut taţii* – Slujire prin rugăciune

- Este recomandat pentru cei care doresc să primească acest fel de slujire, să aibă o viaţă personală de rugăciune, studiu biblic, închinare şi ucenicizare, în cadrul unei biserici locale. Creştinii care doresc să progreseze în relaţia lor cu Dumnezeu şi să-şi păstreze libertatea primită vor trebui să persevereze în aceste discipline spirituale.

Capitolul al V-lea are rolul de a ne ajuta atât în intimitatea cu Dumnezeu Tatăl, cât şi în sfinţirea caracterului nostru. Dumnezeu a intenţionat să ni Se descopere prin Scriptură şi prin relaţia noastră cu tatăl nostru pământesc. În acest capitol, descoperim dificultatea noastră de a-L vedea şi de a-L cunoaşte pe Dumnezeu aşa cum S-a descoperit El în Biblie. El ne-a creat după chipul Său şi ne-a chemat să fim ca El. Problema este că diavolul a distrus cel mai bun model al lui Dumnezeu din copilăria noastră, tatăl nostru pământesc. Prin această distrugere, am pierdut amprenta lui Dumnezeu Tatăl.

Observându-i și interacționând cu tații noștri imperfecți, noi înșine am creat bariere între noi și Dumnezeu. Două dintre aceste bariere sunt neiertarea și judecata față de tații noștri pământești. Dar nu este totul pierdut; Isus, prin Duhul Sfânt, vrea să vină și să ni-L descopere personal pe Dumnezeu Tatăl.

Tabelul *Atributele lui Dumnezeu Tatăl* de la sfârșitul Capitolului al V-lea, completat minuțios și prin rugăciune, ne ajută să vedem unde anume este greșită imaginea noastră despre Dumnezeu. Ne arată unde trebuie să îi iertăm pe tații noștri pământești, pentru că nu au fost un model al Tatălui nostru ceresc. Ultima coloană din tabel descoperă unde anume e nevoie să ne pocăim pentru căile noastre păcătoase. Apoi, cu ajutorul Duhului Sfânt, caracterul nostru poate fi transformat de către Dumnezeu.

Să începem călătoria noastră spre un caracter transformat de Dumnezeu. Vom lucra pe baza răspunsurilor din *Jurnalul de rugăciune*, de la întrebările de slujire aflate la sfârșitul capitolului. (Asigură-te că ai trecut mai întâi prin *Exercițiul de pregătire*).

Primul set de întrebări – Cine este Dumnezeu cu adevărat?

Călătoria spre cunoașterea lui Dumnezeu, așa cum S-a proclamat El că este, începe spunându-I că dorești să Îl cunoști. Ai descoperit aici anumite domenii în care percepția ta asupra caracterului lui Dumnezeu, diferă de ceea ce spune Biblia. E timpul să fii sincer cu Dumnezeu și să recunoști fiecare dintre percepțiile tale greșite. Roagă-L să ți Se reveleze așa cum este El cu adevărat, în fiecare dintre domeniile în care întâmpini dificultăți.

Rugăciunea ta:

Dragă Tată din ceruri, vin la Tine în Numele lui Isus. Îți mulțumesc pentru această șansă de a descoperi cine ești Tu cu adevărat. Am înțeles că am o percepție greșită a caracterului Tău. Nu am putut să Te văd ca (<u>numește trăsătura de caracter</u>) față de mine, ci am crezut că Tu nu ești așa. Renunț la această convingere falsă. Te rog să mă ierți pentru lucrurile pe care le-am (gândit, rostit și făcut) pe baza acestui sistem greșit de convingeri. Aleg să Te cunosc așa cum spui Tu în Biblie că ești. Te rog să mi Te faci cunoscut prin experiența (*numește trăsătura de caracter*). Amin.

Partenerul de rugăciune rostește:
Rostesc iertare peste tine (numele tău), în Numele lui Isus, pentru ceea ce ai făcut, ceea ce ai vorbit și ceea ce ai gândit din necredință față de (numește trăsătura de caracter a lui Dumnezeu). Doamne, mă unesc cu (fratele/ sora – numele tău), în cererea de a Te cunoaște pe Tine ca (numește trăsătura de caracter). Amin.

Repetă rugăciunea pentru fiecare trăsătură de caracter a lui Dumnezeu înțeleasă greșit, pe baza exercițiului din *Jurnalul de rugăciune*.

Al doilea set de întrebări – Descoperirea modelului parental greșit

În *Jurnalul de rugăciune*, la răspunsurile de la întrebarea a doua putem vedea că unele opinii greșite despre Dumnezeu au fost influențate mai întâi de caracterul taților noștri, dar și de cel al mamelor noastre. În cazul în care convingerea noastră greșită despre Dumnezeu și modelul nostru parental sunt similare, există posibilitatea unei legături. Există două niveluri de iertare pe care trebuie să le experimentăm înainte de a-L cunoaște pe Dumnezeu așa cum este El cu adevărat.

Rugăciunea ta:
Dragă Tată din ceruri, vin la Tine în Numele lui Isus. Văd acum o legătură între caracterul păcătos al (tatălui și/ sau mamei mele) și convingerea mea greșită despre Tine. Renunț la orice judecată emisă asupra (tatălui și/ sau mamei mele) pentru trăsătura de caracter (numește trăsătura păcătoasă de caracter) care m-a împiedicat să Te cunosc pe Tine ca (numește trăsătura de caracter). Aleg, de asemenea, să iert pe (tata și/ sau mama mea) pentru că m-au influențat prin acest model păcătos. Amin.

Partenerul de rugăciune rostește:

În Numele lui Isus, te iert (numele tău) pentru păcatul mărturisit, de judecată asupra (tatălui și/ sau mamei tale), pentru (numește trăsătura păcătoasă de caracter) a (lui/ ei). Doamne Isuse, Te rog ca Tu să dezlegi orice legătură sufletească păcătoasă între (numele tău) și (tatăl și/ sau mama ta), care a fost stabilită prin acest model parental păcătos din familie.

În Numele lui Isus, rostesc iertare peste tine (numele tău) pentru orice neiertare pe care ai nutrit-o față de (tata și/ sau mama ta), datorită prezentării greșite a caracterului lui Dumnezeu.

Al treilea set de întrebări

În răspunsurile din *Jurnalul de rugăciune*, la întrebarea a treia, ai comparat caracterul tău cu cel al lui Dumnezeu, pe baza coloanei *Caracteristicile lui Dumnezeu*, de la sfârșitul Capitolului al V-lea. Aici ai descoperit unele domenii din viața ta, care nu se prea potrivesc cu caracterul lui Dumnezeu.

În capitolul de față am înțeles că se poate ca Dumnezeu să ne trateze în funcție de cum gândim și cum ne comportăm noi (Psalmul 18:25-26). De aceea, dacă ne comportăm greșit, va fi greu să Îl vedem pe Dumnezeu așa cum este El, pentru că El ne poate trata asemenea.

Singura noastră speranță este să alegem să ne sfințim conform Cuvântului Său, pentru a semăna tot mai mult cu El. Pentru aceasta avem nevoie de ajutorul Duhului Sfânt. Va trebui, de asemenea, să ne pocăim de căile noastre păcătoase. Răspunsurile prin rugăciune la fiecare din descoperirile tale, sunt următoarele:

Rugăciunea ta:

Dragă Tată din ceruri, vin la Tine în Numele lui Isus și mărturisesc comportamentul meu păcătos (numește trăsătura de caracter care este diferită de cea a lui Dumnezeu). Aleg să semăn tot mai mult cu Tine în acest domeniu al vieții mele și Te rog să mă ajuți, prin Duhul Tău cel Sfânt. Îmi pare rău pentru că m-am comportat în acest fel şi Te rog să mă ierţi. Aleg să mă iert şi pe mine însumi pentru acest comportament greşit. Amin.

Partenerul de rugăciune rosteşte:

În Numele lui Isus, rostesc iertare peste tine (numele tău) pentru comportamentul păcătos de (numeşte trăsătura păcătoasă de caracter care a fost mărturisită). Doamne Isuse, mă unesc cu (fratele/ sora – numele tău), cerând ca Tu să aduci transformare în acest domeniu, prin atenţia Ta plină de bunătate în umblarea (ei/ lui) de ucenicizare cu Tine.

Capitolul al VI-lea, Familia, piatra de temelie a societăţii – Slujire prin rugăciune

- **Este recomandat pentru cei care doresc să primească acest fel de slujire, să aibă o viaţă personală de rugăciune, studiu biblic, închinare şi ucenicizare, în cadrul unei biserici locale. Creştinii care doresc să progreseze în relaţia lor cu Dumnezeu şi să-şi păstreze libertatea primită vor trebui să persevereze în aceste discipline spirituale.**

În Capitolul al VI-lea ni se prezintă conceptul conform căruia neglijarea în familie aduce blestem. Pentru a fi eliberaţi de acest blestem, legea lui Dumnezeu care prescrie pedeapsa pentru păcatul de neglijare, trebuie împlinită. Armele binecunoscute: mărturisirea, pocăinţa şi primirea iertării, ne vor ajuta să ieşim de sub blestem. Dar cheia pentru eliberare este să înţelegem ce vrea Dumnezeu de la noi. Neglijarea înseamnă a nu fi credincios în îndeplinirea responsabilităţilor. Să ne amintim acum de îndatoririle specificate de Dumnezeu, pe care le-am studiat în Capitolul al VI-lea.

Dumnezeu ne-a poruncit să ne iubim unii pe alţii. În contextul din Maleahi 4:6, dragostea (inimile) copiilor trebuie să se îndrepte înspre părinţi, iar inimile părinţilor, mai ales ale taţilor, sunt chemate să se îndrepte înspre copii. Neglijarea acestei responsabilităţi date de Dumnezeu, aduce blestem. La începutul

VĂDUVE, ORFANI ȘI PRIZONIERI

Capitolului al VI-lea am descoperit că tații trebuie să fie profeți, preoți și regi în cadrul familiei. Trebuie să Îl reprezinte pe Dumnezeu în familia lor și apoi să ajute la întipărirea practicilor dumnezeiești în casă și în comunitate. Suntem chemați să ne iubim și să ne purtăm de grijă unii altora, mai ales în familie. Când o familie greșește, ea creează o breșă pentru blestem. În cazul în care este vorba de o normă culturală, blestemul se întinde de la nivel de familie la nivel de sate, orașe și națiuni.

Legea lui Dumnezeu, din Maleahi 4:6, pedepsește neascultarea, prin blestem. Diavolul cunoaște porunca spirituală de a avea inimi deschise unii față de alții în familii și folosește această lege împotriva noastră. În lupta sa pentru dominare, strategia lui este să-i facă pe cât mai mulți să păcătuiască și să intre sub blestemul legilor spirituale. Prin această stare de păcat, noi intrăm în împărăția lui Satan și devenim robii lui.

Diavolul, cunoscând inima lui Dumnezeu și planul Său pentru familii, a atacat acest domeniu al vieții, cu strategii extinse în întreaga lume, care cuprind fiecare aspect al vieții și al culturii. În cartea de față, analizăm în primul rând păcatele culturale care au apărut sub influența impactului comunismului asupra societății. Acestea vor fi diferite în funcție de țară sau chiar în funcție de zonă sau de regiune. Devastarea cuprinde tot ceea ce a fost influențat de comunism.

Înțelegând cum stau lucrurile, ne pregătim să ieșim de sub blestemul prezentat în Maleahi, iertându-i pe cei care ne-au rănit și primind curățirea sângelui lui Isus. Mărturisirea și pocăința trebuie să facă parte din acest proces. Pocăința noastră trebuie să includă și hotărârea fermă de a deveni familiile pe care le dorește Dumnezeu.

Primul set de întrebări:

Răspunzând la prima întrebare de slujire din *Jurnalul de rugăciune*, ai enumerat activitățile care au îndepărtat inima mamei și inima tatălui tău de tine și de familie. Aceste lucruri au avut ca rezultat faptul că ei au fost absenți față de tine și, la extremă, te-au lăsat orfan, fie spiritual, fie literalmente. Este timpul ca, având ajutorul lui Dumnezeu, să începi să fii eliberat de această neglijare.

Rugăciunea ta:

Dragă Tată din ceruri, vin la Tine în Numele lui Isus și Îți cer să ridici blestemul de peste mine și familia mea, care vine datorită faptului că părinții își neglijează familiile. Aleg acum, printr-un act al voinței mele, să iert pe (tata și/ sau mama mea), pentru activitățile de (numește activitățile), care i-au îndepărtat pe ei și inimile lor de mine și de familie. Renunț la orice judecată împotriva (tatălui și/ sau mamei) în ce privește neglijarea familiei. Mă pocăiesc de acest păcat al familiei mele și Te rog să mă eliberezi de orice legătură sufletească păcătoasă dintre mine și părinții mei, stabilită ca reacție la păcatul de neglijare. Amin.

Partenerul de rugăciune rostește:

În Numele lui Isus, rostesc iertare peste tine (numele tău) pentru neiertarea mărturisită împotriva (tatălui și/ sau mamei), pentru că te-au neglijat pe tine și familia. Te eliberez de judecățile făcute împotriva (tatălui și/ sau mamei), în Numele lui Isus. Mă unesc cu (fratele/ sora) și Te rog să îl/ o eliberezi de orice legătură sufletească păcătoasă stabilită cu părinții, prin acest păcat de neglijență. Doamne Isuse, Te rog acum să îl/ o ajuți pe (fratele/ sora) să fie transformat/ ă în acest domeniu și să dea dovadă de bunătate și atenție, mai ales în familie. Amin.

Al doilea set de întrebări

Blestemul este un rezultat al faptului că tații (părinții) își neglijează copiii. Un alt rezultat este rănirea, zdrobirea și înfometarea (lipsa îngrijirii) pentru duhul nostru omenesc. În funcție de gradul de respingere sau de neglijare, suferim daune: atât în duh, cât și în suflet. Dacă aceste răni nu sunt vindecate, încercăm să-i transformăm pe alții în mama/ tatăl nostru, căutând acea susținere și îngrijire care ne-au lipsit în anii noștri de formare. În general, oamenii reacționează negativ față de atitudinea noastră, ceea ce aduce și mai multă respingere în viața noastră. Aceasta este o problemă profundă, care poate că necesită mai mult timp pentru a fi vindecată, dar putem începe procesul vindecării chiar acum.

VĂDUVE, ORFANI ŞI PRIZONIERI

Rugăciunea ta:

Dragă Tată din ceruri, vin la Tine în Numele lui Isus şi Te rog să mă vindeci de aceste răni adânci ale respingerii, pe care le-am suferit în copilărie prin neglijare, neînţelegere şi abandon. Nu ştiu de ce am suferit (un anumit nivel de) abandon, neglijare sau neînţelegere din partea (tatălui şi/ sau mamei mele). Aleg să (îl/ o/ îi) iert pentru lipsa de îngrijire părintească, de dragoste şi de acceptare, suferite în timpul anilor de formare.

Partenerul de rugăciune rosteşte:

În Numele lui Isus, Te invit, Duhule Sfânt, să vii ca Mângâietor şi Vindecător al (numele tău) şi să începi să vindeci duhul omenesc. În Numele lui Isus, rostesc vindecare şi îngrijire peste duhul omenesc al (numele tău). Doamne, Te rog să vii şi să vindeci zdrobirea din urma respingerii. [Aşteaptă un moment, ca Dumnezeu să-Şi facă lucrarea.]

Acum, (numele tău) va începe să-I dea lui Isus durerea respingerii şi a neglijării care a rezultat din această relaţie distrusă cu părinţii. [Aşteaptă, să vezi ce se întâmplă în acest moment – deseori, vei observa lacrimi sau alte răspunsuri emoţionale. Poate va fi necesar să iei acea persoană de mână sau să o îmbrăţişezi. Aceasta face parte din mângâiere şi vindecare – atingerea lui Dumnezeu prin noi, dar trebuie să fii de acelaşi sex cu persoana pentru care te rogi, pentru a nu face greşeli în relaţie. Continuă să te rogi şi să aduci mângâiere, cât timp Dumnezeu Îşi face lucrarea].

Al treilea set de întrebări

În această secţiune, vrem să ne concentrăm pe cele trei roluri primare ale tatălui: profet, preot şi rege. În măsura în care acestea au lipsit din grija părintească a tatălui pentru noi, vom tinde să avem o slăbiciune în domeniile în care tatăl nostru a avut probleme. Scopul slujirii pentru această secţiune are două părţi: 1. să eliberăm sentimentele pe care le-am nutrit împotriva taţilor noştri, datorită faptului că nu ne-au dat ceea ce aveam nevoie şi 2. să Îi cerem lui Dumnezeu să ne deblocheze în domeniile în care nu am putut să ne împlinim rolul parental de profet, preot și rege, ca tată, sau pentru faptul că, în calitate de soție și mamă, nu ne-am susținut soțul în aceste roluri.

Rugăciune ta:

Dragă Tată din ceruri, Îți mulțumesc pentru această ocazie de a mă elibera de pedeapsa pentru neiertarea și judecata mea față de eșecul tatălui meu în rolul parental de profet, preot și rege, în anii mei de formare. Printr-un act al voinței mele, aleg acum să îmi iert tatăl pământesc pentru eșecul lui de a fi (<u>numește rolul în care a avut probleme: profet, preot sau rege</u>). De asemenea, renunț la orice judecată față de eșecul tatălui meu de a fi profet, preot sau rege pentru mine și familia mea, în anii mei de formare. Te rog, Doamne, să desfaci orice legătură sufletească păcătoasă stabilită între tatăl meu și mine, datorită faptului că nu și-a îndeplinit rolul stabilit de Tine. Doamne Isuse, mulțumesc pentru părinții pe care mi i-ai dat. Te rog să mă restaurezi și să înapoiezi tot ce a fost pierdut din cauza rănilor primite de la tata și de la mama. Amin.

Partenerul de rugăciune rostește:

În Numele lui Isus, rostesc iertare peste tine (<u>numele tău</u>) pentru neiertarea și judecata mărturisite împotriva tatălui tău. Doamne Isuse, Te rog să desfaci orice legătură sufletească nedumezeiască rezultată din faptul că (<u>numele tău</u>) a intrat sub o influență greșită din partea tatălui, datorită faptului că acesta nu s-a comportat conform planului lui Dumnezeu și scopului Său, nereușind să fie profet, preot și rege în familie.

Acum, să analizăm situația ta personală de adult, domeniile în care nu ai practicat grija părintească în rolul de profet, preot și rege, ca bărbat, sau în care, ca soție, nu ți-ai susținut soțul în aceste roluri.

Rugăciunea ta:

Dragă Tată din ceruri, vin la Tine acum, în Numele lui Isus,

VĂDUVE, ORFANI ŞI PRIZONIERI

în ce priveşte rolul meu în familie (de profet, preot şi rege ca tată sau ca soţie care nu mi-am susţinut soţul în rolurile de profet, preot şi rege). Te rog să mă ierţi pentru că am neglijat sau am trăit în neascultare faţă de planurile Tale pentru viaţa mea de familie. Îmi pare rău de modul în care am acţionat până acum şi aleg să Te urmez în aceste responsabilităţi ale vieţii mele, chiar şi acum (nu contează câţi ani au copiii tăi acum). Te rog, Doamne, să restaurezi copilului/ copiilor mei, ceea ce ei trebuiau să primească (prin mine şi/ sau soţul meu).

Partenerul de rugăciune rosteşte:

În Numele lui Isus, rostesc iertare peste tine pentru neglijarea sau neîmplinirea voii lui Dumnezeu de a fi tată în familie, îndeplinind rolurile de profet, preot şi rege. Doamne, Te rog să desfaci orice legătură sufletească păcătoasă stabilită între (numele tău) şi (el/ ea), prin acest eşec de a fi profet, preot şi rege în nucleul familiei.

Dacă există domenii în care ai eşuat, neascultând de dorinţele lui Dumnezeu şi neîndeplinindu-ţi aceste roluri în familie, ar fi corect să-ţi recunoşti eşecurile faţă de membrii familiei şi să le ceri iertare. Nu este niciodată prea târziu să îţi asumi rolurile date de Dumnezeu în familie. Aşa că roagă-L pe Dumnezeu să te ajute, dându-ţi un nou punct de pornire.

Al patrulea set de întrebări

În această secţiune slujim situaţiei în care inima ta de copil s-a îndepărtat de părinţii tăi şi de familie, datorită implicării în grupurile de tineret comuniste sau datorită oricărei alte îndoctrinări pe care ai adoptat-o încă din şcoală. (Pentru o tratare mai detaliată a acestui subiect, vezi partea a II-a din această carte, *Prizonieri*). În Maleahi 4:6, Dumnezeu ne vorbeşte nu numai despre inima tatălui care s-a îndepărtat de copiii săi, ci şi despre inimile copiilor care au fost îndepărtate de părinţii lor (contrar planurilor şi scopurilor lui Dumnezeu. Trebuie să-I dăm socoteală lui Dumnezeu pentru modul în care ne-am tratat părinţii (Matei 15:4).

Rugăciunea ta:

Dragă Tată din ceruri, vin la Tine acum în Numele lui Isus şi mărturisesc că inima mea s-a îndepărtat de părinţii mei, pe măsură ce am crescut. Doamne, realizez că am fost afectat de îndoctrinarea pe care am primit-o în şcoală şi în grupurile de tineret, astfel că inima mea a fost întoarsă de la tatăl meu şi de la mama mea şi de la nucleul familiei. Îmi pare rău pentru partea de vină pe care am avut-o şi aleg să îmi îndrept inima într-un mod dumnezeiesc şi respectuos către părinţii mei (care trăiesc sau au murit). Îi iert pe profesorii mei, liderii de tineret şi pe cei responsabili de sala festivă din şcoala mea, care m-au condus în mod greşit spre stat, spre scopurile sale şi spre autoreprezentare. Chiar dacă am fost condus greşit, Te rog, Doamne Isuse, să mă ierţi pentru partea mea de vină în neglijarea părinţilor şi a familiei mele. Amin.

Partenerul de rugăciune rosteşte:

În Numele lui Isus, rostesc iertare peste Tine (numele tău), pentru că ţi-ai dezonorat părinţii şi pentru că ţi-ai neglijat familia, după cum ai fost îndoctrinat de stat prin şcoală şi prin participarea la grupurile de tineret. Rostesc iertare peste tine pentru nerespectarea continuă a părinţilor tăi, prin neglijarea lor, inima ta fiind întoarsă către stat şi către interesele de sine, induse prin îndoctrinare. Doamne Isuse, Te rog să desfaci orice legătură sufletească păcătoasă între (numele tău) şi îndoctrinările statului prin propagandă, pregătire/ disciplină şi prin participarea la grupurile de tineret. În mod special, Te rog ca, dacă au fost puse mâinile peste (numele tău), când a aderat la grupurile de tineret, Tu să (îl/ o) eliberezi de orice legătură sufletească păcătoasă. Amin.

PARTEA A II-A
PRIZONIERI
ELIBERAREA CAPTIVILOR

PRIZONIERI

CAPITOLUL VIII

Era o zi de iarnă geroasă și foarte rece în Talin, Estonia. Razele pale ale soarelui se stinseseră de mult pe aceste plaiuri nordice, deși era doar după-amiază. Aproape o sută de oameni se strânseseră în sala de clasă, pentru un serviciu de închinare. Era atât de frig, încât majoritatea celor prezenți aveau paltoanele pe ei, însă sentimentul anticipării din închinarea noastră, încălzea atmosfera. După închinare, m-am ridicat și am vorbit pentru prima oară despre efectele spirituale ale comunismului.

Slujind celor prezenți în acea seară, am fost foarte surprinși de profunzimea reacțiilor oamenilor. „Comunismul impus popoarelor din URSS și din republicile satelit are caracteristicile unei religii false", aceasta este învățătura pe care am primit-o de la Dumnezeu și o dădeam mai departe. Oamenii au fost copleșiți de revelația că toți cei care s-au aflat sub puterea comunismului trebuiau eliberați de legăturile care încă îi țineau, chiar și după căderea guvernului comunist.

Tratând comunismul ca pe o religie falsă, am condus oamenii la pocăință de păcatele în care au fost implicați și la iertare față de cei care i-au îndoctrinat și i-au ținut în robia acestui regim totalitar. Prezența Domnului se făcea simțită cu tot mai multă putere în mijlocul nostru, umplând sala de clasă cu sfințenia Sa, pe măsură ce oamenii se smereau înaintea Lui. Mulți demoni au început să țipe din oamenii pe care-i posedau. Membri din diverse biserici au căzut la pământ, ca morți. Unii aveau senzație de rău, alții plângeau, alții se contorsionau ca șerpii, în timp ce noi porunceam dușmanului să iasă din acei creștini iubiți, care se pocăiseră.

Pe parcursul unei jumătăți de oră, puterea lui Dumnezeu a curățat și a vindecat oamenii de pângărirea spirituală cauzată de comunism. Nici ei, nici noi nu vom mai fi vreodată la fel. Acea experiență din Talin s-a repetat de multe ori în următorii ani, cu mii de oameni pe care i-am slujit. Aceste experiențe prețioase m-au constrâns să scriu această carte. Sunt atâția oameni pe care nu-i vom întâlni niciodată, dar care au nevoie disperată de eliberare. Poate că ei nici nu știu ce îi împiedică să se bucure de plinătatea binecuvântărilor lui Dumnezeu. Însă există eliberare și pentru ei; Dumnezeu dăruiește cu mână largă libertatea, prin Fiul Său, Isus Cristos.

Adesea, când Îl ascultăm pe Dumnezeu, suntem surprinși noi înșine de rezultate. Pe la mijlocul anilor '90, Dumnezeu a început să-mi vorbească despre ritualuri, jurăminte, adeziuni și îndoctrinări, la care au participat cei aflați sub comunism.

Cu câțiva ani înaintea acestui moment, Dumnezeu îmi descoperise cum funcționează sectele, religiile false și unele organizații inițiatice, precum francmasoneria. Prin înșelare și manipulare, aceste secte folosesc puternicele legi divine, pentru a atrage în capcană persoanele ignorante, naive, suferinde și nevoiașe. Astfel, atât creștinii, cât și necreștinii sunt momiți să accepte jurăminte păcătoase, îndoctrinări și ritualuri.

Înainte de a continua să examinăm comunismul, care nu este decât una dintre multele închisori spirituale, haideți să ne formăm o imagine de ansamblu. Pentru a înțelege premisa acestei secțiuni a cărții, este de folos să examinăm în linii mari cum funcționează sectele și religiile false: comunismul a fost și este o religie falsă. Resursa esențială a fiecărei secte sau religii false este idolatria. Idolatria însăși este abordată în alte două secțiuni ale cărții – Capitolul al II-lea, *Legile spirituale care guvernează lumea* și Anexa a IV-a, *Idolatria*. Vom analiza acum modul de organizare și funcționare al sectelor și al religiilor false.

SECTE, RELIGII FALSE ȘI IDOLATRIE

Puterea robiei

Sectele și religiile false sunt ca niște pânze de păianjen ale înșelăciunii, deghizate sub forma unui set bine organizat de idei și idealuri. Membrii grupului se autoamăgesc, proclamând mereu aceste idealuri și presupusele lor beneficii. Aceste beneficii sunt promise apoi potenţialilor membri, cu condiţia ca şi aceştia să se alăture sistemului şi să practice un anumit stil de viaţă sau comportament, guvernat de regulile şi de principiile grupului.

Slujitorii diavolului folosesc propaganda, materialele de promovare, prezentările şi broşurile pentru public, ca pe nişte plase de pescuit, în care îi prind pe cei ignoranţi sau naivi. Urzelile lor profită de ignoranţa noastră, pentru a ne prinde şi a ne ţine în robie, prin puterea păcatului. După cum le-a scris Pavel corintenilor, trebuie să înţelegem aceste tactici ale celui rău:

Ca să nu lăsăm pe Satana să aibă un câştig de la noi; căci nu suntem în neştiinţă despre planurile lui. 2 Corinteni 2:11

Mulţi oameni nu iau în serios sau nici măcar nu iau în considerare existenţa răului inteligent. Însă Biblia ne arată clar că diavolul are anumite tactici pentru a ne atrage în capcana slujirii lui. Dacă nu cunoaştem legile lui Dumnezeu şi nu umblăm în sfinţenie, putem fi amăgiţi să colaborăm cu duşmanul în încercarea de a obţine lucruri pe care Dumnezeu doreşte, de fapt, să ni le dăruiască.

Problema este că, atunci când urmăm calea spre promisiuni, recompense sau beneficii prescrisă de sectele şi de religiile false, păcătuim. Bineînţeles, parte a procesului amăgirii este că aceste practici nu ne sunt prezentate drept păcătoase.

Însă dacă poţi fi amăgit să păcătuieşti, vei fi ţinut în robia slujirii celui rău, prin minciunile diavolului. Uimitor, nu puterea diavolului este cea care te ţine captiv, ci legile spirituale ale lui Dumnezeu cu privire la păcat. Ignoranţa şi amăgirea în care ne aflăm, ne împiedică să ne pocăim de păcatul idolatriei, care reprezintă esenţa sectelor şi a religiilor false. Astfel, rămânem sub influenţa celui rău, care foloseşte puterea legii, pentru a ne ţine în captivitate.

. . .puterea păcatului este Legea. 1 Corinteni 15:56

Caracteristici comune

Sectele şi religiile false au multe caracteristici comune. Înţelegerea unora dintre aceste caracteristici va facilita eliberarea celor aflaţi în robie, fără să fie nevoie ca slujitorul sau consilierul să cunoască toată profunzimea sau să intre în detaliile doctrinei şi ale practicilor. Iată unele elemente de bază:

- Idolatria – închinarea la cineva/ ceva înafara lui Dumnezeu (Exod 20:3-4) şi care aduce blesteme.
- Personalităţi, autorităţi sau scopuri (inclusiv fiinţe umane sau spirituale) care sunt venerate – dumnezei, chiar Satan, eul, banii, securitatea, puterea, siguranţa, ştiinţa, intelectul, acceptarea sau prestigiul, dominarea lumii sau pacea mondială, numind doar câteva.
- Alături de idolatrie, regăsim batjocura, fapte care se opun scopurilor lui Dumnezeu şi Cuvântului Său (Ieremia 10:15).
- Înşelătoria şi ispitirea
- Sisteme de întreţinere – principii, concepte, reguli de comportament, doctrine, practici, ritualuri.
- Succesiuni de acorduri personale, jurăminte şi declaraţii, îndoctrinare ritualică.
- Lipsa dragostei şi a purtării de grijă unii faţă de alţii sau diminuarea acestora în raport cu idealul biblic, fiind deseori înlocuite de control, dominare sau chiar de un anumit nivel de robie sau dependenţă faţă de autoritate.

Adevăruri scripturale în ce priveşte practicile sectelor, ale religiilor false şi ale idolatriei

- Închinarea la alţi dumnezei (şi imagini) aduce blestem: Exod 20:3-4, Psalmul 115:4-8, Ieremia 10:14-15.
- Obiectele folosite în practicarea idolatriei aduc blestem (Deuteronom 7:25-26).
- Jurămintele, ritualurile, acordurile şi dedicările pe care noi (sau familiile noastre, în numele nostru) le facem, pot avea putere spirituală asupra noastră, chiar şi după ce renunţăm la o religie falsă, la o sectă sau la o situaţie de natură idolatră. Acest lucru este valabil chiar dacă noi înşine nu am fost implicaţi, ci doar un descendent al familiei noastre (Galateni 6:7-8, Isaia 65:6,7).

Definiții ale idolatriei, ale sectelor și ale religiilor false

Idolatria

Definiție: Închinarea înaintea unor spirite, dumnezei falși, procese sau proceduri, substanțe sau puteri/ forțe și căutarea, din partea acestora, a păcii interioare/ exterioare sau a favorurilor, pentru a primi, a folosi sau a distribui:

a) Putere
b) Sănătate și bunăstare
c) Informații
d) Prosperitate (finanțe)
e) Contactul cu morții (cei dragi care au murit)

Secte și religii false

Definiție: Grupuri de oameni care aderă la învățături, convingeri și practici cu o bază sau cu o platformă de natură idolatră (închinarea la ceva/ cineva care nu este Dumnezeul lui Avraam, Isac și Iacov: Dumnezeu Tatăl, Isus Fiul și Duhul Sfânt ...Dumnezeul prezentat în Biblie). Cei care practică o formă de religie (deghizată sau nu), alta decât creștinismul biblic. Există multe astfel de grupări necreștine care pot fi studiate:

- Grupuri care se numesc creștini sau care se pretind a fi astfel, ca de exemplu: mormonii, martorii lui Iehova, știința creștină.
- Grupuri religioase în mod secret, dar care pretind altceva, poate chiar revendicând o anumită compatibilitate cu creștinismul, de exemplu: francmasoneria, artele marțiale, yoga sau grupuri care sunt în mod declarat împotriva creștinismului, cum ar fi comunismul.
- Grupuri în opoziție directă cu creștinismul, care se închină deschis altor dumnezei; de exemplu, hinduismul.

Sisteme de natură idolatră – Motive personale de implicare

- Persecuția și frica în religii despotice/ false a dominat culturi și guverne

- Acceptare
- Nevoi sociale – prietenie
- Nevoi spirituale
- Nevoi emoționale
- Aspirații politice sau de afaceri
- Valori familiale
- Influența familiei/ culturii/ societății
- Nevoi neîmplinite
- Căutarea sensului vieții, în general, a destinului propriu, a originii vieții sau o căutare a lui Dumnezeu
- Dorința de a face o lume mai bună
- Recompense, prestigiu, putere, control, protecție
- Frica de eșec, neajutorare, lipsa de resurse

Puterea robiei

Puterile care țin oamenii în robie vor fi aceleași sau asemănătoare pentru toate sistemele de natură idolatră, sectele și religiile false. Toate depind de legi spirituale, iar puterea din spatele fiecărui sistem este puterea păcatului – neascultarea noastră față de Dumnezeu. Dacă aceste sisteme ne prind în mrejele lor, vom fi determinați să păcătuim, urmând să se întâmple două lucruri: sistemul legal perfect al dreptății lui Dumnezeu ne va ține captivi și demonicul va căpăta acces în viața noastră (vezi Matei 18:34, 35). Elementele structurale folosite de sistemele de natură idolatră sunt următoarele:

- Jurăminte, acorduri, ritualuri, declarații, dedicări;
- Blesteme, jurăminte generaționale, înșelătorie și minciună;
- Îndoctrinare, inițiere, ucenicizare;
- Bijuterii, statuete, imagini, cărți și literatură, uniforme, medalii, obiecte de artă sau suveniruri cu rădăcini oculte sau de natură idolatră;
- Sisteme de convingeri false, susținute sau îndoctrinate de un anumit grup, inclusiv înșelătoria prin care un fir de adevăr este învăluit în minciună sau prin care adevărul este inversat, redefinirea termenilor creștini; de exemplu, în mormonism, Isus este fratele lui Satan (Deuteronom 32:31);

- Frica de a părăsi dogma, practica și sistemul de convingere, din cauza posibilelor necazuri pe care le-ai putea întâmpina, după cum se susține în cadrul grupului;
- Izolarea de adevăr sau de cei neinițiați;
- Dominare și control – legături sufletești nedumnezeiești;
- Demonizare succesivă;
- Frica de pedeapsă din partea grupului/ a indivizilor implicați în grup;
- Credința greșită în nevoia de autoprotecție sau de exercițiu fizic: artele marțiale, yoga etc.

Pași spre eliberarea din idolatrie, religii false și secte

La nivel conceptual, există două soluții pentru eliberarea din idolatrie, secte și religii false. Apelând la aceste soluții, se poate ajunge la eliberare, urmând câțiva pași.

Prima soluție de eliberare implică renunțarea la păcat. În calitate de creștini, odată ce devenim conștienți de părerea lui Dumnezeu despre activitățile noastre prezente și trecute prin care practicăm idolatria, putem alege să ne oprim și să renunțăm la ele. Trebuie să încetăm orice asociere cu grupul și cu practicile sale și să îndepărtăm toate materialele pe care le deținem.

A doua soluție constă în curățarea spirituală prin sângele lui Isus și prin puterea Numelui Său. Vor exista probleme spirituale adiacente, care vor necesita slujire prin rugăciune, de obicei cu ajutorul unui prieten creștin. Aceasta presupune urmarea câtorva etape. Unele dintre aspectele care trebuie abordate sunt: blestemele; rănile spirituale la nivelul sufletului și al duhului; legăturile sufletești nedumnezeiești cu liderii, cu asociații și cu subalternii, dacă ai avut o poziție de conducere; accesul sau atașamentul demonic; relațiile distruse cu cei din afara sectei sau a religiei false (idolatrie).

Nu există altă cale spre mântuire, decât cea realizată prin Isus Cristos (Fapte 4:12). De aceea, eliberarea din toate sectele și religiile false se va realiza în același fel (Isaia 61:1). Doar detaliile specifice procedurii de slujire vor fi diferite, în funcție de condiţiile particulare ale implicării unei persoane sau ale familiei sale în planurile duşmanului. Paşii care trebuie urmaţi sunt prezentaţi mai jos:

1. Credinţa în Isus Cristos, ca singurul Fiu al lui Dumnezeu, ca Mântuitor şi Domn personal;
2. Mărturisire, pocăinţă, renunţare şi primirea iertării:
   a. Pentru implicarea părinţilor şi a strămoşilor noştri în ritualuri păcătoase, jurăminte şi acorduri.
   b. Pentru implicarea personală. Aceasta include orice formă de dedicare, fie de bunăvoie, fie forţată, faţă de zei, temple, idealuri, persoane (reale sau imaginare) şi toate spiritele sau zeii care I-au luat locul lui DUMNEZEU Tatăl, Fiul şi Duhul Sfânt.
3. Slujire prin rugăciune, pentru:
   - Eliberare de orice demonizare ca rezultat al implicării personale sau generaţionale;
   - Iertarea celor care au introdus aceste practici păcătoase în vieţile noastre (inclusiv iertarea noastră);
   - Ruperea tuturor legăturilor sufleteşti nedumnezeieşti cu cei cu care am fost implicaţi;
   - Distrugerea tuturor materialelor şi a obiectelor legate de acea sectă sau religie;
   - Dezlegarea tuturor legăturilor sufleteşti nedumnezeieşti cu cei din grupul în care s-a practicat idolatria.

- **Este recomandat pentru cei care doresc să primească acest fel de slujire, să aibă o viaţă personală de rugăciune, studiu biblic, închinare şi ucenicizare, în cadrul unei biserici locale. Cei care doresc să progreseze în relaţia lor cu Dumnezeu şi să-şi păstreze libertatea, vor trebui să persevereze în aceste discipline spirituale.**

Notiţe la final de capitol

Să ne oprim un moment şi să ne amintim de scopul nostru în a examina idolatria. Aceasta a fost etapa pregătitoare, pentru a putea analiza, mai apoi, în mod obiectiv, forma şi puterea comunismului. În capitolul următor vom utiliza această nouă

VĂDUVE, ORFANI ŞI PRIZONIERI

perspectivă asupra idolatriei, în examinarea comunismului marxist - leninist. Împreună, aceste idei şi concepte ne vor arăta calea spre eliberare personală de sub efectele reziduale ale expunerii la această formă de idolatrie.

Dar, înainte de a trece la Capitolul al IX-lea, să clarificăm mai întâi ideile de bază prezentate în acest capitol. Acestea sunt recapitulate în secţiunea *Concepte cheie*, de la sfârşitul capitolului. Pentru a beneficia pe deplin de studiului acestui capitol, continuaţi să răspundeţi în *Jurnalul de rugăciune* la întrebările de la subtitlul *Întrebări cheie* de pe ultima pagină. Aceste întrebări sunt concepute pentru a te ajuta să foloseşti informaţiile cuprinse în acest capitol. Din nou, scrie fiecare întrebare şi răspunde la ea în jurnal, înainte de a trece la următoarea.

Concepte cheie din Capitolul al VIII-lea

Comunismul, o formă de religie falsă, este una dintre multele capcane spirituale create pentru a ține oamenii în robia lui Satan.

Putem înțelege mai multe despre puterea comunismului prin examinarea altor secte, religii false, care duc la idolatrie. Aceste planuri de înșelătorie ale dușmanului sunt create cu scopul de a părea benefice pentru noi, dar ele ne fac să păcătuim.

Puterea legii spirituale a lui Dumnezeu este cea care ne ține în robie; dacă încălcăm limitele (poruncile) stabilite de Dumnezeu, ieșim din teritoriului binecuvântărilor, ajungând în cel al blestemului, al vulnerabilității, al pierderii și al morții.

Sectele și religiile false au multe caracteristici comune: idolatria, doctrina, zeitățile sau persoanele venerate, înșelătoria și minciuna, practici și ritualuri, lipsa dragostei, jurăminte și declarații, îndoctrinare ritualică.

Idolatria este închinare, căutarea păcii interioare/ exterioare sau favoare de la ceva sau de la cineva care nu este Dumnezeu. Religia este o practică sau un sistem al idolatriei. Singurul mod de eliberare spirituală din secte, religii false și idolatrie este prin cunoașterea lui Isus Cristos, ca Domn și Mântuitor și prin:

Mărturisirea, pocăința și iertarea de păcatele specifice pe care le-am comis în practicarea idolatriei/ religiilor false; astfel va începe procesul de eliberare, care va include:

- Eliberarea de orice demonizare ca rezultat al implicării personale sau generaționale.
- Iertarea celor care au introdus această practică păcătoasă în viețile noastre (inclusiv iertarea noastră).
- Ruperea tuturor legăturilor sufletești nedumnezeiești cu cei cu care am fost implicați.
- Distrugerea tuturor materialelor și a obiectelor aparținând sectelor sau religiei false.
- Dezlegarea tuturor legăturilor sufletești nedumnezeiești cu cei din grupul în care s-a practicat idolatria.
- Viața personală de rugăciune, studiu biblic, închinare și ucenicizare în cadrul bisericii locale.

Întrebări cheie din Capitolul al VIII-lea

- Ai renunțat la Ceaușescu ca tată al tău?
- Mai păstrezi cravata roșie de pionier sau vreun premiu, haine sau giuvaere pe care le-ai primit în timpul regimului comunist?
- Mai păstrezi insigna de pionier, certificatul sau insigna UTC?

RĂDĂCINILE SPIRITUALE ALE COMUNISMULUI

CAPITOLUL IX

Introducere

Când cineva se întoarce la Cristos, renunțând la o religie cum ar fi hinduismul, islamismul sau budismul, trebuie să se dezică de dumnezeii falși (idoli) și de toate jurămintele, practicile și ritualurile de îndoctrinare. În urma acestei pocăințe, omul trebuie să fie curățit din punct de vedere spiritual, prin eliberare. Dacă proaspătul convertit nu trece prin acest proces de purificare, se va confrunta cu încercări grele și nu va putea fi umplut cu Duhul Sfânt. Fără această purificare, credinciosul nu va putea înțelege Biblia și nu va putea ajunge la o intimitate profundă cu Dumnezeu Însuși. Convertiții din fostele țări comuniste nu beneficiază aproape niciodată de procesul curățirii spirituale. Această omisiune este o cauză majoră a legalismului, a întârzierii creșterii spirituale, a regresului spiritual și a lipsei de putere din bisericile țărilor post-comuniste.

Comunismul a fost mai mult decât un sistem politic. După cum vom vedea mai târziu, el întrunește toate caracteristicile unei religii false. Astfel, cei care au intrat sub influența lui și l-au practicat, în mod voluntar sau impus, moștenesc blestemele și judecata lui Dumnezeu pentru ei și pentru urmașii lor (Exodul 20:3-6). Dar Isus Cristos, Cel care a fost făcut blestem pentru noi, ne deschide calea spre libertate. El a venit pentru a aduce captivilor eliberarea și orbilor, căpătarea vederii (Isaia 61:1).

Trebuie să înțelegem ce fel de eliberare de comunism ne aduce Isus:

- Eliberare spirituală, nu politică;
- Eliberare de consecințele spirituale ale sistemelor politice;
- Eliberare de efectele reziduale care-i afectează personal pe cei care au trăit sub un sistem/ guvern totalitar.

Evaluarea impactului spiritual al comunismului

Pe măsură ce dezvoltăm acest capitol, vom examina mai cu atenție implicațiile participării noastre și a familiei noastre (voit sau involuntar) la diferitele aspecte ale vieții influențate de comunism, pentru a descoperi:

- Rădăcinile spirituale și puterea comunismului din Est
- Impactul său asupra noastră, a culturii noastre, a comunității și a țării în care trăim (vezi Psalmul 135:15-18).

Dispunând de această înțelegere a lucrurilor, ne aflăm în starea de a putea primi:

- Eliberare și vindecare de efectele ulterioare experienței trăite, prin Numele, dragostea și puterea lui Isus;
- Echipare pentru a-i ajuta pe alții care să fie eliberați, așa cum și noi am fost eliberați (vezi 2 Corinteni 1:4).

Pocăința: Calea spre libertate

Considerând comunismul marxist – leninist o religie falsă, calea spre eliberarea noastră este pocăința. Dar care este adevărul spiritual despre comunism? Nu putem să ne pocăim de ceva, fără o evaluare biblică a naturii păcătoase a faptei respective.

Isus le-a spus copiilor lui Israel că adevărul îi va face liberi, dar, în ignoranța lor, ei au negat că ar putea fi sclavi sau în robie (Ioan 8:33). Israeliții nu erau doar ignoranți în ce privește păcatul lor, ci acest păcat le-a indus o stare de încăpățânare, astfel că ei nu au mai putut discerne adevărul. Din cauza păcatului lor, națiunea a fost ocupată de armata romană. Efectiv, ajunseseră toți sclavi ai lui Cezar. Dar Isus nu se referea la condițiile politice; El spunea că ei erau robi ai păcatului. La fel este și astăzi cu fiecare dintre noi. Nu înțelegem modul în care viața noastră este evaluată de Cuvântul lui Dumnezeu, dar, dacă vrem să fim eliberați, trebuie să ne examinăm comportamentul prezent și cel trecut în relație cu Scriptura.

Cunoașterea/ înțelegerea Cuvântului lui Dumnezeu este necesară, dar nu putem fi eliberați fără:

VĂDUVE, ORFANI ŞI PRIZONIERI

- Să-L cunoaştem pe Isus
- Să ne examinăm viaţa prin ochii Lui
- Să aplicăm cuvintele Scripturii în viaţa noastră
- Să ne predăm viaţa în mâna lui Isus şi să aplicăm jertfa Sa pentru noi, adevărata eliberare fiind disponibilă doar celor ce cred

Poporul meu piere din lipsă de cunoştinţă. Osea 4:6

Putem fi „buni creştini", putem fi plini de râvnă pentru Dumnezeu, fără a fi conştienţi de robia noastră, lăsându-ne conduşi într-un amestec legalism (Romani 10:2). Dumnezeu se ocupă în mod similar de om, popoare sau naţiuni.

Concepte care conduc la eliberare

Înainte de a analiza mai profund chestiunile specifice comunismului, să facem o recapitulare, pregătindu-ne lanternele, înainte de a ne aventura pe această cale întunecată. Pentru a determina calea de ieşire din captivitate, e nevoie să fim conştienţi de starea noastră spirituală prezentă, rezultată din activităţile vieţii noastre. Să luăm în considerare următoarele:

- Neascultarea (păcatul) duce la necazuri (Deuteronom 28:15-68, Levitic 26:14-39)
- Responsabilitatea pentru toate cuvintele şi faptele noastre (Matei 13:36, 37; 2 Corinteni 5:10), atât înainte, cât şi după mântuire. Calea spre eliberare şi restaurare presupune mărturisire şi pocăinţă: de păcatul personal, de păcatul naţional şi de păcatul generaţiilor trecute (vezi Levitic 26:40-42; 2 Cronici 7:14; Fapte 3:19; Iacov 5:16).

Spiritul sistemelor guvernamentale

În secţiunea de faţă a cărţii, numită *Prizonieri*, continuăm să analizăm modul în care viaţa noastră este afectată de problemele spirituale. Am început deja să examinăm mai cu atenţie sistemul comunist. Nu privim la forma şi la structura ideologică a guvernului, ci mai degrabă la efectele acestuia asupra celor pe care i-a subjugat prin aplicaţiile practice din viaţa de zi cu zi şi prin administrarea culturală. Este necesar să examinăm modul în care a fost inițiat sistemul guvernamental, cum a continuat și cum s-a menținut acesta. Scopurile, planurile, țelurile și practicile sale erau dumnezeiești sau nu? Dumnezeu și căile Lui erau recunoscute și încorporate în guvernarea națiunii? Viețile indivizilor și familiile erau respectate, cultivate și prețuite? Ca o analiză finală, aceste criterii vor fi folosite de Dumnezeu în judecata Sa. Iată câteva puncte cheie, demne de luat în considerare:

- Nu te uita la tipul de guvernare, ci la administrarea acelei guvernări, adică la duhul din spatele ei. În Fapte 2:44-45, ni se prezintă traiul în comun: oamenii își păstrau bunurile în comun. Totuși sistemul politic, adică guvernarea națională, a fost controlată de o dictatură romană idolatră.
- Democrația, un sistem guvernamental contemporan, nu este menționată în Biblie, dar acolo unde s-a implementat câte ceva din Legea și din inima lui Dumnezeu, sistemul a fost binecuvântat în măsura în care Dumnezeu a fost luat în considerare.
- Comunismul/ socialismul, după cum a fost propagat de Lenin, a conținut:
  - Ateismul ca doctrină, fiind deci opus lui Dumnezeu;
  - Persecuția, inclusiv uciderea creștinilor, a evreilor și a burghezilor, ca politică;
  - Persecuția, inclusiv uciderea, tuturor celor aflați în „opoziție ideologică";
  - Persecuția maselor, pentru a produce teroare și ascultare.

BAZELE SPIRITUALE ALE COMUNISMULUI

În această secțiune finală a Capitolului al IX-lea, vom examina comunismul în lumina a acea ce a fondat și a propagat din punct de vedere spiritual și cum și-a indoctrinat cetățenii. Privind cu atenție dincolo de structura guvernamentală și politică, devine clar că a existat o ideologie care a încorporat un vehicul idolatru pentru construirea statului. Odată cu introducerea comunismului, a fost orchestrată o substituire uimitoare. Creștinismul a fost suprimat, iar statul și-a introdus propriul narcotic – o formă de religie completă, cu doctrine, zeități, preoți, temple, imnuri și cântece de slavă, crezuri, jertfe, jurăminte și ritualuri. Să privim acum la această uimitoare revelație, observând părțile ei componente:

Religia de stat: IDOLATRIA

Doctrina:
- Ateismul
- Evoluționismul
- Supremația statului
- Utopia viitorului/ planuri pe cinci ani (cincinale)
- De la fiecare, conform abilității/ pentru fiecare, conform nevoii
- Războiul claselor sociale: proletariatul împotriva burgheziei

Dumnezei (zei):
- Statul
- Liderii comuniști/ eroi ai „poporului" (Statul)
- Știința și tehnologia
- Panoul de onoare
- Supremația militară

Preoți:
- Partidul – Organizațiile (reprezentanți tipici ai partidului în fabrici etc.)
- Securiști (reprezentanți ai armatei partidului)

Temple:
- Biroul Organizației de Bază (în fabrici și școli)
- Case de cultură (în orașe și comune)

Imnuri și cântece de închinare:
(De exemplu: **Partidul, Ceaușescu, România***)

Din veacuri a luptat aceasta țară,
Și fiii ei de veacuri au visat,
Această minunată primăvară,
Pe care o trăim înflăcărat.

---

* Versuri de Theodor Bratu, 1974, http://www.ceausescu.org/ceausescu_media/pcr.html (Accesat în ianuarie 2009).

Noi împlinim tot ce-au visat străbunii
Și ducem mai departe visul lor,
Spre frumusețea acestei țări și-a lumii
Spre fericirea acestui drag popor.

Poporul, Ceaușescu, România,
Partidul, Ceaușescu, România.

Avem în fruntea noastră un fiu al țării
Cel mai iubit și cel mai ascultat.
Ce-n lume, până-n depărtarea zării,
E prețuit de oameni și stimat.

Și-aceste trei cuvinte minunate:
Cuvinte demne ca un tricolor,
Noi le purtăm în inimă săpate,
Spre comunism, spre anii viitori.

Poporul, Ceaușescu, România,
Partidul, Ceaușescu, România.

Crez: „Ceaușescu - România – stima noastră și mândria!"
(Deviza la întâlniri/ reuniuni)

Jertfe, Juräminte și Ritualuri:
- Avortul – (jertfa) uciderea copiilor nenăscuți (Levitic 20:3-5);
- Șoimii patriei și cele șase puncte ale legământului, inclusiv ultimul punct, care îi obliga pe membri să treacă la următorul nivel, pe la vârsta de 6-8 ani (vezi sfârșitul capitolului);
- Tinerii pionieri și cele doisprezece puncte ale legământului, inclusiv ultimul punct, care îi obliga pe membri să treacă la următorul nivel, pe la vârsta de 9-14 ani (vezi sfârșitul capitolului);
- Uteciștii și punctele din legământ care îi obligau pe membri să treacă la următorul nivel, pe la vârsta de 14-28 ani (vezi sfârșitul capitolului);

- Partidul comunist şi toate punctele din legământ cu declaraţii, ritualuri, activităţi ilegale/ imorale, crimă, ameninţări şi intimidări, tortură şi închisoare, minciuni, înşelăciuni etc.;
- Contracte de angajare care îi obligau pe muncitori să adere la doctrina partidului/ statului;
- Declaraţii în cadrul armatei şi contracte depuse sub jurământ, semnate şi manifestate, care obligau individul să creadă în scopurile sistemului oficial de stat şi să se comporte ca atare;
- Informatori, poliţie, membri ai poliţiei secrete şi gardieni din închisori.

CONTROLUL MINŢII, AL VOINŢEI ŞI AL EMOŢIILOR

- Mintea
- Răsplată, dacă gândeşti doar ce îţi permite statul, şi pedeapsă pentru gânduri şi idei noi, în afara dogmei şi a ideologiei de stat; de exemplu, informaţii necenzurate.
- Voinţa
- Răsplată, dacă te supui voinţei, planurilor şi scopurilor statului şi pedeapsă pentru un comportament, planuri şi scopuri care nu se subscriu conduitei de stat.
- Emoţiile
- Răsplată pentru controlul lor, fără a manifesta neplăcerea de a fi privat de dreptul la viaţă, la libertate şi la fericire, exprimând doar manifestări „acceptabile", care erau, de fapt, false.

Promisiunea libertăţii

În următorul capitol vom sublinia calea spre libertate, prin mărturisire şi pocăinţă de păcatele comise sub comunism. Vor fi oferite exemple de rugăciuni, dar, înainte de a ne putea ruga pentru eliberare, trebuie să ne cunoaştem moştenirea spirituală şi starea noastră personală.

OTTO BIXLER

Obiective și îndatoriri, legăminte, devize și angajamente de îndoctrinare

Șoimii patriei*

Prin întreaga sa activitate, organizația Șoimii Patriei urmărește:

- cunoașterea de către copii a tradițiilor luptei poporului nostru, a clasei muncitoare și a P.C.R., a momentelor principale din istoria mișcării de copii și tineret din România; dezvoltarea stimei și a respectului copiilor față de cei care și-au jertfit viața pentru libertate socială și independență națională;
- prețuirea de către copii a realizărilor istorice obținute în construcția socialismului, a activității pe care o desfășoară clasa muncitoare, întregul popor, eroii muncii socialiste și fruntașii în producție, în uzine, pe șantiere și ogoare, cunoașterea frumuseților și a bogățiilor patriei;
- formarea și educarea copiilor în spiritul dragostei de muncă, al respectului față de oamenii muncii, al grijii pentru bunul obștesc; cultivarea deprinderilor practice și mobilizarea copiilor pentru a participa, după puterile lor, la acțiuni de muncă;
- dezvoltarea dragostei copiilor față de părinți, a respectului față de educatoare și învățători; îndrumarea copiilor pentru a-i ajuta permanent pe cei vîrstnici;
- cultivarea în rândul copiilor a hărniciei, cinstei, curajului, modestiei, responsabilității, a spiritului de întrajutorare și de muncă în colectiv, dezvoltarea deprinderilor de comportare civilizată, a ordinii și disciplinei, formarea personalității copiilor;
- încurajarea și afirmarea talentelor în rîndul copiilor, cultivarea sensibilității față de frumos, dezvoltarea fizică armonioasă și călirea organismului copiilor, prin antrenarea lor la activități specifice înscrise în Festivalul național „Cântarea României" și în competiția sportivă națională „Daciada".

---

* Citat din *Regulamentul Organizației Șoimii Patriei*, Editura Politică, București, 1985.

VĂDUVE, ORFANI ŞI PRIZONIERI

Pionierii*

Angajamentul: „Eu, ... (numele si prenumele), intrînd în rîndurile Organizaţiei Pionierilor, mă angajez să-mi iubesc patria, să învăţ bine, sa fiu harnic şi disciplinat, să cinstesc cravata roşie cu tricolor."

Legământul: „Voi învăţa şi voi munci, pentru a deveni fiu de nădejde al patriei mele – Republica Socialistă România; voi fi credincios poporului şi Partidului Comunist Român; voi respecta neabătut îndatoririle pioniereşti."

Deviza: „Pentru gloria poporului şi înflorirea României socialiste, pentru cauza partidului - înainte!"

Răspunsul la deviză: „Tot înainte!"

Îndatoririle pionierului din clasele V – VIII:

- îndatorirea supremă a pionierului este aceea de a iubi cu ardoare patria socialistă, punând mai presus de orice interesele ţării; este gata oricînd să-şi aducă întreaga contribuţie la apărarea ei; cinsteşte trecutul său glorios, tradiţiile de luptă ale poporului nostru, ale clasei muncitoare;
- îşi exprimă prin fapte dragostea nemărginită şi ataşamentul profund faţă de Partidul Comunist Român;
- învaţă cu sârguinţă şi este un prieten statornic al cărţii;
- iubeşte şi respectă munca, participă activ la acţiunile de muncă patriotică, apără şi păstrează cu grijă avutul obştesc, cinsteşte pe cei care făuresc bunurile materiale şi spirituale ale ţării;
- în întreaga activitate de învăţătură, muncă şi pregătire practică productivă, pionierul dovedeşte interes şi pasiune, năzuinţa de a obţine o calitate cât mai înaltă a muncii sale, îşi cultivă aptitudinile şi talentele, manifestând totdeauna iniţiativă, spirit creator şi novator, cutezanţă;
- dovedeşte prin fapte ataşamentul faţă de organizaţie, manifestând iniţiativă şi răspundere în îndeplinirea

---

* Citat din *Statutul organizaţiei pionierilor din Republica Socialistă România*, Editura Politică, Bucuresti 1981

sarcinilor și a îndatoririlor pionierești, participă activ la viața
grupei, detașamentului și unității, răspunde fără șovăire la
chemările organizației;
* este disciplinat și ordonat, atât în școală, cât și în afara ei, se
îngrijește permanent de menținerea sănătății și călirea sa
fizică;
* este cinstit, modest și drept, spune adevărul și luptă pentru
triumful acestuia [Notă: În acord cu standardul comunist
(nu biblic) al adevărului și al corectitudinii];
* este curajos și demn, are încredere în forțele sale și ale
tovarășilor săi, este un bun coleg și prieten; luptă hotărât
împotriva lipsurilor, pentru sporirea neîntreruptă a onoarei
și a prestigiului colectivului din care face parte;
* își iubește, respectă și ajută părinții;
* își stimează învățătorii și profesorii, respectă pe cei mai în
vîrstă și are grijă de cei mici. [Totuși va informa autoritățile
despre activitățile părinților, ale profesorilor și ale tuturor
celor care încalcă regulile comuniste: activitate creștină,
discutarea politicii guvernamentale, neloialitate față de
partid sau idei contrare ideologiei de stat].

UTC*

Angajamentul: „Intrând în rîndurile Uniunii Tineretului Comunist, mă angajez să servesc cu cinste și devotament cauza Partidului Comunist Român, să duc mai departe făclia libertății, a spiritului revoluționar, să lupt cu toate forțele pentru înfăptuirea Programului partidului, de făurire a societății socialiste multilateral dezvoltate și înaintare a României spre comunism. Mă oblig să învăț necontenit, să fiu drept, cinstit, modest, curajos și combativ, să constitui un exemplu de comportare în toate împrejurările, să îndeplinesc fără șovăire sarcinile de utecist, să respect neabătut principiile și normele muncii și vieții comuniștilor, ale eticii și echității sociale.

Ca tânăr comunist, îmi voi consacra întreaga viață și putere de muncă înfloririi patriei socialiste, apărării cuceririlor revoluționare

---

* Citat din *Statutul Uniunii Tineretului Comunist din Republica Socialistă România*, Editura Politică, București, 1980

ale poporului, independenței și suveranității Republicii Socialiste România, cauzei socialismului și comunismului. Voi acționa fără preget pentru întărirea solidarității tuturor forțelor revoluționare, antiimperialiste, ale progresului și păcii, pentru dezvoltarea prieteniei și colaborării între popoare, a unității tineretului de pretutindeni în lupta pentru o lume mai bună și mai dreaptă."
Îndatoriri ale membrilor U.T.C.:
- să lupte neobosit pentru înfăptuirea politicii Partidului Comunist Român, să contribuie activ la dezvoltarea economiei [Notă: Membrilor li se cerea să dea contribuții bănești regulate (similare cu zeciuiala sau cu darul de bunăvoie, care se fac în biserici)], științei și culturii, la ridicarea bunăstării poporului, să apere și să servească cu devotament patria socialistă. Apărarea patriei, a cuceririlor revoluționare ale poporului, reprezintă cea mai înaltă îndatorire a uteciștilor;
- să se preocupe permanent de îmbogățirea cunoștințelor politice și ideologice, de lărgirea orizontului științific și cultural, să-și însușească concepția marxist – leninistă, Programul Partidului Comunist Român, linia politică a partidului; să combată cu hotărâre concepțiile și manifestările retrograde, să fie intransigenți și să lupte împotriva influențelor ideologiei și moralei burgheze;
- să respecte neabătut principiile și normele muncii și vieții comuniștilor, ale eticii și echității socialiste [Notă: Membrii erau admiși printr-o „examinare profundă care determina loialitatea"] și să militeze cu fermitate pentru statornicirea lor în rândul tuturor tinerilor; să fie exemplu în muncă și învățătură, să se preocupe de perfecționarea continuă a pregătirii profesionale, de însușirea științei și tehnicii avansate;
- să aibă o comportare demnă în societate și familie, să manifeste în toate împrejurările stimă și respect față de cei ce muncesc, față de vârstnici, colegialitate și spirit tovărășesc, combativitate față de încălcarea normelor de conviețuire socială; să apere și să întărească, prin toate mijloacele, proprietatea obștească;

- să participe activ la întreaga viață a organizațiilor U.T.C. din care fac parte, să-și îndeplinească cu conștiinciozitate sarcinile ce le revin, să respecte neabătut disciplina de organizație;
- să-și însușească principiile politicii externe a partidului și statului nostru, să militeze pentru întărirea prieteniei și solidarității tuturor forțelor revoluționare, democratice, progresiste, antiimperialiste în lupta pentru cauza socialismului, a progresului și păcii, pentru făurirea unei lumi mai bune și mai drepte.

Amintiri ale șoimilor patriei și ale pionierilor

1. Am fost învățați că Ceaușescu este tatăl nostru, tatăl tuturor. Când l-am acceptat pe el, am intrat în opoziție cu Dumnezeu ca Tată al nostru.
2. În ritualuri, jurăminte și îndoctrinări, pentru a intra în rândurile șoimilor patriei sau ale pionierilor, invitația și inițierea în următorul nivel de membru se făcea printr-o persoană din categoria mai de sus, care punea mâinile pe umerii celui care trebuia să intre în următorul nivel de participare (de loialitate față de stat)
3. România a devenit „mama" noastră, pentru că ea a dat viață comunismului.
4. Pentru cei care erau încântați că sunt pionieri, acel mediu era proiectat să devină familia noastră. Mergeam în tabere împreună, călătoream împreună. Dragostea și acceptarea noastră erau centrate pe acest grup. Acest centru de dragoste a devenit fundamentul vieților noastre, care era de natură pur umanistă.
5. Sentimentul nostru de acceptare și apartenență era orientat spre persoană, prin sistemul recompensă – pedeapsă, stabilit în organizațiile de tineret. A face pe placul oamenilor și a respecta regulile, deveniseră substitute ale lui Dumnezeu.
6. Mulți am păstrat o parte din recompensele sau din obiectele primite, de exemplu, carnetele de membru sau cravata roșie, ca amintiri ale „celor mai bune zile din viața noastră",

dar aceste suveniruri ne leagă de trecut printr-un control spiritual (Deuteronom 7: 25, 26).

Aplicație personală

Am ajuns la sfârșitul materialului instructiv specific dedicat expunerii la comunism, fie în mod personal, fie generațional. Capitolul următor este dedicat slujirii prin rugăciune, pentru a fi eliberați de efectele spirituale ale comunismului.

Înainte de a trece însă la Capitolul al X-lea, să clarificăm mai întâi ideile principale prezentate în acest capitol. Acestea sunt recapitulate în secțiunea *Concepte cheie*, de la sfârșitul capitolului.

Pentru a beneficia pe deplin de studiul acestui capitol, răspunde în *Jurnalul de rugăciune* la *Întrebări personale cheie*, de pe ultima pagină a capitolului. Aceste întrebări au rolul de a te pregăti pentru slujirea din Capitolul al X-lea. Din nou, fă-ți timp și cere-I Domnului să te ajute, scriind și dând răspunsul la fiecare întrebare în parte.

Concepte cheie din Capitolul al IX-lea

Idolatria legată de comunism are forma şi funcţia unei religii false, inclusiv:
* Doctrine, zei, preoţi, temple, imnuri şi cântece de închinare, crez, jertfe, jurăminte şi ritualuri.
* Mintea, voinţa şi emoţiile au fost supuse controlului spiritual al sistemului.
* Participarea (voit sau involuntar) la o religie falsă, cuprinde idolatrie sistematică, ceea ce aduce blesteme asupra indivizilor şi asupra grupurilor de oameni care practică aceste lucruri (Vezi Capitolul al II-lea, *Legile spirituale care guvernează lumea* şi *Idolatria*, Anexa a IV-a). Legea spirituală cu privire la idolatrie este cuprinsă în primele două dintre cele Zece Porunci.
* Jurămintele, ritualurile şi îndoctrinările la care tu sau familia ta aţi participat au putere spirituală până când mărturiseşti, renunţi la ele şi te pocăieşti de aceste practici păcătoase.
* Jurămintele şoimilor patriei, ale pionierilor şi ale uteciştilor te leagă de păcatele partidului (crimă, teroare, antisemitism, darwinism, idolatrie, minciuni, înşelătorie, ateism etc.).
* Păcatele la care au participat strămoşii tăi sub comunism te influenţează şi ele în mod spiritual.

Întrebări cheie din Capitolul al IX-lea

1. Cărei organizaţii ai aparţinut? – Şoimii patriei, Pionieri, UTC, PCR, Frontul Unităţii Socialiste.
2. Cărei organizaţii comuniste au aparţinut strămoşii tăi?
3. Ce certificate, carnete de membru şi alte materiale comuniste ai în posesie (şoimii patriei, pionieri, carnete de membri, eşarfa roşie a pionierilor, uniforme, carnete partid şi materiale de propagandă)? Arde-le.
4. Aţi participat tu sau vreunul dintre membrii familiei tale (obligaţi sau în alt fel) la: discursuri antisemite, mitinguri sau programe de propagandă? Ai făcut glume, ţi-ai bătut joc sau ai persecutat evreii? Ai luat parte în vreun fel (tu sau familia ta) la persecuţia, la pierderea proprietăţii sau la moartea evreilor?
5. Ţi-ai spionat vreodată familia ori vecinii sau i-ai dispreţuit pentru atitudini împotriva statului?
6. Care dintre strămoşii tăi s-a dedicat statului ca membru de partid sau a spionat pentru oficiali din partid, securişti, gardieni din închisori, poliţie etc.? Fă o listă cu cei pe care trebuie să îi ierţi pentru asta.
7. Aţi avut „eroi ai clasei"? Numeşte-i, pentru a putea renunţa la ei, în Capitolul al X-lea.

ELIBERAREA DE COMUNISM

CAPITOLUL X

PROCEDURA DE SLUJIRE

OPRESIUNEA SPIRITUALĂ REZIDUALĂ

1.0 Introducere

În acest capitol vom începe să dezlegăm legăturile comunismului, pe care le-am examinat în capitolele al VIII-lea şi al IX-lea. Capitolele precedente ne-au ajutat să descoperim idolatria, practicile şi ideologiile păcătoase implicate în comunism. Dacă noi sau familiile noastre am participat la aceste practici şi ideologii păcătoase, înseamnă că aceste păcate sunt şi păcatele noastre, ele continuând să ne afecteze. După cum am descoperit în Capitolul al VII-lea, *Libertatea obţinută prin rugăciune*, acest proces implică reconcilierea cu Dumnezeu prin mărturisire, pocăinţă şi primirea iertării. Dacă vrem să fim eliberaţi de consecinţele acţiunilor noastre din trecut, trebuie să înţelegem că acestea ne-au antrenat într-un conflict cu Dumnezeu, opunându-se căilor Sale şi separându-ne de El. Să vedem acum felul în care putem îndrepta lucrurile, pentru a ne bucura de binecuvântările lui Dumnezeu.

În continuare, vei învăţa cum poţi elibera alţi creştini de opresiunea demonică a comunismului marxist – leninist, practicat în URSS, în naţiunile satelit şi în republicile asociate. Apoi, vei fi tu însuţi condus într-o serie de rugăciuni care te vor ajuta să primeşti eliberarea. Deşi unele dintre aceste practici, juraminte, rituaruri şi adeziuni variază de la o ţară la alta, legăturile induse de ele sunt similare. Ca şi în cazul tuturor slujirilor de rugăciune, este important să ÎL inviţi pe Duhul Sfânt în acest proces. Ascultă de Duhul Sfânt şi lasă-L să te călăuzească în tot adevărul şi în toată libertatea.

Înainte de a începe procesul de slujire prin rugăciune, să examinăm o listă de întărituri demonice întâlnite în decursul anilor. Acestea sunt prezente ca rezultat al implicării personale sau generaționale în comunism:

- Dominare și control (vrăjitorie)
- Înșelătorie/ minciuni
- Frică
- Trădare/ neîncredere
- Idolatrie
- Crimă
- Antisemitism
- Răzvrătire

- Divizare
- Anticrist
- Bătaie de joc
- Suspiciune
- Moarte emoțională
- Moartea inițiativei (voința)
- Moartea gândirii (mintea)
- Moartea fizică și infirmitatea

2.0 Sumar al procedurii de slujire

Vom revedea acum forma de slujire prin rugăciune, pe care o vom folosi pentru a înlătura legăturile reziduale ale comunismului. Observați că noi recomandăm să aveți un partener de rugăciune, care să vă asiste în slujire. Mai întâi te vei ruga tu. Apoi, va răspunde partenerul de rugăciune, care te va ajuta să fii eliberat, vindecat și curățat.

Slujirea personală prin rugăciune*

- Mărturisirea păcatelor personale, ale familiei și ale națiunii, declarații verbale: ne asumăm ceea ce am făcut și implicarea noastră cu inimile, cu gurile și cu trupurile noastre.
- Ne punem de acord cu ceea ce spune Cuvântul lui Dumnezeu referitor la faptele pe care le-am săvârșit noi, familiile și națiunea noastră și prin care am devenit (de ex., criminal, mincinos, hoț, adulterin, persecutor al evreilor, idolatru etc.).
- Pocăința, prin luarea deciziei și prin declarația verbală de a ne lepăda de domeniile păcătoase mărturisite. Ne pocăim

---

* *Slujirea personală prin rugăciune* din acest capitol nu trebuie aplicată înainte de a fi studiat elementele de slujire din Capitolul al VII-lea. Această slujire servește doar creștinilor și trebuie să existe o predare anterioară a întregii tale vieți lui Isus, inclusiv dedicare specifică, a domeniilor minții, voinței, emoțiilor, trupului, sexualității etc.

VĂDUVE, ORFANI ŞI PRIZONIERI

înaintea lui Dumnezeu pentru comportamentul nostru şi pentru cel al familiilor şi al naţiunii noastre.
* Iertarea – eliberarea de vină, de condamnare, de judecată etc.
* Iertarea celor care ne-au condus spre aceste păcate.
* Iertarea membrilor familiei, care au deschis aceste uşi spirituale în vieţile noastre.
* Iertarea de sine, pentru că am făcut aceste greşeli.
* Iertarea pe care o cerem din partea lui Dumnezeu pentru greşelile personale pe care le-am mărturisit.

Declaraţie personală:

CEAUŞESCU ESTE MORT. ISUS ESTE VIU! ISUS ESTE VIU ÎN VECI!

(Înainte de a trece mai departe, rosteşte cu voce tare această declaraţie).

Rolul partenerului de rugăciune în procesul de slujire
* Rosteşte iertare, în Numele lui Isus, pentru păcatele mărturisite, de care ne-am pocăit.
* Porunceşte diverselor duhuri să plece de la tine.
* Îl roagă pe Domnul să te umple cu Duhul Lui cel Sfânt şi să pecetluiască lucrarea, închizând uşile care fuseseră deschise prin păcat.
* Conduce rugăciunea de mulţumire, de laudă şi de închinare înaintea lui Isus, care a venit să-i elibereze pe cei captivi!

3.0 Slujire prin rugăciune pentru efectele reziduale ale comunismului

3.1.0 Rugăciune pentru curăţirea câmpului de luptă şi pregătirea pentru război

În Capitolul al IX-lea am descoperit că sufletul (mintea, voinţa şi emoţiile) nostru, voit sau involuntar, a fost dedicat scopurilor statului. Această zonă a fiinţei noastre este câmpul de luptă pe care trebuie să îl recuperăm de sub stăpânirea duhurilor comunismului. Ne-am supus statului în probleme care sunt, de fapt, spirituale, după cum am văzut în capitolul precedent, ceea ce conduce la un anumit grad de sclavie. Dar un sclav al păcatului, indiferent cât de slabă ar fi legătura, va întâmpina probleme în a intra în destinul lui Dumnezeu pentru viața sa. Următoarele puncte ne arată cum am devenit sclavi în sufletele noastre:

1. Fără a ne deprinde mintea pentru a ști cum să reacționăm la „adevărurile" statului, nu putem avea succes în calitate de copii ai lui Dumnezeu. Am repetat în mod automat doctrina și propaganda cu care am fost hrăniți. Am fost învățați ce fel de gânduri erau acceptabile și cum trebuia să gândească un copil al statului. Mințile noastre trebuie să fie eliberate de sub puterea statului.
2. Dacă nu ne-am supus voința statului, am avut de înfruntat pierderea privilegiilor, pedeapsa, iar familia noastră se afla în pericol. Voința noastră trebuie separată de cea a statului.
3. Nu am îndrăznit să ne exprimăm emoțiile negative (de ex., neplăcerea) împotriva circumstanțelor adverse legate de sistemul de guvernare sau de minciunile din propagandă. Am învățat să permitem statului să fie proprietar al emoțiilor noastre. Am aclamat și am demonstrat pozitiv în toate ocaziile. Dacă am fi făcut altfel, ar fi urmat represaliile împotriva noastră, a școlii sau a detașamentului nostru de pionieri și, în final, împotriva familiei noastre. Emoțiile noastre trebuie să fie eliberate de sub puterea statului.

Să începem acum procesul de curățire a sufletului.

Rugăciunea ta pentru îndepărtarea controlului asupra minții:

Dragă Tată din Ceruri, vin la Tine în Numele lui Isus și te rog să ridici blestemele care au venit asupra mea, pentru că mi-am supus mintea minciunilor, propagandei și procesului comunist de gândire. Renunț acum la această practică și mărturisesc că a fost un păcat să-mi antrenez mintea, supunându-mă controlului statului, în loc să mă folosesc de puterea de înțelegere pe care Tu ai sădit-o în mine, încă din

VĂDUVE, ORFANI ȘI PRIZONIERI

momentul concepției. Aleg, acum, să îmi folosesc mintea conform voii Tale. Te rog, iartă-mă! Mă pocăiesc de această practică păcătoasă a familiei mamei mele și a familiei tatălui meu. Îi iert pe membrii familiei mele care au deschis în viața mea ușile spirituale ale controlului minții. Cer sângele lui Isus între mine și efectele generaționale ale controlului minții.

Partenerul de rugăciune rostește:

În Numele lui Isus, rostesc iertare pentru păcatul de a-ți fi supus mintea și gândurile sistemului comunist idolatru, înșelător și controlator. Mă unesc cu tine (numele tău), pentru a cere sângele lui Isus între tine și aceste practici păcătoase din familia mamei tale și din familia tatălui tău. În Numele lui Isus, leg duhurile generaționale de control al minții, care au venit pe linie generațională asupra lui (numele tău). Leg și toate duhurile de control al minții care au venit în urma practicii lui (numele tău), prin care și-a subordonat mintea scopurilor statului.

Acum, în Numele lui Isus, poruncesc duhurilor generaționale de vrăjitorie, de control al minții și de confuzie, să iasă din mintea (numele tău). [Așteaptă un moment, ca Dumnezeu să-Și facă lucrarea. Verifică împreună cu Duhul Sfânt, asigurându-te că toată eliberarea necesară a avut loc].

Acum, în Numele lui Isus, poruncesc duhurilor de vrăjitorie, de control al minții față de care el/ea s-a supus și toată confuzia, să iasă din mintea (numele tău). [Așteaptă un moment ca Dumnezeu să-Și facă lucrarea. Verifică împreună cu Duhul Sfânt, asigurându-te că toată eliberarea necesară a avut loc].

Rugăciunea ta pentru eliberarea voinței:

Dragă Tată din Ceruri, vin la Tine în Numele lui Isus și te rog să ridici de peste mine toate blestemele datorate supunerii voinței și alegerilor mele în fața amenințărilor, a intimidării și a controlului statului comunist. Renunț la această practică și mărturisesc că a fost un păcat să-mi subordonez voința controlului statului, în loc să o supun conștiinței pe care Tu ai pus-o în mine, încă de la concepție. Aleg acum să îmi folosesc voința așa cum ai intenționat Tu și îmi supun alegerile viitoare, voii Tale. Te rog, iartă-mă! Mă pocăiesc de aceste practici păcătoase ale familiei mamei mele și ale familiei tatălui meu. Îi iert pe membrii familiei mele, care au deschis aceste uși spirituale de dominare și de control în viața mea. Cer sângele lui Isus între mine și efectele generaționale de dominare și de control asupra voinței mele.

Partenerul de rugăciune rostește:

În Numele lui Isus, rostesc iertare pentru păcatul de a-ți supune mintea și gândurile sistemului comunist idolatru, înșelător și controlator. Mă unesc cu tine (<u>numele tău</u>), pentru a cere sângele lui Isus între tine și aceste practici păcătoase din familia mamei tale și din familia tatălui tău. În Numele lui Isus, leg duhurile generaționale de vrăjitorie, de dominare și de control, care au venit pe linie generațională asupra lui (<u>numele tău</u>). Leg și toate duhurile de vrăjitorie, de dominare și de control, care au venit în urma practicii lui (<u>numele tău</u>), prin care și-a subordonat alegerile și deciziile voinței statului.

Acum, în Numele lui Isus, poruncesc duhurilor generaționale de vrăjitorie, de dominare și de control, nehotărârii și fricii de a lua decizii, să iasă din voința (<u>numele tău</u>). [Așteaptă un moment, ca Dumnezeu să-Și facă lucrarea. Verifică împreună cu Duhul Sfânt, asigurându-te că toată eliberarea necesară a avut loc].

Rugăciunea ta pentru eliberarea emoțiilor:

Dragă Tată din ceruri, vin la Tine în Numele lui Isus și te rog să îndepărtezi blestemele care au venit peste mine pentru că mi-am înăbușit emoțiile pe care Tu mi le-ai dat. Mărturisesc că am înlocuit adevăratele mele sentimente, cu răspunsuri emoționale învățate și false. Mi-am subordonat expresia emoțiilor mele voinței, amenințărilor, intimidării

VĂDUVE, ORFANI ȘI PRIZONIERI

și controlului statului comunist. Renunț acum la această practică și mărturisesc că a fost un păcat să-mi exprim emoții false, sub presiunea controlului statului.

Aleg, acum, să îmi exprim adevăratele mele sentimente, conform voii Tale, să dezvolt și să întăresc relații corecte. Îmi supun expresiile emoționale viitoare, voii și căilor Tale. Te rog, iartă-mă! Mă pocăiesc de aceste practici păcătoase ale familiei mamei mele și ale familiei tatălui meu. Îi iert pe membrii familiei mele, care au deschis ușile spirituale ale controlului emoțional în viața mea. Cer sângele lui Isus între mine și efectele generaționale ale înăbușirii emoțiilor și ale exprimării de emoții false.

Partenerul de rugăciune rostește:

În Numele lui Isus, rostesc iertare pentru păcatul de a-ți supune emoțiile și exprimarea lor sistemului comunist idolatru, înșelător și controlator. Mă unesc cu tine (numele tău), pentru a cere sângele lui Isus între tine și aceste practici păcătoase din familia mamei tale și familia tatălui tău. În Numele lui Isus, leg duhurile generaționale de vrăjitorie, de dominare și de control, care au venit pe linie generațională asupra lui (numele tău). Leg și toate duhurile de vrăjitorie, de dominare și de control, care au venit în urma practicii lui (numele tău), de a-și înăbuși emoțiile și de a-și exprima emoții false, după cum o cerea statul.

Acum, în Numele lui Isus, poruncesc duhurilor generaționale de vrăjitorie, de dominare și de control, confuzia emoțională, să iasă din emoțiile (numele tău). [Așteaptă un moment, ca Dumnezeu să-și facă lucrarea. Verifică împreună cu Duhul Sfânt, asigurându-te că toată eliberarea necesară a avut loc.]

Îl rog pe Duhul Sfânt să curețe, să umple și să pecetluiască pe (numele tău), de efectul păcatului de a-și supune mintea, voința și emoțiile statului și de efectul duhurilor care au fost implicate.

3.2.0 Rugăciune pentru idolatria comunismului

Rugăciunea ta:

Dragă Tată din Ceruri, vin la tine în Numele lui Isus și te rog să îndepărtezi blestemele care au venit peste mine și peste familia mea, datorită participării la sistemul comunist. Aleg acum, printr-un act al voinței mele, să renunț la comunism, ca la un sistem idolatru care are forma unei religii false. Mărturisesc că implicarea mea este un păcat și mă dezic de practicile sale. Mă pocăiesc de participarea mea și de cea a familiei mamei mele și a familiei tatălui meu. Îi iert pe membrii familiei mele, care au deschis ușile spirituale ale idolatriei în viața mea. Cer sângele lui Isus între mine și păcatele de idolatrie care m-au afectat pe linia familiei mele. Tată din Ceruri, cer sângele lui Isus peste păcatul meu de idolatrie și Te rog să mă ierți.

Partenerul de rugăciune rostește:

În Numele lui Isus, rostesc iertare de păcatele de idolatrie legate de sistemul comunist. Mă unesc cu tine (numele tău), pentru a cere sângele lui Isus între tine și idolatria comunistă din familia mamei tale și din familia tatălui tău. În Numele lui Isus, leg duhurile generaționale de idolatrie, care au venit pe linia generațională a lui (<u>numele tău</u>). Leg și toate duhurile de idolatrie care au venit datorită practicării comunismului, de către (<u>numele tău</u>).

Rugăciunea ta:

În Numele lui Isus, renunț acum la toți zeii comunismului, inclusiv la stat, la „Mama România", la eroii poporului, la știința și tehnologia, la supremația militară, la eroii de clasă, la Ceaușescu, la Lenin, la Stalin, la cincinal etc. Tată din ceruri, Te rog să mă ierți pentru că am lăsat ca acești idoli să-Ți ia locul în viața mea. Cer sângele lui Isus între mine și acești idoli, poruncesc oricărui duh din spatele lor să plece de la mine, în Numele lui Isus.

VĂDUVE, ORFANI ȘI PRIZONIERI

Partenerul de rugăciune rostește:

În Numele lui Isus, rostesc iertare peste tine, pentru păcatul idolatriei, pentru că ai pus acești idoli comuniști mai presus de Dumnezeu. În Numele lui Isus, leg duhurile din spatele acestor dumnezei falși și le poruncesc să plece de la (numele tău). [Așteaptă un moment, ca Dumnezeu să-Și facă lucrarea. Verifică împreună cu Duhul Sfânt, asigurându-te că toată eliberarea necesară a avut loc.]

[Poate Duhul Sfânt te va face să te rogi împotriva unor duhuri, în mod specific, de exemplu: în Numele lui Isus, poruncesc duhului lui Ceaușescu să plece de la (numele tău). [Din nou, așteaptă un moment, ca Dumnezeu să-Și facă lucrarea. Verifică împreună cu Duhul Sfânt, asigurându-te că toată eliberarea necesară a avut loc].

Cer Duhului Sfânt să vină, să curețe, să umple și să pecetluiască pe (numele tău), de efectul acestor păcate și de duhurile din spatele lor.

3.3.0 Rugăciune pentru doctrinele comunismului*

Rugăciunea ta:

În Numele lui Isus, renunț și mă pocăiesc de doctrinele false și păcătoase ale comunismului. Renunț la doctrina ateismului, a evoluționismului (darwinism), la supremația statului, la utopie, la cincinal, la războiul fals între clasele sociale: proletariat și burghezie, la tatăl nostru, Ceaușescu, la mama noastră, România, la antisemitism etc. Cer sângele lui Isus între mine și păcatul meu de a fi fost de acord cu aceste doctrine. Te rog, iartă-mă, Tată, și eliberează-mă de aceste lucruri.

Partenerul de rugăciune rostește:

În Numele lui Isus, rostesc iertare peste tine pentru păcatul de a fi de acord cu aceste doctrine false și păcătoase. Prin puterea sângelui lui Isus, poruncesc oricărui duh din

---

*Vezi Anexa a III-a, *Jurăminte, ritualuri și adeziuni*.

spatele acestor doctrine, să plece de la (numele tău)! Duh de ateism, pleacă acum, în Numele lui Isus! [Așteaptă un moment, ca Dumnezeu să-Și facă lucrarea. Verifică împreună cu Duhul Sfânt, asigurându-te că toată eliberarea necesară a avut loc].

Duh de darwinism, pleacă, în Numele lui Isus! [Așteaptă un moment, ca Dumnezeu să-Și facă lucrarea. Verifică împreună cu Duhul Sfânt, asigurându-te că toată eliberarea necesară a avut loc]. Duh de antisemitism, pleacă, în Numele lui Isus! [Așteaptă un moment, ca Dumnezeu să-Și facă lucrarea. Verifică împreună cu Duhul Sfânt, asigurându-te că toată eliberarea necesară a avut loc].

[Notă: Numește fiecare dintre duhurile pe care Duhul Sfânt le scoate în evidență. Unele vor pleca la o poruncă generală, dar, în cazul altora, va fi necesară o poruncă specifică].

Cer Duhului Sfânt să vină, să curețe, să umple și să pecetluiască pe (numele tău), de efectul acestor păcate și de duhurile din spatele lor.

3.4.0 Rugăciune pentru cântecele, crezurile și devizele comunismului

Rugăciunea ta:

Dragă Tată din ceruri, vin înaintea Ta acum, în Numele lui Isus, și renunț la cântecele comuniste de propagandă pe care le-am cântat și la crezurile și devizele pe care le-am rostit în public sau în șoaptă. Declar că Ceaușescu nu se află în fiecare zi fericită și în fiecare anotimp. Te rog, iartă-mă, Doamne, pentru blasfemia acestor lucruri și pentru minciunile pe care le-am rostit și le-am susținut.

Partenerul de rugăciune rostește:

În Numele lui Isus, te iert pentru convingerea ta falsă și pentru cântecele comuniste de propagandă pe care le-ai cântat, pentru crezurile care au făcut parte din trecutul vieții tale, după cum ai mărturisit și te-ai pocăit. Poruncesc blasfemiei, minciunilor, înşelătoriei, bătăii de joc, idolatriei şi oricărui duh rău care a locuit în viaţa ta, datorită acestor crezuri şi cântece să plece acum, în Numele lui Isus! [Aşteaptă un moment, ca Dumnezeu să-Şi facă lucrarea. Verifică împreună cu Duhul Sfânt, asigurându-te că toată eliberarea necesară a avut loc. Dacă este necesar, continuă să porunceşti duhurilor să plece, rostind numele oricărui duh pe care Ţi-l descoperă Duhul Sfânt].

Cer Duhului Sfânt să vină, să cureţe, să umple şi să pecetluiască pe (<u>numele tău</u>) de efectul acestor păcate şi de duhurile din spatele lor.

3.5.0 Rugăciune pentru implicarea în grupurile de tineri

Şoimii patriei

Există mai multe probleme ascunse, care continuă să-i afecteze pe adulţii care au fost membri ai Şoimilor patriei:

1. Declaraţiile care par altruiste, nu erau legate de standardele lui Dumnezeu, ci de cele ale guvernării comuniste (de ex., un copil credincios ţării trebuie să fie ateu, să accepte antisemitismul, crima şi teroarea etc.). Vezi Capitolul al IX-lea, *Notiţe de final*.
2. Adevărul şi dreptatea în care a fost implicat şoimul patriei au fost cele ale statului comunist.
3. Prin declaraţia de a trăi pentru a fi vrednic de cravata de pionier, copilul intra într-un lanţ spiritual şi legalist de angajamente, care îl conducea la grupul următor de tineret. Aceasta are ca rezultat aderarea verbală şi scrisă la partidul comunist şi la toate crimele acestuia (vezi Capitolul al IX-lea).
4. Ultima problemă majoră era aceea că a fi şoimul patriei însemna primul pas care presupunea îndepărtarea inimii copilului faţă de familia lui. Ne-am rugat deja în acest sens, în Capitolul al VII-lea.

Singura cale de eliberare din aceste probleme spirituale este prin Isus Cristos şi printr-o slujire de rugăciune.

Rugăciunea ta:

Dragă Tată din ceruri, vin la Tine, în Numele lui Isus, şi Îţi cer să mă eliberezi de implicarea mea în grupul Şoimii patriei. Mărturisesc că am rostit legăminte care implică idolatrie, înşelăciune, ucidere şi alte crime ale statului. Renunţ, acum, la aceste legăminte şi Te rog să mă ierţi pentru aceste păcate. Îi iert pe toţi adulţii care m-au înşelat şi care m-au condus să rostesc aceste legăminte. Te rog să mă eliberezi de orice legătură sufletească păcătoasă, care s-a stabilit datorită îndoctrinării mele şi strădaniei mele de a fi acceptat.

Partenerul de rugăciune rosteşte:

În Numele lui Isus, te iert pentru angajamentele pe care ţi le-ai luat ca şoim al patriei, pentru convingerea ta şi pentru susţinerea doctrinei comuniste, pe care le-ai mărturisit şi de care te-ai pocăit. Te eliberez de jurăminte şi de ritualurile de îndoctrinare la care ai participat. În Numele lui Isus, Doamne, te rog ca orice element spiritual păcătos, să fie redat celor care au pus mâinile peste (<u>numele tău</u>) în cadrul ceremoniei de îndoctrinare şi să redai lui (<u>numele tău</u>), tot ceea ce a fost investit greşit în cei care au avut autoritate şi control asupra sa, prin acest ritual.

Poruncesc oricărui duh rău care a locuit în viaţa ta prin aderarea la Şoimii patriei, să plece acum, în Numele lui Isus! [Aşteaptă un moment, ca Dumnezeu să-Şi facă lucrarea. Verifică împreună cu Duhul Sfânt, asigurându-te că toată eliberarea necesară a avut loc. Dacă este necesar, continuă să porunceşti duhurilor să plece, rostind numele oricărui duh pe care Ţi-l descoperă Duhul Sfânt.]

Cer Duhului Sfânt să vină, să cureţe, să umple şi să pecetluiască pe (<u>numele tău</u>) de efectul oricărei activităţi păcătoase, legate de apartenenţa la Şoimii patriei şi de efectul duhurilor din spatele acestora.

Pionierii

Ca şi în cazul Şoimilor patriei, există rădăcini spirituale ascunse, care continuă să cauzeze probleme adulților care au fost membri ai Organizației Pionierilor.

1. Declarațiile care par altruiste, nu erau legate de standardele lui Dumnezeu, ci de cele ale guvernării comuniste (de ex., loialitatea pionierului față de patrie era, de fapt, față de un guvern ateu, care accepta antisemitismul, crima și teroarea etc.). Vezi Capitolul al IX-lea, *Notițe de final*.
2. Adevărul și dreptatea în care erau implicați pionierii, erau cele ale statului comunist.
3. Prin declarația de a trăi pentru a fi vrednic de a intra în UTC (Uniunea Tinerilor Comuniști), tinerii intrau într-un lanț spiritual și legalist de angajamente, care îi conduceau la grupul următor de tineret. Aceasta are ca rezultat aderarea verbală și scrisă la partidul comunist și la toate crimele acestuia (vezi Capitolul al IX-lea).
4. Ultima problemă majoră era aceea că, a fi pionier, însemna un pas important, care presupunea îndepărtarea inimii copilului față de familia lui. Ne-am rugat deja în acest sens, în Capitolul al VII-lea.

Singura cale de eliberare din aceste probleme spirituale este prin Isus Cristos și printr-o slujire de rugăciune.

Rugăciunea ta:

Dragă Tată din Ceruri, vin la Tine, în Numele lui Isus, și Îți cer să mă eliberezi de implicarea mea în grupul de pionieri. Mărturisesc că am rostit legăminte care implică idolatrie, înșelăciune, ucidere și alte crime ale statului. Renunț, acum, la aceste legăminte și Te rog să mă ierți de aceste păcate. Îi iert pe toți adulții care m-au înșelat și care m-au condus să rostesc aceste legăminte. Te rog să mă eliberezi de orice legătură sufletească păcătoasă care s-a stabilit datorită îndoctrinării mele și strădaniei mele de a fi acceptat.

Partenerul de rugăciune rostește:

În Numele lui Isus, te iert pentru angajamentele pe care ți le-ai luat ca pionier și pentru convingerea ta și pentru susținerea doctrinei comuniste, pe care le-ai mărturisit și de care te-ai pocăit. Te eliberez de jurăminte și de ritualurile de îndoctrinare la care ai participat. În Numele lui Isus, te dezleg de cravata roșie și de toate legăturile care te-au ținut captiv. În Numele lui Isus, Doamne, Te rog ca orice element spiritual păcătos, să fie redat celor care au pus mâinile peste (numele tău), în cadrul ceremoniei de îndoctrinare, și să redai lui (numele tău), tot ceea ce a fost investit greșit în cei care au avut autoritate și control asupra sa, prin acest ritual.

Poruncesc oricărui duh rău care a locuit în viața ta prin aderarea la grupul de pionieri să plece acum, în Numele lui Isus! [Așteaptă un moment, ca Dumnezeu să-Și facă lucrarea. Verifică împreună cu Duhul Sfânt, asigurându-te că toată eliberarea necesară a avut loc. Dacă este necesar, continuă să poruncești duhurilor să plece, rostind numele oricărui duh pe care Ți-l descoperă Duhul Sfânt].

Cer Duhului Sfânt să vină, să cureţe, să umple și să pecetluiască pe (numele tău), de efectul oricărei activități păcătoase legată de apartenența la grupul de pionieri și de efectul duhurilor din spatele acestora.

UTC (Uniunea Tinerilor Comuniști)

Ca și în cazul șoimilor patriei și al pionierilor, există rădăcini spirituale ascunse, continuând să cauzeze probleme adulților care au fost membri UTC.
1. Scopul de bază al UTC era să își indoctrineze membrii cu politica marxist – leninistă de partid și să îi determine să creadă minciunile imaginarei „lupte de clasă", între burghezie și proletariat.
2. Tinerii trebuiau să fie eliberați de barierele spirituale ale unei ideologii religioase (să fie impregnați cu un spirit anticrist).
3. Când existau scopuri care păreau altruiste, ele nu erau legate de standardele lui Dumnezeu, ci de cele ale guvernării comuniste (de ex., loialitatea față de un regim comunist care era ateist, susținea antisemitismul, crima și teoarea etc.) Vezi finalul Capitolului al IX-lea, *Notițe finale. Concepte cheie.*

VĂDUVE, ORFANI ȘI PRIZONIERI

4. Loialitatea față de UTC confirmă intrarea într-un lanț spiritual și legalist de angajamente, care îi conduceau la grupul următor de tineret, ceea ce însemna aderarea verbală și scrisă la partidul comunist și la toate crimele acestuia (vezi Capitolul al IX-lea).
5. Ultima problemă majoră era faptul că, deși UTC „încuraja" respectul față de părinți, a continuat, de fapt, să susțină îndepărtarea inimii copilului față de familia lui. Ne-am rugat deja în acest sens în Capitolul al VII-lea.

Singura cale de eliberare din îndoctrinarea UTC, este prin Isus Cristos și printr-o slujire de rugăciune.

Rugăciunea ta:

Dragă Tată din ceruri, vin la Tine, în Numele lui Isus, și Îți cer să mă eliberezi de implicarea mea în UTC.

Mărturisesc că am rostit legăminte care implică idolatrie, înșelăciune, ucidere și alte crime ale partidului comunist și ale statului. Renunț, acum, la aceste legăminte și Te rog să mă ierți de aceste păcate. Te rog să mă ierți pentru că am dat „zeciuieli și daruri" care se leagă de idolatrie, crimă, persecuție, antisemitism și de toate crimele partidului și ale statului. Îi iert pe toți adulții care m-au înșelat și care m-au condus să rostesc aceste legăminte. Te rog să mă eliberezi de orice legătură sufletească păcătoasă, care s-a stabilit datorită îndoctrinării mele și strădaniei mele de a fi acceptat.

Partenerul de rugăciune rostește:

În Numele lui Isus, te iert pentru angajamentele pe care ți le-ai luat ca utecist și pentru convingerea ta și pentru susținerea doctrinei comuniste, pe care le-ai mărturisit și de care te-ai pocăit. Te eliberez de jurăminte și de ritualurile de îndoctrinare la care ai participat. În Numele lui Isus, rostesc iertare peste tine, pentru că ai contribuit financiar prin donații (zeciuieli și daruri) la acest sistem ateist și rostesc eliberare de legăturile care te-au ținut captiv. În Numele lui Isus, Doamne, te rog ca orice element spiritual păcătos, să fie redat celor care au pus mâinile peste (numele tău), în cadrul ceremoniei de îndoctrinare şi să redai lui (numele tău), tot ceea ce a fost investit greşit în cei care au avut autoritate şi control asupra sa, prin acest ritual.

Poruncesc oricărui duh rău care a locuit în viaţa ta prin aderarea la UTC, să plece acum, în Numele lui Isus! [Aşteaptă un moment, ca Dumnezeu să-Şi facă lucrarea. Verifică împreună cu Duhul Sfânt, asigurându-te că toată eliberarea necesară a avut loc. Dacă este necesar, continuă să porunceşti duhurilor să plece, rostind numele oricărui duh pe care Ţi-l descoperă Duhul Sfânt].

Cer Duhului Sfânt să vină, să cureţe, să umple şi să pecetluiască pe (numele tău), de efectul oricărei activităţi păcătoase legate de apartenenţa la UTC şi de efectul duhurilor din spatele acestora.

3.6.0 Rugăciune pentru membri de partid

Ca şi în cazul grupurilor de tineri, există o serie de rădăcini spirituale, continuând să cauzeze probleme celor care au fost membri ai Partidului Comunist.

1. Scopul de bază al partidului era să controleze naţiunile implicate şi să aducă o schimbare bruscă de la iniţiativa liberă şi capitalism, la o societate comunistă, prin intermediul socialismului, în care să nu existe clase sociale, proprietate privată a factorilor de producţie etc. Pentru a menţine acest ideal al clasei muncitoare, a fost folosită o stare de violenţă poliţienească, totalitară, cu o ideologie antisemită.

2. Când existau scopuri care păreau altruiste, ele nu erau legate de standardele lui Dumnezeu, ci de cele ale guvernării comuniste (de ex., loialitatea faţă de un regim comunist care era ateist, susţinea antisemitismul, crima şi teroarea etc.). Vezi Capitolul al IX-lea, *Notiţe finale. Concepte cheie*.

3. Loialitatea şi calitatea de membru de partid confirmă o răspundere spirituală şi legalistă comună pentru violenţele partidului, uciderile, furturile, crimele, înşelătoriile şi

propagarea activităților împotriva lui Cristos și antisemite (vezi Capitolul al IX-lea).

Singura cale de eliberare din îndoctrinarea Partidului Comunist, este prin Isus Cristos și printr-o slujire de rugăciune.

Rugăciunea ta:

Dragă Tată din ceruri, vin la Tine, în Numele lui Isus, și Îți cer să mă eliberezi de implicarea mea în Partidul Comunist.

Mărturisesc că, prin aderarea la această organizație, mi-am luat angajamentul față de idolatrie, înșelăciune, ucidere și alte crime ale partidului comunist și ale statului. Renunț acum la aceste legăminte și Te rog să mă ierți de aceste păcate. Te rog să mă ierți pentru că mi-am dat timpul, energia și de orice fonduri cu care am contribuit, legate de idolatrie, crimă, persecuție, antisemitism și de toate crimele partidului și ale statului. Îi iert pe toți cei care m-au înșelat și m-au condus să devin membru de partid și să rostesc aceste legăminte. Te rog să mă eliberezi de orice legătură sufletească păcătoasă, care s-a stabilit datorită îndoctrinării mele și strădaniei mele de a fi acceptat și favorizat.

Partenerul de rugăciune rostește:

În Numele lui Isus, te iert pentru angajamentele pe care ți le-ai luat ca membru de partid și pentru convingerea ta și pentru susținerea doctrinei comuniste, pe care le-ai mărturisit și de care te-ai pocăit. Te eliberez de jurămintele și de ritualurile de îndoctrinare la care ai participat, pentru a te alătura partidului. În Numele lui Isus, rostesc iertare peste tine, pentru că ai contribuit la acest sistem ateist și rostesc eliberare de legăturile care te-au ținut captiv. În Numele lui Isus, Doamne, te rog ca orice element spiritual păcătos, să fie redat celor care au pus mâinile peste (<u>numele tău</u>), în cadrul ceremoniei de îndoctrinare și să redai lui (<u>numele tău</u>) tot ceea ce a fost investit greșit în cei care au avut autoritate și control asupra sa, prin acest ritual.

Poruncesc oricărui duh rău care a locuit în viața ta prin aderarea la Partidul Comunist să plece acum, în Numele lui Isus! [Așteaptă un moment, ca Dumnezeu să-Și facă lucrarea. Verifică împreună cu Duhul Sfânt, asigurându-te că toată eliberarea necesară a avut loc. Dacă este necesar, continuă să poruncești duhurilor să plece, rostind numele oricărui duh pe care Ți-l descoperă Duhul Sfânt].

Cer Duhului Sfânt să vină, să curețe, să umple și să pecetluiască pe (numele tău), de efectul oricărei activități păcătoase legată de apartenența la Partidul Comunist și de efectul duhurilor din spatele acestora.

La final, te rog să-ți amintești că această slujire presupune și înlăturarea oricărui obiect, bijuterie, articole de îmbrăcăminte, documente de partid, cărți și carnete de membru, care te pot lega pe tine sau familia ta de sistemul comunist la care ai renunțat. Nu vinde, nici nu dărui aceste obiecte, ele trebuie distruse. (Deuteronom 7:25-26)

VĂDUVE, ORFANI ȘI PRIZONIERI

Concepte cheie din Capitolul al X-lea

Ideea principală a acestui capitol este că participarea personală și generațională la religia falsă a comunismului lasă în interiorul nostru un depozit de legături spirituale. Această zonă de rebut spiritual va continua să contamineze relația noastră cu Dumnezeu și cu semenii noștri. Ne va determina să ne îndepărtăm de comportamentul și de valorile corecte, punând în pericol ucenicizarea noastră și umblarea noastră cu Dumnezeu. Singura cale spre eliberare este prin mărturisirea păcatelor personale și ale strămoșilor noștri legate de comunism, prin pocăința de aceste păcate și iertarea prin sângele lui Isus. Eliberarea de sub influența duhurilor care sălășluiesc în aceste păcate este necesară. În general, rugăciunile noastre de eliberare din legăturile spirituale ale acestui sistem ateist, includ următoarele elemente:*

- Mărturisirea păcatelor personale, ale familiei și ale națiunii, a declarațiilor verbale: asumarea implicării noastre cu inimile, cu gurile și cu trupurile noastre.
- Acceptarea a ceea ce spune Cuvântul lui Dumnezeu în privința implicării noastre, a familiei și a națiunii noastre și a transformării noastre în (de exemplu ucigaș, mincinos, hoț, adulterin, persecutor al evreilor, idolatru etc.).
- Pocăința – să decidem și să declarăm verbal că ne întoarcem de la domeniile păcătoase mărturisite. Să Îi spunem lui Dumnezeu că ne pare rău de comportamentul nostru, al familiei și al națiunii noastre.
- Iertarea – eliberarea de vină, de condamnare, de judecată etc.
  - Să-i iertăm pe cei care ne-au condus în aceste păcate.
  - Să-i iertăm pe membrii familiei noastre, care au deschis aceste uși spirituale în viețile noastre.
  - Să ne iertăm pe noi înșine pentru că am făcut aceste greșeli.
  - Să Îi cerem lui Dumnezeu să ne ierte pentru greșelile personale pe care le-am mărturisit.

Pe lângă slujirea prin rugăciune, trebuie să distrugem (nu să vindem sau să dăruim cuiva) toate materialele idolatre legate de implicarea noastră personală sau a familiei noastre în comunism, inclusiv medalii, insigne, trese, certificate, carnete de membru, uniforme, eșarfe, steaguri, materiale de propagandă, cărți, documente de partid – tot ceea ce deținem sau se află în posesia noastră.

Notăm faptul că pot fi și alte chestiuni sau practici legate de comunism, pe care tu sau familia ta le-ați experiment, dar care nu au fost tratate de această carte. Roagă-te pentru acestea, folosind modelul prezentat în capitolul de față.

- **Este recomandat pentru cei care doresc să primească acest fel de slujire, să aibă o viață personală de rugăciune, studiu biblic, închinare și ucenicizare, în cadrul unei biserici locale. Creștinii care doresc să progreseze în relația lor cu Dumnezeu și să-și păstreze libertatea vor trebui să persevereze în aceste discipline spirituale.**

*Avem nevoie de un partener de rugăciune care să ne asiste, să rostească iertare peste viața noastră și să ne ajute să scăpăm de orice legătură spirituală existentă (vezi modelul de rugăciune prezentat în capitolul de față).

ANEXE

ANEXA I

Salvator și Domn

1.0 Introducere

Această carte ne descoperă adevăruri biblice fundamentale, într-un mod accesibil și ușor de aplicat. Beneficiul imediat este că poți folosi aceste adevăruri pentru a te elibera pe tine și pe alții de poverile comune celor ce au trăit în perioada comunistă sau sunt afectați de consecințele acesteia. Mai mult decât atât, cunoscând și aplicând aceste adevăruri, te vei bucura de mai mulă împlinire în viața de zi cu zi.

Deoarece aceasta este o carte creștină, ajutorul oferit aici îți este disponibil, doar dacă Îl cunoști pe Isus Cristos ca Mântuitor personal (vezi paragrafele de mai jos, despre *Mântuire*).

Anexa I ne dezvăluie câteva principii fundamentale pentru înțelegerea realității tărâmului natural, cât și a celui spiritual. În paginile următoare, vom descoperi în ce relație ne aflăm cu aceste două tărâmuri și cu Creatorul nostru. Fără a ști aceste lucruri, este greu să înțelegem cine suntem, cum am fost creați și care este relația noastră cu Dumnezeu. Cunoașterea înseamnă putere. Fără cunoașterea realității spirituale a lui Dumnezeu, a legilor și a principiilor Sale, vom muri.

Anexa I are menirea de a explica principii, adevăruri și realități importante, pe care se bazează această carte. Ne adresăm în primul rând celor care cred în Cristos și persoanelor care Îl cunosc pe Dumnezeu. Sperăm ca aceste informații să te ajute la o cunoaștere mai profundă a lui Dumnezeu, a Împărăției Lui și a propriei persoane. Aprofundând aceste adevăruri, e posibil să îți dorești să rostești rugăciunea mântuirii, consemnată în paragrafele următoare (sub titlul *Mântuirea*). Aceasta te va ajuta să-ți începi sau să-ți întărești umblarea cu Dumnezeu, prin Fiul Său, Isus Cristos.

Mai apoi, în Anexa I, vom explora rolurile și responsabilitățile noastre, atât pământești, cât și cerești. Vom examina câteva caracteristici umane fundamentale, legate de structura și de creația omului, dar și de tărâmurile pământești și cerești. Aceste concepte biblice vor fi rezumate aici, pentru a te ajuta să-ți formezi o privire de ansamblu. Să începem, acum, împreună, această palpitantă călătorie spre eliberare și vindecare, prin cunoașterea lui Dumnezeu! Primul pas este Mântuirea.

2.0 Mântuirea

În această secțiune, vom analiza conceptul și doctrina mântuirii și însemnătatea ei pentru orice om. Conceptul de *mântuire* este universal pentru creștinism. Este ușa prin care trebuie să treacă orice om, pentru a intra în relație cu Dumnezeu.

Mântuirea se aseamănă procesului prin care intri pe ușa casei tale. Introducem cheia în broasca ușii, pentru a intra în siguranța, în confortul și în tot ceea ce ne oferă casa noastră. Suntem recunoscători pentru ușa care ne protejează de lumea de afară. Prin mântuire, intrăm în casa Creatorului nostru și în relație cu El! Isus este ușa, iar Duhul Sfânt, ca un lacăt, ne pecetluiește pentru ceruri. Să vedem acum ce este darul mântuirii, dat de Dumnezeu, și cum obținem cheia pentru a ni-l putea însuși.

Cuvântul „mântuire" ne dă niște indicii: termenul grecesc *sozo*, după cum apare manuscrisele timpurii ale Bibliei, înseamnă „a fi salvat". Întrebarea imediată este: „de ce anume trebuie să fim salvați?" Răspunsul este simplu: de iad, locul unde vor merge după moarte toți cei care nu Îl cunosc pe Dumnezeu și sunt neascultători față de căile Lui!

...ca să pedepsească pe cei ce nu cunosc pe Dumnezeu și pe cei ce nu ascultă de Evanghelia Domnului nostru Isus Hristos. Ei vor avea ca pedeapsă o pierzare veșnică, de la fața Domnului și de la slava puterii Lui....(în iad). 2 Tesaloniceni 1:8-9

Procesul de intrare în mântuire este examinat mai pe larg în Scara lui Engle (vezi paragrafele și tabelul din secțiunea *Scara mântuirii*). Scara lui Engle explică drumul pe care îl face un om de la necredință la mântuire deplină. Primul pas este să devenim conștienți că există ceva dincolo de lumea naturală. Apoi, începem

VĂDUVE, ORFANI ȘI PRIZONIERI

să deosebim binele de rău. Progresiv, începem să aflăm despre Dumnezeu. Continuăm, descoperindu-ne starea păcătoasă. Apoi, ne sunt prezentate raiul și iadul (tărâmuri eterne) (vezi paragrafele următoare, despre *Tărâmul natural și tărâmul ceresc*). În final, descoperim Ușa spre Rai (Isus), care ne salvează de iad, în urma alegerii noastre.

Ce trebuie să facem pentru a fi mântuiți? Trebuie să avem o relație cu Dumnezeul cel viu și să primim viață veșnică pentru a trăi împreună cu El în rai, după ce trupul nostru pământesc moare. Să examinăm câteva versete din Scriptură, care ne explică cum putem fi mântuiți. Primul verset biblic pe care trebuie să îl examinăm este:

Fiindcă atât de mult a iubit Dumnezeu lumea, că a dat pe singurul Lui Fiu, pentru ca oricine crede în El să nu piară, ci să aibă viață veșnică. Ioan 3:16

Deci prima cheie pentru mântuire este să crezi în Isus. El este singurul Fiu al lui Dumnezeu, venit pe pământ să ia asupra Lui pedeapsa cu moartea, care ni se cuvine tuturor pentru păcatele noastre. Dacă acceptăm jertfa lui Isus pentru noi, Îl putem recunoaște pe El ca Domn.

A doua cheie este să realizăm faptul că trebuie să ne întoarcem de la căile noastre păcătoase (nedumnezeiești); în acel moment, putem primi mântuirea. Să examinăm acum cel de-al doilea verset din Scriptură, pentru a înțelege cum trebuie folosite aceste chei pentru mântuire. Biblia ne spune că:

Dacă mărturisești deci cu gura ta pe Isus ca Domn și dacă crezi în inima ta că Dumnezeu L-a înviat din morți, vei fi mântuit. Căci prin credința din inimă se capătă neprihănirea și prin mărturisirea cu gura se ajunge la mântuire. Romani 10:9, 10

Probabil că te întrebi acum: „Cum pot oare să fiu mântuit?" Vorbește cu Dumnezeu (roagă-te) despre asta și spune-I Lui că vrei să fii mântuit. Poți începe rostind *Rugăciunea mântuirii*, de pe pagina următoare. Poate că mergi de mulți ani la biserică, dar nu-ți amintești să fi rostit vreodată rugăciunea mântuirii. Acum ar fi un moment potrivit să faci această rugăciune. Mersul la biserică nu aduce mântuirea. Aceasta se întâmplă doar când Îl primești pe Isus în inima ta, prin rugăciune.

Rugăciunea mântuirii

Dacă ai ajuns să crezi în Isus ca Domn și Mântuitor, pasul următor este să folosești aceste chei ale mântuirii, mărturisind credința ta, prin rostirea unei rugăciuni. Iată un model de rugăciune:

Dragă Tată din Ceruri, vin la Tine acum, în Numele singurului Tău Fiu, Isus.

- Recunosc că nu Te-am cunoscut, nici nu mi-am trăit viața conform căilor Tale drepte. Astfel că mă îndepărtam de Tine și mergeam spre iad.
- Te rog să mă ierți pentru căile mele păcătoase.
- Aleg să mă schimb și să-mi trăiesc viața, conform voii Tale.
- Mărturisesc astăzi că Isus este Domn și aleg să Îl fac Domn al meu.
- Accept cu recunoștință lucrarea pe care Isus a făcut-o, suferind pedeapsa păcatelor mele și murind pe cruce, pentru ca eu să pot trăi.
- Cred că Tu, Tată din Ceruri, L-ai înviat pe Isus din morți.
- Te rog să mă primești acum, ca pe un copil al Tău, prin sângele prețios pe care Isus l-a vărsat pentru mine.
- Te rog să mi Te descoperi și să mă întărești, ca să pot umbla în căile Tale.
- Amin.

Dacă ai rostit această rugăciune cu o inimă sinceră și dedicată, ai devenit creștin. Vei avea acum privilegiul de a-L cunoaște pe Dumnezeu aici pe pământ și vei fi împreună cu El în rai, după ce vei muri. Tocmai ai trecut prin poarta spre viața veșnică. Totuși, este necesar să înțelegi că mântuirea ta (o viață pământească nouă în Cristos), chiar dacă începe într-un anumit moment în timp, nu este completă, până când vei intra în rai.

Mântuirea – ca primirea cetățeniei noastre cerești

Începerea vieții tale noi în calitate de copil al lui Dumnezeu este similară în mod conceptual cu primirea unui pașaport nou; unul care te identifică, fiind un cetățean al cerului. În mod similar, primești efectiv un bilet pentru viitoarea ta călătorie spre noua ta țară, Raiul. Vom înțelege mai bine că mântuirea este un proces, când vom examina Tabelul Mântuirii, din secțiunea următoare: *Scara Mântuirii*.

3.0. Scara Mântuirii

În a doua jumătate a secolului XX, evanghelistul Lou Engle a conceput o scară gradată, prin care încerca să măsoare procesul mântuirii și care acum poartă numele lui: *Scara lui Engle*. Spre meritul lui, Lou nu s-a oprit la primirea lui Isus ca Mântuitor, ci a continuat, explorând o parte a procesului de ucenicizare care ne este cerut pentru a ne maturiza în familia lui Dumnezeu.

Scara Mântuirii, pe care o prezentăm aici, are 21 de trepte, începând de la -10 și până la +10. Pe măsură ce explorezi *Tabelul Mântuirii*, inspirat din *Scara lui Engle*, vei deveni, poate, conștient de poziția ta. Imaginea corespunzătoare tabelului ne oferă o ilustrație grafică a procesului de dinainte și de după mântuire, în ce privește trupul, sufletul și duhul nostru (vezi secțiunea *Crearea omenirii*, pentru o descriere a funcționalității și a relației dintre aceste părți ale vieții noastre).

Pașii relativi la începerea mântuirii	Tabelul Mântuirii Calitatea spirituală a credinței creștine
+10	Cunoașterea lui Dumnezeu și realizarea lucrărilor lui Isus
+9	Viață constantă de rugăciune
+8	Administrarea resurselor Împărăției
+7	Dezvoltarea unui stil de viață creștin
+6	Descoperirea și folosirea darurilor spirituale
+5	Inițierea în biserică, în calitate de membru activ
+4	Botezul cu Duhul Sfânt
+3	Dezvoltarea caracterului creștin și cunoașterea Bibliei
+2	Botezul în apă
+1	Creștere în înțelegerea credinței - Domnia lui Isus
0	Primirea lui Cristos ca Mântuitor – inițierea ucenicizării
-1	Pocăință și credință
-2	Provocare și decizia de a acționa
-3	Descoperirea nevoii personale: convingerea de păcat
-4	Atitudine pozitivă față de Evanghelie
-5	Înțelegerea implicațiilor Evangheliei
-6	Descoperirea adevărurilor esențiale ale Evangheliei
-7	Interes pentru creștinism
-8	Descoperirea inițială a creștinismului
-9	Lipsa cunoașterii efective a creștinismului
-10	Lipsa cunoașterii supranaturalului

VĂDUVE, ORFANI ȘI PRIZONIERI

Secțiunea de față ne ajută să înțelegem atât procesul mântuirii, cât și conceptul de ucenicizare, care ne determină în mod progresiv să semănăm tot mai mult cu Isus. O întrebare pe care am putea să o adresăm ar fi: „Cum pot urca pe *Scara Mântuirii*?" Răspunsul este atât la Dumnezeu, cât și la noi.

Orice progres spiritual este o combinație a alegerilor noastre și a acțiunilor lui Dumnezeu, care ne influențează. Pe calea de la necredință la credința în Isus și la mântuire, Scriptura ne spune că noi suntem atrași la El (într-un mod extern), de către Tatăl (Ioan 6:44).

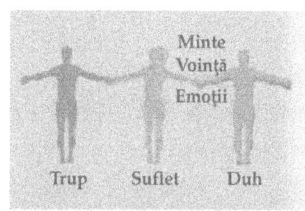
NEMÂNTUIT - ÎN ÎMPĂRĂȚIA ÎNTUNERICULUI

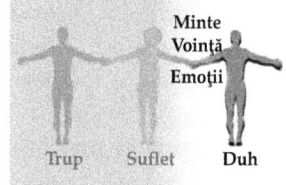
MÂNTUIT - DUHUL ÎN ÎMPĂRĂȚIA LUMINII

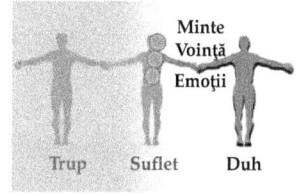
UCENIC - SUFLETUL INTRĂ ÎN ÎMPĂRĂȚIA LUMINII

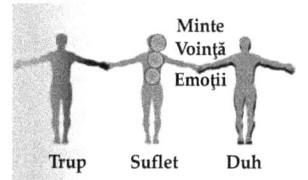
UCENICIZARE ULTERIOARĂ
TRUPUL ȘI SUFLETUL INTRĂ ÎN ÎMPĂRĂȚIA LUMINII

Procesul ulterior se numește „ucenicizare", în care trebuie să fim conduși de Duhul Sfânt.

Să luăm acum în considerare cea de-a doua decizie importantă a vieții tale, decizia de a-L face pe Isus Domn al fiecărui domeniu din viața ta. Este o decizie pe care mulți dintre cei care se numesc creștini nu au luat-o încă, în mod conștient.

După ce ai ales mântuirea și ai primit asigurarea vieții veșnice, cel mai important lucru pe care îl poți face este să-ți supui viața sub puterea și sfințenia lui Dumnezeu, permițându-I să se manifeste prin tine. Aceasta este o parte importantă a progresului nostru pe *Scara Mântuirii*.

Secțiunea următoare, *Domnia*, ne arată cum putem trăi pentru Isus, având impact asupra altora, prin influența Duhului Sfânt.

4.0 Domnia

La mântuire (vezi secțiunea precedentă), Duhul Sfânt al lui Dumnezeu vine să locuiască în duhul nostru omenesc (vezi secțiunea 9, *Crearea omenirii*) și primim asigurarea că vom merge în rai, atunci când trupul nostru pământesc moare. Totuși se mai întâmplă ceva. Când Duhul Sfânt al lui Dumnezeu vine să locuiască în duhul nostru omenesc, duhul nostru revine la viață, începând să comunice cu Dumnezeu și putând atât să Îl audă, cât și să răsfrângă influența Lui asupra sufletului nostru, pentru a ne comporta în mod dumnezeiesc.

Pe măsură ce influența lui Dumnezeu începe să se manifeste prin viața și prin acțiunile noastre, evidențiind activitățile Duhului Sfânt în interiorul nostru, începem să urmăm o serie de pași dintre cei notați deasupra punctului zero din *Scara Mântuirii*. Schimbarea comportamentului nostru față de cel anterior, reflectând voia lui Dumnezeu în viața noastră, face parte din procesul de mântuire sau de ucenicizare. Nu este ușor; sufletul nostru a practicat alte căi și, cel puțin din obișnuință, dorința acestuia este de a face ceea ce făcea în trecut.

Există, astfel, un conflict intern între duhul nostru, aflat sub influența Duhului Sfânt, și sufletul nostru, obișnuit să fie independent. Cum vom putea noi umbla în ascultarea și în sfințenia la care ne cheamă Dumnezeu? Cum vom putea fi deschiși la vindecarea și la reîntregirea pe care Dumnezeu vrea să ni le ofere, ca parte a pachetului de mântuire?

Să explorăm, în continuare, acest lucru. Isus Cristos este Domn asupra tuturor lucrurilor din cer și de pe pământ, iar El a declarat:

Toată puterea Mi-a fost dată în cer și pe pământ. Matei 28:18

Putem intona cântece despre Isus ca Domn al nostru și putem mărturisi acest adevăr. Dar, la începutul procesului de mântuire, sufletul și trupul nostru rămân în mare parte sub un alt domn, domnul lumii acesteia, pe când duhul nostru este umplut cu Duhul lui Dumnezeu, Duhul Sfânt. Sufletul și trupul s-au aflat sub domnia îndelungată a păcatului: obiceiuri, gânduri, idealuri, tipare comportamentale păcătoase, folosirea viciată a emoțiilor și decizii greșite. Sufletul nostru s-a aflat sub influența tatălui nostru anterior, diavolul, iar trupul nostru a dus la îndeplinire dorințele acestuia. Recunoașterea acestei situații nu este o problemă de condamnare, ci, mai degrabă, o chestiune de sinceritate. Dacă vrem să depășim practicile din trecut ale naturii noastre păcătoase, vom avea nevoie de ajutor. Nu știm cum „să fim buni" și, în multe cazuri, rămânem ignoranți față de ceea ce este bine sau rău, pentru că sufletelor noastre nu li s-a imprimat imaginea lui Dumnezeu. Toate gândurile și obiceiurile noastre fuseseră influențate de lumea în care am crescut. Conștiința este un fundament al duhului omenesc, umplut cu Duh Sfânt. Conștiința noastră ne va ajuta să ne dăm seama de ceea ce este bine sau rău, dar, cel mai adesea, parteneriatul dintre suflet și trup va fi cel care va câștiga asupra vocii liniștite a duhului.

Trupul și sufletul nostru au, încă, tipare reziduale din perioada în care nu făceam parte din familia lui Dumnezeu. Iar dușmanul are încă drepturi pământești de a accesa sufletul și trupul nostru, drepturi câștigate datorită parteneriatului nostru cu el prin păcat și acordate lui prin păcatele strămoșilor noștri. În această stare nevindecată, nu avem puterea de a ne schimba și de a trăi un stil de viață sfânt. Avem nevoie de ajutorul lui Dumnezeu pentru „a fi buni". Dar de unde putem primi acest ajutor? Să ne amintim că un alt nume al Duhului Sfânt este *Ajutorul*.

Eu voi ruga pe Tatăl și El vă va da un alt Mângâietor (Ajutor), care să rămână cu voi în veac. Ioan 14:16

„Dar noi nu avem deja ajutorul Lui? Nu vine Duhul Sfânt să locuiască în duhul meu omenesc, când primesc mântuirea?" ai putea să mă întrebi. Da, Duhul Sfânt locuiește în noi, cei care am primit mântuirea. Totuși El este stăpân peste duhul nostru, și nu peste sufletul nostru, care e o entitate separată. Mulți creștini nu sunt conștienți de acest lucru foarte important. Mântuirea vizează viitorul nostru, destinația noastră, fie rai, fie iad. În calitate de creștini, suntem salvați de la o eternitate a infernului. Dar impactul inițial al mântuirii nu este atât de dramatic ca influență asupra stilului nostru de viață, cât este în schimbarea destinației noastre spre tărâmurile cerești.

Poate că ne-ar fi de folos o ilustrație simplă. Ne putem cumpăra un cal pentru călărie. După ce l-am plătit, calul ne aparține; dar, dacă el nu a fost călărit niciodată, calul trebuie să treacă printr-un proces de modificare a comportamentului, pentru a fi pregătit de călărit. Pot fi folosite mai multe tehnici, pentru a aduce calul în starea de a fi supus și de a dori să fie călărit. Dar, până când calul nu-și predă voința, el nu-i va fi de nici un folos stăpânului său: nu va fi ascultător și nu va servi scopului și plăcerii acestuia.

Mulți creștini sunt asemenea unui cal care nu poate fi călărit. Deși au fost răscumpărați prin sângele lui Isus și L-au acceptat pe El ca Dumnezeu (vezi secțiunea *Mântuirea*), nu I-au dat Domnului niciodată acces complet la viețile lor. Deși L-am recunoscut, poate, pe Isus ca fiind Domn, probabil că nu ne-am supus niciodată viața noastră și tot ce avem înaintea Lui, astfel că El nu este, de fapt, Domnul nostru. Te invităm acum să ieși din această stare, ca să intri într-o relație mai profundă cu Dumnezeu și ca să trăiești o viață activă pentru Isus, prin rostirea următoarei rugăciuni:

RUGĂCIUNEA DE ÎNTRONARE A LUI ISUS CRISTOS CA DOMN

Doamne Isuse, recunosc că am nevoie de Tine și Te accept pe Tine, ca:

Mântuitorul meu

- Răscumpărătorul meu
- Domnul meu și
- Eliberatorul meu

Te invit să fii Domn al întregii mele vieți:

- Al duhului meu – al rugăciunilor mele, al închinării mele, al înțelegerii mele spirituale, al creativității mele și al conștiinței mele
- Al minții mele – al gândurilor mele, al amintirilor mele, al viselor mele
- Al emoțiilor mele – al sentimentelor mele, al exprimării și al reacțiilor mele emoționale
- Al voinței mele – al tuturor deciziilor și al scopurilor mele

Te invit pe Tine să fii Domn al întregului meu trup:

- Al ochilor mei: a tot ceea ce privesc și al oricărei priviri a mele
- Al urechilor mele și a tot ceea ce ascult
- Al nasului meu și a tot ceea ce intră în el
- Al gurii mele, a tot ce intră în ea și al oricărui cuvânt rostit
- Al sexualității mele
- Al tuturor activităților mele fizice

Te invit să fii Domn al relațiilor mele trecute, prezente și viitoare.

Te invit să fii Domn al resurselor mele: timp, energie, finanțe, proprietăți și tot ceea ce am.

Vino, Doamne Isuse, și ia-Ți locul de drept în toate domeniile vieții mele.

5.0 Cheile Împărăției

5.1 Obținerea promisiunii

În Matei 16:19, Isus le promite ucenicilor că le va da cheile Împărăției (cerului), care au puterea de a învinge împărăția lui Satan. În secțiunea de față, vom examina două dintre aceste chei: botezul în apă și botezul în Duhul Sfânt. Aceste chei au fost promise celor care crezuseră (inițial, ucenicii Săi); azi, ele se aplică credincioșilor care L-au primit (au crezut) pe El ca Mântuitor al lor, printr-un proces asemănător celui descris în secțiunile precedente, 2.0 și 4.0.

Botezul în apă și botezul în Duhul Sfânt sunt experimentate de către credincioși, pentru a-și aprofunda intimitatea cu Dumnezeu și pentru a-i împuternici să facă lucrările lui Isus. Aceste chei sunt parte a mântuirii, un proces care durează pe tot parcursul vieții, dar ele, singure, nu te califică pentru intrarea în rai. Procesul mântuirii începe cu credința. Romani 10:9-10 ne spune că, dacă mărturisim cu gura noastră că Isus este Domn și credem în inimile noastre că Dumnezeu L-a înviat din morți, vom fi mântuiți. Nu se menționează în Romani 10 nevoia de a fi botezat, pentru a merge în rai.

Secțiunile 5.2 și 5.3, în care ne vom ocupa de botezul în apă și botezul în Duhul Sfânt, ne vor arăta cum putem fi împuterniciți, prin „cheile Împărăției", să facem lucrările Tatălui (cele pe care le-a făcut Isus). Isus ne spune, în Ioan 3, că aceia care au experimentat aceste elemente cheie au fost „născuți din nou"; îi putem numi credincioși, „născuți din nou" (sau creștini). Nu ne vom referi aici la mântuire, ci la împuternicirea creștinilor.

În unele cercuri creștine contemporane, cei care doar au crezut, sunt numiți incorect creștini „născuți din nou". Această realitate este contrară celei prezentate de Isus lui Nicodim, în Ioan 3 (vezi secțiunea 5.2 și referințele). În Ioan 3, Isus nu vorbește despre mântuire, ci despre împuternicirea credincioșilor pentru a face lucrările Tatălui: lucrările despre care Nicodim venise să întrebe. Unii ar spune: „Cei care au crezut, au intrat în Împărăția lui Dumnezeu", dar Biblia nu afirmă aceasta, ci ne spune că

VĂDUVE, ORFANI ȘI PRIZONIERI

Dumnezeu a intrat în ei (Romani 8:9-11). Dacă aceste adevăruri sunt diferite de cele pe care le-ai învățat, nu fi descurajat; tu poți avea ceea ce a fost promis. Citește următoarele secțiuni și descoperă că, în urma credinței (în Isus), poți fi „născut din nou": pentru „a vedea ceea ce face Tatăl" și pentru a intra în Împărăția lui Dumnezeu.

5.2 Intrarea în Împărăția lui Dumnezeu

Trebuie să fim născuți din nou pentru a intra în Împărăția lui Dumnezeu (vezi Ioan 3:1-21). În conversația Lui cu Nicodim, Isus descoperă două informații importante despre intrarea noastră în Împărăția Lui*: trebuie să experimentăm procesul de a ne fi născut în Împărăție, prin ambele mijloace: a) apă și b) Duh.

Datorită faptului că Dumnezeu este Duh, dacă dorim să experimentăm prezența lui Dumnezeu și să facem lucrările Lui (adică să împlinim destinul lui Dumnezeu pentru viața noastră), trebuie să fim capabili să-L cunoaștem pe tărâm spiritual. Trebuie să *vedem*, să auzim și să acționăm atât în mediul natural, cât și în mediul spiritual, unde locuiește El (adică Împărăția lui Dumnezeu). Pentru a intra în Împărăția Lui, trebuie să fim „născuți din nou":

> Drept răspuns, Isus i-a zis: „Adevărat, adevărat îți spun că dacă un om nu se naște din nou, nu poate vedea Împărăția lui Dumnezeu." Ioan 3:3

Cuvântul „vedea" din acest verset este tradus din termenul grecesc ὁράω **(horaō)**, care înseamnă „a vedea", „a recunoaște", „a percepe" sau „a adera la".

5.3 Botezul în apă – Prima cheie pentru a fi născut din nou

În secțiunea de față, vom examina prima cheie: nașterea din apă. În cazul în care nu suntem născuți din nou (în Împărăția Lui), nu

---

* „Împărăția lui Dumnezeu" – această expresie se referă la ora cerească ce are să vină, implicând atât destinul ceresc, cât și pe cel pământesc, odată cu revenirea lui Isus pe pământ. Totodată, Împărăția este văzută și înțeleasă, pătrunzând în veacul nostru păcătos și fiind manifestată de credincioșii care fac lucrările lui Isus, pentru că au intrat în „Împărăția lui Dumnezeu" prin nașterea din nou (botezul în apă și în Duhul Sfânt).

putem să Îl cunoaştem cu adevărat pe Dumnezeu, pentru că nu putem auzi, vedea şi percepe ceea ce face El. Mai mult, dacă nu putem simţi ceea ce face El, nu putem intra în lucrările pe care Le-a făcut Isus.

Acum, să vedem cum putem accesa această primă „cheie a Împărăţiei", pentru a fi născut din nou. În următorul verset, Isus ne prezintă prima cheie: botezul în apă.

Isus i-a răspuns: „Adevărat, adevărat îţi spun, că dacă nu se naşte cineva din apă şi din Duh nu poate să intre în Împărăţia lui Dumnezeu." Ioan 3:5

În secţiunea 4.0, *Domnia*, am văzut că a-L face pe Isus Domn al fiecărui domeniu din viaţa noastră înseamnă că trebuie să renunţăm la dorinţele noastre personale, în cazul în care acestea contravin voii lui Isus. În „Rugăciunea de întronare a lui Isus Cristos ca Domn", I-am dat lui Isus domnia peste toate domeniile vieţii noastre. În secţiunea de faţă, vom face legătura între moartea noastră faţă de sine şi botezul în apă.

Referitor la botezul în apă, Scriptura ne prezintă două revelaţii progresive. Prima se referă la botezul pocăinţei, prezentat şi efectuat de Ioan Botezătorul.

...şi, mărturisindu-şi păcatele, erau botezaţi de el în râul Iordan. Matei 3:6

Acest botez al pocăinţei faţă de păcat era atât o mărturisire publică a păcatului, cât şi o declaraţie exterioară a unei schimbări interioare, prin îndepărtarea de păcat. Pe măsură ce lucrarea lui Isus a crescut, cea a lui Ioan s-a diminuat, însă ucenicii lui Isus au continuat ceea ce a început Ioan.

A doua revelaţie referitoare la botezul în apă, începe în ultimul capitol din Matei. După învierea Sa, Isus le porunceşte ucenicilor să boteze fiecare nou convertit (nou ucenic), în Numele Dumnezeului triunic:

VĂDUVE, ORFANI ȘI PRIZONIERI

Duceți-vă și faceți ucenici din toate neamurile, botezându-i în Numele Tatălui, al Fiului și al Sfântului Duh... Matei 28:19

Din nou, acest botez pe care Îl poruncește Isus înglobează mărturisirea și pocăința de păcate. Dar, comparativ cu ceea ce vedem că fac ucenicii lui Ioan Botezătorul și cei ai lui Isus la începutul Evangheliilor, apare ceva în plus. Isus a introdus un element nou: botezul în Numele Tatălui, al Fiului și al Sfântului Duh – dumnezeirea completă.

Biblia explică:

- Când ne scufundăm în apa botezului, ne lepădăm de trăirea păcătoasă și egoistă din trecut. Murind față de noi înșine, suntem botezați în moartea lui Isus. Scufundarea în apă simbolizează moartea (Romani 6:4-5, Coloseni 2:12a).
- Când ieșim din apă, suntem înviați în familia lui Dumnezeu Tatăl și în viața lui Isus (Romani 6:4-5, Coloseni 2:12b).

Este important să înțelegem că Isus a poruncit acest sacrament al botezului în apă. Este mai mult decât un exercițiu simbolic: ni se întâmplă ceva spiritual atunci când ascultăm porunca Lui. Pentru unii, rezultatele sunt dramatic de evidente, iar pentru alții, ele nu sunt observabile imediat. Dar întotdeauna se întâmplă ceva pe plan spiritual, înlăuntrul nostru. Botezul este un act de credință din partea noastră.

Fiind născuți din apă, suntem pregătiți să analizăm cea de-a doua cheie a Împărăției: nașterea din Duh. Dar, înainte de a merge mai departe, trebuie să examinăm mai cu atenție cuvântul din limba greacă, transliterat prin termenul „a boteza". Acest termen, asociat celor două chei ale Împărăției lui Dumnezeu (prin apă și prin Duh) este:

Βαπτίζω, **baptizō**: *a se scufunda, a afunda.*

Conceptual, acest termen înseamnă a se scufunda complet, a îmbiba. Presupune, de asemenea, o spălare sau curăţire ceremonială, prin care întregul trup este scufundat complet în apă. Nu înseamnă a stropi sau a turna apă pe cineva şi nici nu înseamnă a fi atins sau şters cu un obiect ud. Dacă ar fi să botezăm un vapor, de exemplu, ar trebui să-l împingem sub suprafaţa apei. Atunci când vaporul este complet acoperit de apă, vom putea spune că a fost botezat.

Botezul este un act fizic, ce are consecinţe spirituale. Nu spunem că botezul trebuie să ne înece, ci doar că vom sta sub apă, câteva momente. Trebuie să fim ascultători de poruncile Domnului. Tot ceea ce este în noi, aparţinând firii pământeşti (controlată de suflet), trebuie să moară din punct de vedere spiritual, pentru a învia din nou în Cristos Isus, împlinind scopurile şi planurile lui Dumnezeu.

5.4 Botezul în Duhul Sfânt – A doua cheie pentru a fi născut din nou

Să revedem discuţia cu Nicodim, din Ioan, capitolul 3. Aici, Isus îi explică succint cum poate intra în Împărăţia lui Dumnezeu. Contextul acestui verset sunt „întrebările" pe care le adresează Nicodim lui Isus despre lucrările Împărăţiei (lui Dumnezeu).

Răspunsul lui Isus îl conduce pe Nicodim dincolo de gândirea lui naturală, lumească, spre un mister mai adânc. Însă nouă ni s-a dat înţelegerea acestui mister:

Drept răspuns, Isus i-a zis: „Adevărat, adevărat îţi spun că dacă un om nu se naşte din nou, nu poate vedea Împărăţia lui Dumnezeu." Ioan 3:3

Isus îi răspunde în lumina pasajului din Ioan 5:19, explicând că El (care a fost născut atât din apă, cât şi din Duh) face numai ceea ce Îl vede pe Tatăl făcând. Acum, să ne amintim cum explică Isus o minune de vindecare unui grup de evrei:

> Isus a luat din nou cuvântul şi le-a zis: „Adevărat, adevărat vă spun că Fiul nu poate face nimic de la Sine, El nu face decât ce vede pe Tatăl făcând, şi tot ce face Tatăl, face şi Fiul întocmai." Ioan 5:19

Nicodim nu a înţeles răspunsul lui Isus, părând şi mai nelămurit în curiozitatea lui. Aşa că Isus îi dă lui (şi nouă) cheile pe care am început să le discutăm:

> Isus i-a răspuns: „Adevărat, adevărat îţi spun, că dacă nu se naşte cineva din apă şi din Duh, nu poate să intre în Împărăţia lui Dumnezeu." Ioan 3:5

Explicaţia acestui mister este următoarea: pentru a face lucrările lui Dumnezeu, trebuie să fim născuţi din nou. O parte a acestui proces presupune a fi botezat în Cristos, în moartea şi în învierea Sa, efectuând sacramentul numit *botezul în apă*. Dar primul botez (în apă) trebuie urmat de un altfel de botez. Acest al doilea botez este în Duhul Sfânt. Cum se face acest botez? Chiar dacă ne putem ruga şi ne putem pune mâinile peste cineva, pentru a fi botezat în Duhul Sfânt, doar Isus este Cel care Îşi manifestă prezenţa şi îmbracă în puterea Duhului Sfânt, ca în ziua Cincizecimii. Să vedem ce ne spune Isus despre a fi botezat în Duhul Sfânt:

> ...căci Ioan a botezat cu apă, dar voi, nu după multe zile, veţi fi botezaţi cu Duhul Sfânt." Fapte 1:5

> „Şi iată că voi trimite peste voi făgăduinţa Tatălui meu; dar rămâneţi în cetate până veţi fi îmbrăcaţi cu putere de sus." Luca 24:49

Nicodim a fost mirat de lucrările minunate ale lui Isus, noi însă înţelegem cum se fac acestea. Atât Isus, cât şi cei care fac astăzi lucrările Lui sunt împuterniciţi să le facă prin botezul în apă şi în Duhul Sfânt. Această înţelegere ne ajută la înţelegerea unui alt mister. Cum vom putea împlini lucrările lui Isus pentru noi, când El a spus:

Adevărat, adevărat vă spun că cine crede în Mine, va face și el lucrările pe care le fac Eu, ba încă va face altele și mai mari decât acestea; pentru că Eu mă duc la Tatăl... Ioan 14:12

Când citim prima dată acest verset, celor mai mulți dintre noi ne este greu să-l credem. Dar Epistola apostolului Pavel către biserica din Efes ne spune că Dumnezeu ne-a creat pentru acest scop: de a face lucrările lui Isus:

Căci noi suntem lucrarea Lui și am fost zidiți în Cristos Isus pentru faptele bune pe care le-a pregătit Dumnezeu mai dinainte, ca să umblăm în ele. Efeseni 2:10

Iacov ne ajută să înțelegem că lucrările credincioșilor născuți din nou sunt imaginea credinței și a mântuirii lor:

Frații mei, ce-i folosește cuiva să spună că are credință, dacă n-are fapte? Poate oare credința aceasta să-l mântuiască? Iacov 2:14

După cum trupul fără duh este mort, tot așa și credința fără fapte este moartă. Iacov 2:26

Astfel, începem să înțelegem că un ucenic (creștin) născut din nou (din apă și din Duh) va manifesta lucrările lui Isus în viața sa. Cei care cunosc o mai mare intimitate cu Dumnezeu în procesul mântuirii (vezi *Tabelul Mântuirii*, din secțiunea 3 a acestei anexe), se pot aștepta să vadă lucrările Tatălui și, prin intermediul Duhului Sfânt, să I se alăture în ceea ce face El. Aceste lucrări sunt rezultatul supranatural al cunoașterii lui Dumnezeu ca Tată, prin Isus Cristos.

Acum, știind *de ce* e nevoie să fim botezați în Duh, să vedem *cum* putem fi născuți din Duh. Mai sus, în Evanghelia după Luca, am citit că Isus va trimite botezul promis în Duhul:

Și iată că voi trimite peste voi făgăduința Tatălui meu; dar rămâneți în cetate, până veți fi îmbrăcați cu putere de sus. Luca 24:49

Această promisiune a fost făcută mai întâi de Ioan Botezătorul, care L-a vestit pe Isus ca Mesia:

VĂDUVE, ORFANI ȘI PRIZONIERI

Eu, da, v-am botezat cu apă; dar El vă va boteza cu Duhul Sfânt.
Marcu 1:8

Isus este Cel care ne botează în Duhul Sfânt. De aceea, atunci când ne dorim acest botez, trebuie să Îi cerem lui Isus să se atingă de noi, să ne inunde și să ne copleșească cu prezența Duhului Său cel Sfânt.

La fel ca la Cincizecime sau în casa lui Corneliu, s-ar putea să fim copleșiți, îmbrăcați cu putere și inundați de prezența Duhului Sfânt, fără ca cineva să se atingă de noi în mod vizibil. Totuși Isus ar putea folosi o persoană care să se roage pentru noi și să pună mâinile peste noi. Această experiență poate să ne împărtășească prezența Duhului Sfânt și să experimentăm botezul în Duh.

(Petru și Ioan, care au venit) ...*s-au rugat pentru ei, ca să primească Duhul Sfânt. Căci nu se pogorâse încă peste nici unul dintre ei, ci fuseseră numai botezați (în apă) în Numele Domnului Isus. Atunci, ei au pus mâinile peste ei și aceia au primit Duhul Sfânt.* Faptele Apostolilor 8:15-17

Trebuie puse două întrebări practice despre botezul în Duh: a) Cum voi ști dacă am fost botezat în Duhul Sfânt? și b) Ce m-ar putea împiedica să fiu botezat în Duhul Sfânt? Să analizăm câteva răspunsuri.

5.4.1 Senzații ale botezului în Duhul Sfânt

Botezul în Duhul Sfânt este o experiență atât spirituală, cât și naturală (fizică). De aceea, atunci când trăim această experiență, vom ști că am fost botezați. Totuși efectele și senzațiile vor varia de la o persoană la alta.

Poți fi plin de bucurie, poți simți puterea lui Dumnezeu peste tine (care poate să te facă să cazi la pământ), poți simți că îți pierzi puterile, poți simți căldură sau poți avea senzații de tremur, poți avea viziuni, poți auzi vocea lui Dumnezeu, poți vorbi în limbi (o limbă pe care nu o cunoști) etc. În urma botezului în Duhul Sfânt, darurile spirituale ale lui Dumnezeu (pentru care ai nevoie de împuternicire) vor începe să se manifeste în viața ta.

Dacă nu ai experimentat ceva fizic/ spiritual și nu ai primit niciun dar supranatural de la Duhul, atunci, probabil, nu ai fost încă botezat în Duhul Sfânt. Continuă să-L cauți pe Dumnezeu și întreabă-L care ar putea fi blocajele ce te împiedică să primești acest botez.

5.4.2 Blocaje ale botezului în Duhul Sfânt

Există mai mulți factori care pot întârzia botezul în Duhul Sfânt. Primul considerent este să fii activ (amintește-ți istorisirea din Capitolul I, cu omul aflat în așteptarea unui ajutor ceresc, care să-l salveze de la inundație) în a-L căuta pe Dumnezeu, pentru a primi această binecuvântare. El se atinge de cei care Îl caută cu toată inima (Ieremia 29:13). Să ne punem apoi următoarea întrebare: I-ai dat permisiunea lui Dumnezeu să facă ceea ce dorește El în tine, în orice moment și în orice situație? E important să ai încredere în El. Desigur, înainte de a fi botezat în Duhul Sfânt, trebuie să-L fi primit pe Isus ca Mântuitor, să-L fi făcut pe Isus Domn al vieții tale și să fi fost botezat în apă (vezi secțiunile 1-4, din această anexă).

Există unele blocaje spirituale, care ne pot împiedica să primim botezul în Duhul Sfânt, de exemplu:
- Păcatul nemărturisit – practici oculte, cu implicații personale și generaționale: hipnoză, astrologie, comunicarea cu morții, spiritism, vindecări făcute de vraci sau ghicitoare;
- Implicarea în religii false la care nu ai renunțat – practici personale sau generaționale, incluzând jurăminte, ritualuri de dedicare față de dumnezei falși care locuiesc și acționează în tine și prin tine (datorită implicării în arte marțiale, în francmasonerie, în alte activități spirituale organizate și în grupuri oculte, cum ar fi satanism sau vrăjitorie);
- Implicarea în astrologie, călătorie transcedentală, muzică heavy metal (hard rock și altele, bazate pe ocultism).

6.0 Scopul vieții noastre pe pământ

Dumnezeu ne formează în pântecele mamei noastre din punct de vedere fizic, la fel cum sunt formate toate animalele cu sânge cald.

VĂDUVE, ORFANI ȘI PRIZONIERI

Dar asemănarea se încheie aici (vezi secțiunea 9.0, *Crearea omenirii*). Dumnezeu are un plan și un scop pentru noi, mult mai înalte decât pentru regnul animal. Să analizăm acum câteva concepte cu privire la omenire.

6.1 Mandatul din Genesa

Cartea Genesa ne oferă o privire de ansamblu a planului lui Dumnezeu pentru omenire. În primele douăzeci și cinci de versete din capitolul întâi, ni se prezintă creația, vedem cum formează Dumnezeu universul natural și, mai ales, planeta Pământ, cu tot ce conține ea, atât mediul, cât și locuitorii acesteia. În ultimele cinci versete ale capitolului întâi, Dumnezeu începe în mod succint să descopere planul Lui pentru omenire, creația Lui supremă. Apoi, Biblia ni-L revelează pe Dumnezeu și relația Lui cu omenirea, pentru a ne ajuta să înțelegem cine suntem.

Imagine

Dumnezeu a ales o singură specie, cea umană, să fie creată după chipul Său (în ebraică: *tselem* – „asemănare", „imagine", „formă", Genesa 1:26). Studiind Biblia, putem să ne dăm seama că scopul lui Dumnezeu în crearea omenirii după chipul Său a fost de a încuraja partea relațională din noi. El vrea să aibă o relație cu noi, asemenea relației care există între cele trei persoane ale Dumnezeirii. Acest rol dă fiecărei persoane o chemare specială.

Relație și destin

Dumnezeu a creat un destin pentru noi, ca toată omenirea să aibă o relație cu El. Acest proces începe prin faptul că El inițiază o relație cu fiecare dintre noi. Apoi, în calitate de parteneri ai Săi, noi avem rolul de a introduce ordinea divină pe pământ, prin faptele noastre de ascultare. Trebuie să stăpânim pământul, inclusiv flora și fauna sălbatice, create de El. Am fost creați pentru a fi ca El și pentru a conduce. Prima noastră misiune este să organizăm și să conducem planeta, exersând voința noastră liberă și permițându-I lui Dumnezeu să domnească peste noi (Genesa 1:26).

Rodire versus multiplicare

Dumnezeu a știut că primul bărbat și prima femeie pe care i-a creat nu vor putea supune pământul singuri. A pus în ei abilitatea de a fi roditori (ebraică: *parah*), de a da naștere la urmași care se vor multiplica. Prin relațiile unii cu alții și prin relația cu Dumnezeu, acești urmași vor fi destul de numeroși pentru a împlini planul lui Dumnezeu (Genesa 1:28).

Planul lui Dumnezeu pentru omenie

Primul lucru pe care ni-L arată Dumnezeu despre omenire este că El ne va trata diferit față de restul creației. El a creat omul după chipul Său (totuși El nu ne spune în mod specific că forma noastră fizică este exact ca a Lui). Mai mult, El ne-a dat misiunea de a stăpâni peste pământ și peste tot ce este pe el (Genesa 1:26). Pentru a împlini acest obiectiv, planul Său avea nevoie de mai mulți oameni decât de primii doi, creați de Dumnezeu. De aceea, El ne poruncește să fim roditori și să ne înmulțim (ebraică: *rabah*) sau să dăm naștere la mai mulți asemenea nouă. Suntem, poate, tentați să vedem cele două cuvinte, „rodire" și „multiplicare", ca însemnând același lucru, totuși ele sunt diferite.

După chipul Său

Există ceva mai mult la omenire. El ne-a făcut asemănători cu El în caracter și în natura noastră interioară. Dar acest fapt nu s-a împlinit odată cu prima respirație a lui Adam și a Evei.

În paragrafele următoare, vom vedea că asemănarea cu El va necesita ca Dumnezeu Tatăl să împartă ceva din El lui Adam și Evei. El a făcut aceasta, petrecând timp cu ei. Deși erau compleți din punct de vedere fizic, formarea caracterului și instruirea lor lipsea. Pentru ca omenirea să împlinească obiectivele lui Dumnezeu, avem nevoie de grija părintească prin care să putem purta în noi imaginea Lui. În cazul rodirii noastre biologice, copiii sunt produși astfel ca, în fiecare detaliu fizic, să semene cu noi. Dar caracterul lor, ca și în cazul lui Adam și al Evei, nu este

VĂDUVE, ORFANI ŞI PRIZONIERI

format la naştere. Noi nu ne naştem cu imaginea lui Dumnezeu în noi, imprimarea acesteia este un proces postnatal.

Ni se porunceşte să fim roditori: să procreăm. Dar, prin înmulţire, trebuie să ajutăm la formarea lui Cristos (imaginea lui Dumnezeu) în fiecare dintre copiii noştri (Galateni 4:19 şi Proverbe 22:6). Copiii nu vin în această lume exprimând natura şi caracterul lui Dumnezeu. Trebuie să Îl ascultăm pe Dumnezeu, atât în a fi roditori, cât şi în reproducerea imaginii Lui în noi şi în copiii noştri.

Modelul biblic

Acest proces este descris în Genesa, capitolul 2:

- Mai întâi, Dumnezeu a fost roditor prin formarea şi crearea lui Adam;

- Apoi, a început să îl înveţe pe Adam căile Sale. I-a dat lui Adam un model de ordine divină (o grădină deja formată) şi un procedeu dumnezeiesc de lucru (cultivarea şi menţinerea ordinii divine). Dumnezeu a petrecut timp personal cu Adam, reproducând (multiplicând) imaginea Sa prin imprimare, prin relaţionare şi prin munca împreună în grădina model;

- Dumnezeu i-a dat lui Adam prima misiune de a îngriji grădina Edenului. Deşi misiunea finală a omenirii era de a stăpâni peste întregul pământ, Dumnezeu a organizat, mai întâi, o mică parte a planetei (grădina Edenului), conform dorinţelor Sale şi l-a aşezat pe Adam acolo, pentru a vedea modul lui Dumnezeu de organizare a teritoriului. Omul trebuia să înţeleagă acest model, pentru a-l putea folosi mai târziu şi în afara „grădinii", supunând întregul pământ;

- În acest context de pregătire, Dumnezeu a început să-i insufle omului nou creat căile Sale. În grădina Edenului, Dumnezeu Şi-a întipărit imaginea în Adam şi, mai târziu, în Eva, prin ucenicizare directă, prin umblare şi prin vorbire cu ei. Fiind astfel modelați (după ce fuseseră creați din punct de vedere fizic), ei trebuiau să reproducă (multiplice) această imagine în copiii lor.

Este semnificativ să observăm chestiunea voinței libere la copii. Chiar și în prima familie, Abel a ales să primească imprimarea divină, iar Cain nu.

Există, așadar, trei scopuri precise pe care le avem ca indivizi, din partea lui Dumnezeu:

- Să fim roditori și să dăm naștere la copii;
- Să insuflăm imaginea lui Dumnezeu în copiii noștri, pentru ca ei să cunoască valorile Lui;
- Să Îl cunoaștem din ce în ce mai mult pe Dumnezeu și căile Lui, pentru ca noi înșine să continuăm să creștem și să ne dezvoltăm în imaginea spirituală a lui Dumnezeu, reflectând căile, atitudinile și comportamentul Lui. Când reflectăm căile lui Dumnezeu, viețile noastre au un impact asupra pământului și contribuim la a aduce ordinea Lui pe planetă.

Rodirea în afara familiei

După cum s-a exprimat apostolul Pavel, noi trebuie să fim ambasadori ai lui Dumnezeu. În Ioan 15:8, Isus explică faptul că Tatăl este glorificat atunci când noi avem multă roadă. În acest context, Isus se referă la impactul nostru spiritual asupra lumii. În „Marea Trimitere" (Matei 28:16-20) Isus ne poruncește să mergem în toată lumea, să facem ucenici și să îi învățăm să facă tot ce le-a poruncit El primilor ucenici: să predicăm Evanghelia, să vestim Împărăția, să înviem morți, să vindecăm bolnavi, să scoatem demoni, să ne rugăm pentru leproși (Matei 10:7-8). Ascultând de aceste porunci ale lui Isus, vom aduce, cu siguranță, multă roadă. Vom multiplica imaginea lui Dumnezeu pe toată fața pământului, printre cei care cred în Dumnezeul cel viu și care acționează conform voii Sale. Există deci o roadă și o multiplicare la care Dumnezeu intenționează ca noi să participăm, atât în interiorul familiei, cât și în afara acesteia.

VĂDUVE, ORFANI ȘI PRIZONIERI

Putem fi roditori, atât în interiorul familiei, cât și în afara ei, dacă Îl cunoaștem pe Dumnezeu, dacă am fost născuți din nou, umpluți cu Duhul și dacă trăim o viață în supunere față de Isus, ca Domn al nostru. Viața și destinul nostru nu sunt limitate doar la trăirea pe acest pământ: dincolo de destinul pământesc, avem un destin ceresc. Dar mulți dintre noi ne comportăm ca și când raiul ar fi o simplă destinație: locul unde ne-ar plăcea să mergem, după ce trupul nostru moare. Viața noastră presupune însă mult mai mult decât simpla așteptare de a ajunge în rai. Da, știm că raiul este destinul nostru ultim, după cum vom vedea în următoarea secțiune. Totuși ceva din destinul nostru ceresc este determinat de modul în care ne trăim viața aici pe pământ.

7.0 Destinul ceresc

Așa cum am văzut deja, Dumnezeu ne-a creat după chipul Său. El a planificat și a stabilit un scop pentru noi, acela de a ne pregăti pentru domnie, așa cum și El este pregătit pentru domnie. Viața noastră pământească este cea în care Îl putem cunoaște pe Dumnezeu ca Tată și Domn al nostru (vezi secțiunile *Mântuire* și *Domnie* din această anexă) și putem deveni asemenea Lui, prin procesul unei vieți supuse Lui. Totuși, chiar dacă trupurile noastre pământești vor muri, ființa noastră nu moare.

Am fost creați după modelul lui Dumnezeu Însuși, care există în veșnicia cerească. După moarte, noi vom continua să existăm pe un teritoriu spiritual, fie în rai, fie în iad. Destinația noastră este determinată de alegerile pe care le facem și de modul în care ne trăim viața aici pe pământ. Destinul lui Dumnezeu pentru noi este raiul, în care noi să continuăm să fim fiii și fiicele Lui, trăind într-o intimitate cu Tatăl, însă noi putem alege să nu intrăm în acest destin.

În rai există o activitate intensă. Cei care au ales să Îl urmeze pe Dumnezeu vor împărți cu El, fiind parte a familiei Regelui, ceva din conducerea și stăpânirea teritoriului spiritual și a tot ceea ce conține acesta (Efeseni 2:4-7). Iată ce fac familiile regale! În următoarea secțiune, vom examina teritoriile sau dimensiunile spirituale.

Să examinăm mai întâi acest concept de stăpânire. Cuvântul „stăpânire" încorporează conceptul de conducere. Dumnezeu stăpâneşte peste tot: în teritoriile cereşti, aici, pe planeta Pământ, şi peste întreg universul, ceea ce ar trebui să-ţi trezească entuziasmul. El a planificat şi a dorit ca noi să fim ca El, nu doar în viaţa trăită aici pe pământ, ci şi în teritoriile cereşti, după ce viaţa noastră pământească s-a sfârşit. În Apocalipsa 3:21, întrezărim planul lui Dumnezeu pentru noi: Isus ne spune că, dacă biruim circumstanţele adverse din viaţa noastră pământească, vom ajunge în rai şi vom putea să stăm cu Dumnezeu pe tronul Lui, după cum Tatăl I-a dat dreptul lui Isus să stea pe tronul Său.

Tronul este rezervat conducătorilor, celor care stăpânesc. Toată autoritatea în cer şi pe pământ I-a fost dată lui Isus, iar El stă şi conduce în rai, la dreapta Tatălui. Dacă practicăm sfinţenia şi dacă dezvoltăm o relaţie de iubire şi de ascultare de Dumnezeu, aici pe pământ, El ne va da dreptul de a ne alătura Lui, împărţind stăpânirea şi conducând peste teritoriile cereşti, cu tot ce conţin ele.

Din nou, ne este prezentată doar o privire succintă asupra viitorului nostru ceresc, dar este o promisiune care ne încurajează. Dumnezeu doreşte ca noi să învăţăm despre El, despre căile Lui şi despre inima Lui, printr-o relaţie cu El aici, pe pământ. Dacă dezvoltăm şi practicăm căile Tatălui, în calitate de fii şi fiice, El ne transformă în prinţi şi prinţese, care să I se poată alătura în rai, conducând ca parte a familiei Lui.

...evlavia este folositoare în orice privinţă, întrucât ea are făgăduinţa vieţii de acum şi a celei viitoare. I Timotei 4:8

8.0 Tărâmul natural şi tărâmul ceresc

Pe măsură ce continuăm să aprofundăm înţelegerea noastră despre Mântuire şi Domnie, avem nevoie de cunoaştere despre tărâmul natural şi cel ceresc. Dacă am studia sporturi, ca: fotbal, baschet sau hochei pe gheaţă, am avea nevoie să cunoaştem atât jucătorii, cât şi terenul de joc. În secţiunea de faţă, vom analiza mai întâi „terenul de joc" al vieţii, scena pe care este creat spectacolul vieţii şi teritoriile cereşti. Apoi, în următoarea secţiune, vom examina jucătorii din „jocul vieţii" sau, poate mai specific, personajele din spectacolul vieţii (omul şi crearea lui). Acum, să începem cu scena vieţii, atât mediul natural unde trăim noi acum, cât şi tărâmul ceresc, unde vom merge după ce se va sfârşi viaţa pământească.

9.1 Primul cer

Prezentăm aici o privire conceptuală a relaţiei dintre tărâmul natural, mai ales pământul, şi cel spiritual (supranatural).

În Scripturi există câteva puncte centrale, care ne vor ajuta să construim un model de lucru despre tărâmurile cereşti şi despre relaţia lor cu pământul (mări, munţi, câmpii etc.) şi cerul care înconjoară pământul (cerul natural

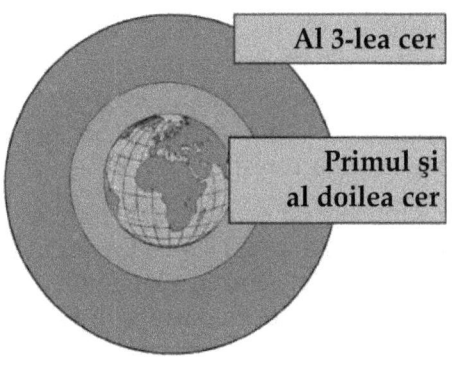

Vedere schematică a relaţiei tărâmurilor cereşti cu pământul

al pământului şi atmosfera, plus universul vizibil). Pentru a înţelege aceste elemente, va trebui să vedem ce spune cuvântul *shamayim* din ebraică.

Cuvântul *shamayim* [Strong's number 8064] din ebraică apare de 392 de ori în Biblie şi este tradus prin „cer", „rai" sau „ceruri". În Genesa 1:17, Dumnezeu vorbeşte despre universul natural, aflat în afara teritoriilor pământului, unde el a pus stelele din ceruri (*shamayim*). În Iov 28:21, observăm acelaşi cuvânt, indicând locul unde zboară păsările, cerul natural. Dar, în multe alte versete (Psalmul 115:3), *shamayim* indică teritoriul spiritual, ceresc, unde trăieşte Dumnezeu. În mod clar, acest cuvânt este folosit pentru a indica atât tărâmul natural, cât şi tărâmul supranatural, contextul explicându-ne despre care dintre ele este vorba. Să ne formăm acum o imagine structurată.

Există trei tărâmuri la care ne referim în această anexă. Primul tărâm (sau cer) pe care îl examinăm este cel ce aparține de pământ, cerul natural. În Genesa 1:26, Dumnezeu a dat omenirii autoritate peste pământ, inclusiv peste păsările care zboară pe cer. În mod clar, stăpânirea omului se extinde asupra cerului care aparține pământului.

Știm, din numeroase versete, că Dumnezeu trăiește în cerul Lui cel sfânt (*shamayim*). Dar Pavel, fiind răpit la cer (al lui Dumnezeu), ne vorbește, în 2 Corinteni 12:2-4, despre un „al treilea cer". Deducem de aici că există un „al doilea cer" și „primul cer". Atmosfera pământului o vom numi „primul cer". În pasajele următoare vom continua să dezvoltăm această structură a tărâmurilor cerești.

Înțelegând conceptul de teritorii cerești, vei fi mai puternic în credință și în cunoașterea Cuvântului descoperit al lui Dumnezeu. Această înțelegere fundamentală te va ajuta să operezi cu mai multă încredere cu darurile spirituale.

8.2 Al treilea cer

Termenul grecesc pentru cer, folosit în 2 Corinteni 12:2, *ouranos*, apare de 256 de ori în Noul Testament. O trăsătură distinctivă a celui de-al treilea cer, unde se află tronul lui Dumnezeu, este că acest cer le cuprinde pe celelalte două, după cum vom vedea din următoarele paragrafe.

În Genesa 1, Îl vedem pe Dumnezeu creând cerurile și pământul. Adică pământul ca firmament, cuprinzând mediul natural îndepărtat, unde se află stelele și alte planete, dar și mediul atmosferic din jurul pământului.

Să folosim un exemplu simplu, pentru a ilustra creația lui Dumnezeu. Gândește-te că umfli un balon de jucărie. Ne putem imagina că stăm în camera de zi, având un balon gol în mână.

În ilustrația de față, încercăm o reprezentare prin care camera de zi, deși limitată ca mărime, simbolizează cerul sfânt al lui Dumnezeu, care, de fapt, nu are dimensiuni limitate. Balonul reprezintă întregul univers creat. Când îl umflăm, el ia o formă și are o funcție pe care nu o avea înainte. Balonul se află atât în mâna noastră, putând face ceea ce dorim cu el, dar rămâne și pe teritoriul locuinței noastre, în camera de zi. Balonul conține suflarea noastră și nu poate ieși nimic din el, răspândindu-se în camera de zi, decât dacă noi decidem asta. Mai mult, dacă dorim, am putea oricând pune în balon altceva, poate un năsturel sau o clemă.

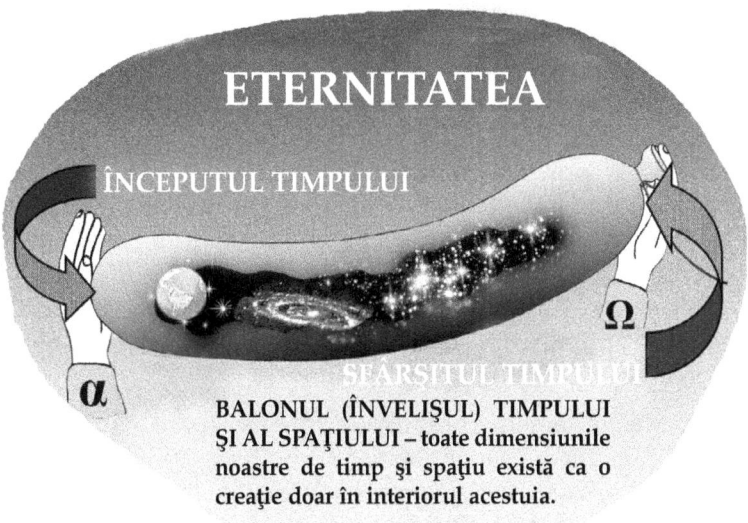

Universul nostru suspendat în locurile cerești

La fel este cu pământul și cu întregul univers natural – se află în mâinile Lui și este înconjurat de „camera de zi" – tronul lui Dumnezeu (locașul lui Dumnezeu – cerul fără limite). Suflarea lui Dumnezeu a însoțit cuvintele rostite (Isaia 55:11), formând universul (Geneza 1). Prin interacțiunea Lui cu universul, Dumnezeu poate face tot ceea ce dorește cu el, punând diverse lucruri în el sau mutându-le.

Dumnezeul nostru este în ceruri (shamayim); El face tot ce vrea.
Psalm 115:3

Există două particularități ale tărâmurilor create (viața noastră din interiorul balonului), la care trebuie să fim atenți: 1. nimeni nu poate intra sau ieși din balon, dacă Dumnezeu nu permite asta și 2. scara timpului din universul creat (înăuntrul balonului) nu face parte din timpul teritoriului ceresc, este un sistem separat, timpul pe care îl cunoaștem noi nu există în cerul sfânt al lui Dumnezeu.

Să examinăm mai cu atenție aceste două puncte. Dumnezeu, în tărâmul cel mai de sus (al treilea cer), poate să vadă și să intre în teritoriul nostru, dar noi nu putem să vedem sau să intrăm în tărâmul Său, prin voința noastră liberă. Aceasta sugerează că făpturile, adică îngerii (care locuiesc în teritoriile de sus) pot penetra sau intra, pot interacționa sau pot depăși limitele pământului. În al doilea rând, întregul timp creat se află înaintea lui Dumnezeu, fiind conținut în balonul creației. El este Alfa și Omega, începutul și sfârșitul. El este înaintea tuturor lucrurilor și în El toate lucrurile sunt ținute laolaltă.

În Noul Testament, primul loc în care apare cuvântul cer (greacă – *ouranos*) este în Matei 3:2: „*Pocăiți-vă, căci Împărăția cerurilor este aproape.*" Acest verset ar putea fi interpretat sub forma a ceva din dumnezeirea lui Dumnezeu (din al treilea cer sfânt, unde conduce și stăpânește El), care a penetrat teritoriul căzut al pământului.

Ne-am putea întreba: „Cât de departe este cerul sfânt al lui Dumnezeu?" Această întrebare nu are răspuns în termeni de măsurători naturale, pentru că teritoriul spiritual înconjoară și întrepătrunde mediul natural. În Evrei 12:1, apostolul Pavel scrie că suntem înconjurați de un nor mare de martori. Cine sunt acești martori? Cred că sunt toți acei oameni menționați în Evrei 11, care au murit și care nu mai umblă pe fața pământului ca muritori. Dar ei locuiesc în tărâmurile cerești, care cuprind teritoriul natural, astfel că ne înconjoară. Teritoriul ceresc este incomparabil mai mare decât teritoriul pământesc.

VĂDUVE, ORFANI ȘI PRIZONIERI

Am continuat această discuție, în speranța că cititorul va avea o mai bună înțelegere a ceea ce se întâmplă atunci când proclamăm Împărăția lui Dumnezeu. În momentul când proclamăm conform voii Lui, Dumnezeu intră în teritoriul nostru, pentru a face ce dorește. El nu este departe și poate veni într-o clipă (Ieremia 23:23).

8.3 Al doilea cer

Vom examina aici cel de-al doilea cer, cel pe care nu l-am examinat până acum. Dacă există primul și al treilea cer, atunci unde se află și ce este cel de-al doilea cer? În Apocalipsa 12:7-9, citim că diavolul și îngerii lui au fost aruncați din cer (cerul sfânt sau al treilea cer), pe un teritoriu mai de jos, pământul. Totuși aceste făpturi spirituale nu au trupuri fizice; ele trăiesc într-un teritoriu spiritual din jurul pământului. Acest teritoriu se extinde până la limita cerului din jurul pământului (atmosfera). Este de ajutor să ne amintim că Satan este cunoscut ca „prințul puterii văzduhului" și ca „stăpânul lumii acesteia". Vom numi acest teritoriu supranatural, în afara prezenței lui Dumnezeu, cel de-al doilea cer.

Locuind în al doilea cer, diavolul și „îngerii" lui nu pot penetra, vedea sau influența, fără permisiunea lui Dumnezeu, ceea ce se întâmplă în teritoriul de deasupra lor (de exemplu, cel de-al treilea cer). Ei au fost izgoniți datorită neascultării, pierzând privilegiul de a mai trăi în cel de-al treilea cer. Aceste ființe spirituale pot totuși să ajungă, prin ordinea și prin tărâmurile spirituale, la primul cer și la pământ, unde au stăpânire și conducere spirituală, prin drepturile care li s-au dat, ca rezultat al păcatului adamic și al păcatului continuu al omenirii. Păcatul nostru continuu i-a dat dușmanului sufletelor noastre din ce în ce mai multă libertate de a acționa asupra stării acestei planete (din interiorul sau de sub primul cer) și asupra populației acesteia.

Ultima întrebare este: Unde este iadul? Iadul este un loc separat pe teritoriul spiritual, un loc în care nu există părtășie cu Dumnezeu. În Noul Testament se vorbește de treisprezece ori despre acesta, în mod direct. Isus este Cel care prezintă acest subiect și vorbește despre el de unsprezece ori. Cuvântul „iad" este tradus prin termenul ebraic *geenna*, care derivă de la Valea Gehenna, localizată în sud-vestul Ierusalimului. În timpurile biblice, în Gehenna era aruncat și ars gunoiul. Din învățătura lui Isus înțelegem că iadul este un nume simbolic al locului unde vor fi pedepsiți, în final, cei fără Dumnezeu. Este un loc de foc, de durere și de amărăciune, localizat în tărâmurile spirituale, departe de părtășia cu Dumnezeu și separat de orice altceva.

Înțelegem acum mai bine relația dintre tărâmul natural pământesc și tărâmurile spirituale. Suntem conștienți că atât influența divină din cel de-al treilea cer, cât și influența coruptă din cel de-al doilea cer pot fi extinse asupra pământului, cu tot ce cuprinde el. Cu această cunoștință, suntem pregătiți să examinăm omenirea, să vedem cum suntem creați și cum putem interacționa cu tărâmurile naturale și spirituale în care suntem scufundați.

9.0 Crearea omenirii

Obiectivul secțiunii de față este acela de a înțelege structura omului, atât fizică, cât și spirituală. Înțelegerea modului în care noi, oamenii, am fost creați ne va sluji ca un fundament al credinței noastre. Această înțelegere ne va ajuta să ne relaționăm mai ușor la Dumnezeu, Creatorul nostru, să ne rugăm, să primim și să oferim o slujire cu mai mare efect.

Beneficiind de această cunoaștere, suntem mai bine pregătiți pentru a înțelege Scripturile, pe noi înșine, pe Dumnezeu, relația noastră cu El și unii cu alții. Vom începe să înțelegem și cum putem interacționa sau cum putem fi influențați de mediul nostru natural și spiritual.

Scripturile ne spun că suntem creați cu un duh, cu un suflet și cu un trup:

Dumnezeul păcii să vă sfințească El însuși pe deplin; și: duhul vostru, sufletul vostru și trupul vostru, să fie păzite întregi, fără prihană la venirea Domnului nostru Isus Cristos. 1 Tesaloniceni 5:23

VĂDUVE, ORFANI ȘI PRIZONIERI

Sufletul și duhul au fost create de Dumnezeu pentru a exista în interiorul trupului, dându-i viață și făcându-l să funcționeze. Figura de mai jos ne prezintă, în mod schematic, componentele de bază ale creației unei persoane.

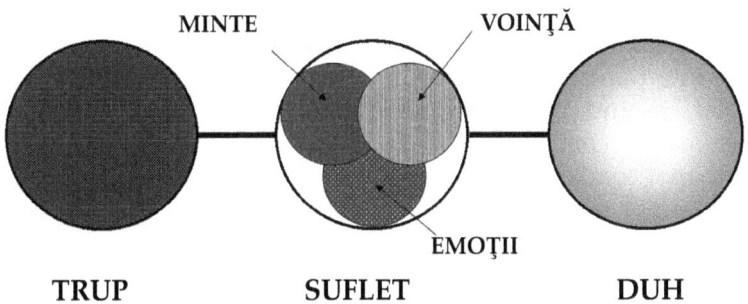

9.1 Trupul

Trupul nostru omenesc, deși face parte din noi, nu reprezintă, de fapt, cine suntem noi, dar este o mașinărie biologică uimitoare, creată de Dumnezeu. El acționează prin centrul său de control, creierul. Trupul omenesc este făcut din materiale comune pământului, mai ales, apă și sare. În afară de creșterea fizică, de funcția de refacere și întreținere, colectarea datelor senzoriale, coordonarea mișcărilor și de reacțiile reflexe, creierul nu este cel care inițiază activitatea în trup. Există o altă sursă a activității, sufletul.

9.2 Sufletul

Identitatea noastră, cine suntem ca persoană, este exprimată de către suflet. Sufletul direcționează activitățile trupului, procesând datele senzoriale exprimate de trup și datele spirituale exprimate de duh. Sufletul sintetizează reacțiile care par să fie în interesul întregii persoane sau ceea ce crede el că ar fi potrivit, în condițiile date, pentru familie, societate, mediu, pentru Dumnezeu sau, posibil, în interesul falselor zeități venerate de persoană. Sufletul are trei părți componente: mintea, voința și emoțiile.

Mintea, voința și emoțiile nu sunt făcute din material fizic, ci spiritual. Dumnezeu a ancorat ceva din eternitate (teritoriul spiritual) în trupurile noastre pământești. Când trupul nostru pământesc moare și se dezintegrează, sufletul și personalitatea încorporată în trup continuă să existe. Sufletul își pierde doar legătura sau misiunea față de teritoriul creat al planetei Pământ.

Sufletul comunică cu trupul fizic prin intermediul creierului, care este parte a trupului fizic. Creierul primește călăuzire de la suflet, făcând ca trupul să reacționeze în conformitate cu informațiile complexe ale sufletului. Acțiunile inițiate de suflet sunt apoi combinate cu acțiuni operate autonom de către creier: de exemplu, respirația, bătăile inimii, clipitul din ochi etc. În unele domenii, sufletul poate să conducă acțiunea autonomă a creierului, de exemplu, dacă îți ții respirația când te scufunzi sub apă sau dacă alegi să nu clipești când te uiți fix, cel puțin până când creierul intră într-o stare de alarmă și începe să preia controlul asupra sufletului, pentru a împiedica trupul să fie afectat.

a) Mintea

Deși deseori se crede despre creier că este sursa gândurilor noastre, nu este așa. El este direcționat, în toată procesarea cognitivă, de către minte. Fără intervenția minții, niciun gând nu poate intra în trupul nostru. Ceea ce nu înseamnă că creierul nu are nicio funcție mentală sau cerebrală. Mai degrabă funcțiile mentale sunt direcționate și conduse de către minte, după cum un computer este direcționat de UCP (unitatea centrală de procesare).

Activitatea mentală a sufletului (minții) revizuiește și procesează informațiile naturale obținute prin sistemul de senzori ai corpului, de la amintiri recente sau mai vechi și de la informații spirituale obținute prin duhul omenesc (vezi secțiunea *Duhul omenesc*). Pe baza acestor informații, mintea determină ce este în interesul întregii persoane și al sistemelor ei de convingeri. Apoi, mintea formează un plan de acțiune, pentru a împlini acel interes. Executarea planului sau a scopului este dusă la îndeplinire de către voință.

b) **Voința**

Voința conferă ordinea executivă funcționării complexe a sufletului și transformă acea ordine în comenzi pe care creierul le va trimite spre diferite părți ale trupului, care vor răspunde printr-o acțiune. Voința este deseori asociată cu scopul, fiind forța care conduce sufletul și trupul nostru. Când voința primește instrucțiuni de la minte și/sau emoții, îi comandă trupului să răspundă, prin agenția creierului. La extremă, am putea spune că personalitatea sau caracterul cuiva este determinat fie de o voință slabă, fie puternică, în funcție de cât de des își poate îndeplini planurile minții. Alt aspect al voinței, acolo unde pare să se suprapună cu funcțiile minții, este domeniul deciziilor. Mintea și voința par să funcționeze împreună pentru a lua o decizie sau un plan de acțiune, dar funcția voinței operează mai mult în domeniul executării planului.

c) **Emoțiile**

Emoțiile se interpun atât cu voința, cât și cu mintea, colorând și influențând activitățile acestora. Emoțiile influențează creierul în mod direct, provocând reacții ca râsul, plânsul, tremurul și altele. Teoretic vorbind, când emoțiile noastre nu se interpun în funcționare cu voința și cu mintea noastră, ele sunt o evaluare calitativă a sentimentelor noastre față de cineva, de ceva sau de o situație (reală sau imaginară). Ne exprimăm aceste reacții interne fie în cooperare cu mintea și cu voința sau aproape autonom, ca emoții care afectează trupul în mod direct. Deci emoțiile pot cauza schimbări în acțiune, vorbire, tensiune musculară, ținută, expresie facială, circulația sângelui, respirație etc.

Emoțiile exprimate devin, apoi, ceea ce numim limbajul relațiilor. Ele ne spun cum ne simțim în interior, comunicând aceste sentimente în afară, în contextul vieții cotidiene. De vreme ce emoțiile, cu aspectul lor autonom, sunt legate direct de psihologia noastră, ele pot avea o influență puternică asupra sănătății și asupra stării de bine a trupului nostru. Când sunt combinate cu voința și cu mintea noastră, emoțiile rezultă în atitudini, formule de comportament inspirate emoțional, care vor influența și vor modela relațiile noastre cu semenii.

Dumnezeu a dat emoțiilor noastre o calitate temporală. El ne cere să ni le exprimăm în fiecare zi, înainte de a merge la culcare. Dacă ele nu sunt exprimate în acea perioadă a zilei, apar trei tipuri de probleme majore: una fizică, una spirituală și una sufletească. Din punct de vedere fizic, emoțiile neexprimate încep să aibă o influență nefastă asupra trupului. Dumnezeu nu a creat trupul nostru cu capacitatea de a trăi sub presiunea constantă a emoțiilor depozitate. Astfel, ne poate fi afectată sănătatea și funcționarea trupului. Din punct de vedere spiritual, emoțiile neexprimate încep să cauzeze fisuri în sistemul lui Dumnezeu de protecție din jurul fiecărui individ, dând diavolului o ocazie de a ne vizita prin această vulnerabilitate spirituală. Din punct de vedere sufletesc, emoțiile depozitate încep să afecteze mintea și voința, cauzând planificarea și executarea unor strategii care vor spori presiunea emoțională experimentată. Din păcate, emoțiile neexprimate par să se multiplice și să se depoziteze, creând și mai multă presiune decât atunci când au fost experimentate pentru prima dată.

9.3 Duhul omenesc

Simplu spus, duhul omenesc dă viață și însuflețire trupului, comunicând sufletului ceea ce vrea Dumnezeu să fie făcut (Exod 35:21). În Iacov 2:26, citim că trupul fără duh (omenesc) este mort. Duhul omenesc este centrul creativității, reflectând caracterul unui Dumnezeu creativ. În momentul mântuirii (vezi ilustrația de la secțiunea 2.0, *Mântuirea*), duhul omenesc începe să comunice cu Dumnezeu (câteodată, spunem că a revenit la viață față de Dumnezeu). În acel moment, Duhul Sfânt vine să locuiască în interiorul duhului omenesc. În momentul mântuirii, nici sufletul, nici trupul nu este locuit de Duhul Sfânt, ci duhul omenesc este lăcașul lui Dumnezeu în persoana noastră.

VĂDUVE, ORFANI ȘI PRIZONIERI

Dumnezeu comunică sentimentele, gândurile și voia Lui direct duhului omenesc al celor răscumpărați. Apoi, duhului omenesc are sarcina de a transmite sufletului nostru ceea ce a spus Dumnezeu. După cum citim în Biblie, în Romani 7, putem vedea lupta dintre suflet și duh. Dacă examinăm cu atenție confruntarea dintre suflet și trup, putem observa duhul omenesc oglindind domeniile de activitate (sau funcțiile) ale sufletului (adică mintea, voința și emoțiile), în lupta de a promova căile lui Dumnezeu. Pe când duhul omenesc comunică sau exprimă inima lui Dumnezeu, sufletul are încă voința liberă de a acționa fie autonom, fie în conformitate cu voia lui Dumnezeu. În duhul omenesc se află și funcțiile de conștiință, închinare, discernământ și cunoașterea lui Dumnezeu, primite prin nașterea din nou și prin faptul că Duhul Sfânt a venit să locuiască în duhul nostru omenesc.

ANEXA A II-A

Poruncile și legile spirituale ale lui Dumnezeu

1.0 Introducere

În Capitolul al II-lea am examinat patru legi spirituale care ne afectează viața și am observat că, trăind sub autoritatea comunistă, s-ar putea să fi încălcat poruncile lui Dumnezeu. Din cauza ispitelor, a presiunii sau a stresului, am pășit, cu sau fără voia noastră, sub incidența legilor spirituale care intră în acțiune atunci când păcătuim.

În anexa de față, ne vom distanța puțin de versetele pe care le-am studiat în capitolul al II-lea și vom examina principiile generale. Legea în detaliu stabilește niște limite comportamentale pentru noi, dar, pentru a fi echipat în viața de creștin, avem nevoie să înțelegem inima lui Dumnezeu și principiile de la temelia creației Sale. Înțelegerea gândurilor și a acțiunilor lui Dumnezeu ne va feri de ipocrizie și de legalism. Detaliile și amănuntele își au importanța lor, însă ele constituie, adesea, copacii care ne împiedică să vedem pădurea. Dacă înțelegem principiile fundamentale, ne vom putea debarasa de păcat și de copleșitoarele sale consecințe din viața noastră.

Pentru a dobândi o perspectivă de ansamblu, trebuie să clarificăm confuzia pe care o avem adesea în minte, când vorbim despre legile lui Dumnezeu. Trebuie să înțelegem doi termeni: poruncă și lege. Mulți dintre noi sunt derutați sau chiar induși în eroare de utilizarea contemporană a termenului „lege".

Auzim adesea despre persoane care au încălcat legea. Însă exprimarea noastră este foarte departe de adevăr. Când oamenii au un comportament în afara limitelor prescrise de lege, ei nu au încălcat legea, nu au desființat legea care prescrie pedeapsa pentru acea greșeală. Ei au ieșit în afara limitelor legale, iar legea ne arată cum vor plăti pentru acest comportament greșit. Dacă legea a fost încălcată, desființată, înseamnă că nu a fost cu adevărat lege. Legile spirituale, naturale și sociale stipulează cu infailibilitate ce se va întâmpla dacă intreprindem anumite acțiuni. Legea gravitației afirmă că, dacă mă arunc de pe o stâncă, voi cădea, de fiecare dată. Deși există o legătură între lege și poruncă, acești termeni reprezintă două lucruri complet diferite.

Acum, haideți să vedem legătura dintre poruncile lui Dumnezeu și legile Lui spirituale. Pe măsură ce vom dezvolta acest subiet, vom descoperi cum putem folosi aceste informații pentru a ieși din teritoriul judecății și al blestemului și pentru a păși în binecuvântările lui Dumnezeu. Vom examina pas cu pas:

- Standardele lui Dumnezeu pentru viețile noastre, exprimate adesea sub formă de porunci;
- Legile spirituale care răsplătesc comportamentul nostru, prin binecuvântare sau blestem;
- În final, vom vedea cum să ieșim de sub pedeapsa lui Dumnezeu și să primim binecuvântarea Lui, prin mărturisire, pocăință și primirea iertării, în Numele lui Isus.

2.0 Poruncile lui Dumnezeu

La Sinai, au fost tunete, vânt puternic, întuneric, tristețe, foc și cuvinte rostite atât de puternic, încât israeliții implorau ca ele să înceteze. Dumnezeu striga la poporul Său, atunci când acesta era gata să pășească de pe stânca spirituală, în gol, spre moarte. Viețile și atitudinile lor se aflau în afara ordinii Sale; El îi chema înapoi la siguranță. Ei aveau nevoie să fie salvați de pericol, iar El le-a dat harul unei limite spirituale, care să-i împiedice să cadă; un standard comportamental neprihănit pentru siguranța lor, Cele Zece Porunci.

Natura noastră firească va vrea întotdeauna să facă lucrurile în felul ei, care duce numai la moarte. Avem nevoie de perspectiva lui Dumnezeu:

Multe căi i se par bune omului, dar la urmă duc la moarte...
Proverbe 16:25

Deoarece căile lui Dumnezeu nu sunt căile noastre, avem tendința de a privi limitele comportamentale impuse de El ca fiind restrictive şi controlatoare. În schimb, ele sunt ca o linie a vieţii, care ne salvează de moarte spirituală şi, adesea, chiar de moarte fizică.

Când auzim despre poruncile lui Dumnezeu, primul lucru care ne vine în minte sunt Cele Zece Porunci. Dar Biblia conţine mult mai multe porunci; toate sunt linii călăuzitoare pentru viaţa noastră aici, pe pământ. Unele sunt declarate direct şi imperativ, ca fiind standarde comportamentale. Altele sunt exprimate sub formă de parabole. Al treilea mod de informare este prin istorii naţionale, Biblia conţinând istorisiri despre oraşe, sate, indivizi şi familii. Oricum ar fi exprimate acestea, scopul este de a ne ajuta în asemănarea cu Tatăl nostru ceresc. El este sfânt, drept, neprihănit şi iubitor. Devierea noastră de la căile lui Dumnezeu o descriem ca fiind păcat.

3.0 Limitele de viteză ale vieţii

Să ne gândim, acum, la o paralelă din viaţa cotidiană, legată de poruncile lui Dumnezeu. În majoritatea ţărilor, pe străzi circulă maşini. Pentru a proteja viaţa şi proprietatea, guvernele au hotărât nişte limite de viteză pentru conducătorii auto. Limita de viteză pentru fiecare porţiune de drum, conform condiţiilor din zona respectivă, poate fi afişată pe semnele de pe marginea drumului sau poate fi determinată de mediul în care conduci (drum de ţară, de oraş, zonă cu şcoli şi spitale etc.).

Aceste limite de viteză sunt porunci: nu ai voie să depăşeşti o anumită viteză. Dacă împlineşti porunca, poţi continua să ai privilegiul de a conduce pe şosele. Dacă depăşeşti limita de viteză, trebuie să plăteşti o amendă, conform legilor şi codurilor guvernamentale. Adesea vei plăti o anumită sumă de bani, pentru că ai încălcat limita de viteză (porunca). Pedeapsa pentru un comportament greşit, o amendă prescrisă, este creată pentru a te costa, determinându-te să asculţi şi, astfel, să nu pui în pericol nici viaţa ta, nici a altora sau proprietăţile acestora.

Şi Dumnezeu a stabilit nişte „limite spirituale de viteză"; poruncile Lui faţă de comportamentul nostru. Ele sunt scrise atât în Biblie, cât şi în inimile noastre. Dacă avem îndoieli în această privință, ne putem ruga și Îl putem întreba pe Dumnezeu ce crede despre o anumită situație din viețile noastre.

4.0 Legile spirituale

Să analizăm acum, mai cu atenție, legile spirituale ale lui Dumnezeu și să vedem cum funcționează ele, fie în favoarea noastră, fie împotriva noastră. În sens negativ, legile spirituale, asemenea legilor de trafic, intră în vigoare în momentul în care încălcăm standardele comportamentale (poruncile) ale lui Dumnezeu. Neascultarea noastră ne duce în afara zonei de de binecuvântare și protecție stabilite de Dumnezeu, conducându-ne pe tărâmul necazului:

> *Dar dacă nu vei asculta de glasul Domnului, Dumnezeului Tău, dacă nu vei păzi și nu vei împlini toate poruncile și legile Lui, pe care ți le dau astăzi, iată toate blestemele care vor veni peste tine...*
> Deuteronom 28:15

Totuși conformarea noastră personală la standardele lui Dumnezeu (ascultarea) ne asigură de binecuvântările Lui:

> *Iată toate binecuvântările care vor veni peste tine dacă vei asculta de glasul Domnului, Dumnezeului tău...* Deuteronom 28:2

5.0 Legile și poruncile: o imagine – parabolă

Să vedem cum funcționează împreună aceste legi și porunci spirituale, analizând o parabolă. La început, vedem o pajiște verde, neasemuit de frumoasă. Mai întâi, atenția noastră se îndreaptă spre iarba verde, care unduiește blând sub atingerea unui vânt proaspăt, înmiresmat de parfumul florilor de câmp și de ceva profund și liniștitor – mireasma pământului.

Dar această priveliște nu este cea mai importantă parte; este doar începutul parabolei, la care ochii noștri s-au oprit prima dată. Apoi, mireasma pe care o simțim începe să se amestece cu ceea ce vedem. Treptat, devenim conștienți de trilul unei păsări, de șipotul apelor cristaline, care, în drumul lor, lovesc pietrele și nisipul moale.

VĂDUVE, ORFANI ȘI PRIZONIERI

Apoi, ne ridicăm ochii și vedem pajiștea care urcă încet, până când devine abruptă, în final lăsând loc priveliștii unui munte care îți taie respirația, cu pajiști alpine, cedri și pini înmiresmați. Treptat, vedem ceva uimitor la lumină. Pare că totul este luminos, o lumină clară și transparentă, în același timp, pură și strălucitoare, totuși toată această luminozitate nu face rău ochilor, ci mai degrabă dă o claritate și o strălucire neobișnuite. Priveliștea nu seamănă cu ceea ce se poate experimenta aici, pe pământ.

Aruncându-ne privirea în jur, scrutând panta muntelui, începem să observăm că lumina devine mai puternică și mai strălucitoare, iar culorile, mai vii; intensitatea crește, pe măsură ce ne uităm spre vârful muntelui, atât de plin de lumină, încât se pierde în ea.

Oh, cum am putut să nu observăm? Peste tot sunt turme de oi, păscând liniștit, odihnindu-se sau dormind; mai sunt și câteva oi răzlețe sau în grupuri mici, și ele mulțumite, albe, bine hrănite și frumoase. Stai puțin! Nu-i așa că e interesant? Nu știu cum să vă explic, dar, chiar dacă se află într-o continuă mișcare, ele sunt tot timpul cu fața spre munte și spre lumina lui glorioasă. Nu este ceva ce se poate explica în termeni spațiali; pentru că ceea ce vedem nu este posibil în spațiile tridimensionale ale pământului.

Apoi, observăm cel mai uimitor lucru: cum am putut să nu îl vedem? Observăm un gard alb, frumos, pe care nu îl poți cuprinde cu privirea, de la dreapta spre stânga. Presupunem că înconjoară întregul munte; dar ochii noștri nu pot vedea asta.

Acum, ceva uimitor. În afara gardului, lumina începe rapid să slăbească. Iarba de dincolo de gard începe să devină maronie. Nu este încă maronie, dar se transformă treptat, ca și când s-ar veșteji. Ai putea crede că această culoare maronie îi dă o stare finală, de moarte. Cea mai bună descriere ar fi cea a unei cascade. Apa se revarsă continuu și, dacă te uiți la fundul cascadei, apa a curs. Totuși, în același timp, apa continuă să curgă. Aici, la limita gardului, între țara vieții și țara morții, viața pare să curgă continuu spre moarte. Cu cât ne îndepărtăm mai mult de gard, cu atât este mai rapidă curgerea spre moarte, iar întunericul cade cu viteza sabiei unui călău.

Dar iată că aici, la margine, unele dintre oi au reușit să se întoarcă cu spatele la muntele de lumină și de viață. Animalele nechibzuite se zbat să mănânce iarba aceea oribilă, veștedă, de pe cealaltă parte a gardului.

Totul e atât de confuz! De ce ar mânca așa ceva? Când întrebarea ne face să ne vâjâie capul, o rostim cu voce tare și suntem atrași în interiorul acestei viziuni. Suntem acolo, stând lângă o oaie care se zbate să mănânce masa morții. Ne rugăm de oaie și o tragem de lână, dar ea nu ascultă și nu ne dă atenție. E un lucru ciudat. În timp ce ne luptăm cu această oaie, observăm că, la nivelul pământului, nu se vede că iarba este veștedă și maronie. Ea arată mai grasă, mai sănătoasă, mai falnică și mai apetisantă. Oile care se întorc cu spatele spre muntele de lumină și viață sunt înșelate și nu pot vedea capcana morții. Când oaia pe care încercam să o salvăm trece prin gard și dispare în întuneric, simțim o apăsare în piept, care ne zguduie întreaga ființă.

Pe când vărsăm lacrimi amare, plângând pierderea și luptându-ne cu sentimentul de neajutorare, ne dăm seama că nu vom mai fi niciodată la fel. În acest moment profund, cerem înțelegere. Și, la fel de brusc cum am ajuns la nivelul solului, privim din nou în jos la peisaj, dintr-o perspectivă mai cerească.

Vedem oile care mănâncă prin gard și care, după ce gustă moartea, cad în frenezie. Devin din ce în ce mai agitate, împingând gardul, ca să înfulece mai mult. Apoi trec prin gard, iar gardul se reface în spatele lor, ca și când nu ar fi fost niciodată rupt.

În timp ce mănâncă din ce în ce mai mult din iarba veștedă, intră și ele în procesul morții. „Nu, nu!" strigăm noi, „întoarceți-vă!", dar ele nu aud, iar lâna lor, care fusese odată albă, începe să devină galbenă și să cadă în bucăți mari. Pașii lor siguri se transformă într-un mers legănat, iar unele încep să cadă pe jos. Altele sunt deja la pământ, zbătându-se cu greu. Acolo, la apus, vine o trăsură mare și neagră, trasă de bestii hidoase. Figuri umbroase se opresc, încărcând trupurile moarte, iar procesiunea continuă.

VĂDUVE, ORFANI ȘI PRIZONIERI

5.1 Sensul parabolei

Explicația parabolei este simplă. Gardul reprezintă poruncile lui Dumnezeu și preceptele vieții neprihănite. De o parte a gardului, sunt binecuvântările lui Dumnezeu, prezența Lui și viața. În afara gardului și departe de căile lui Dumnezeu, este întunericul, moartea; domeniul lui Satan. Când ne întoarcem cu spatele spre Dumnezeu și nu ascultăm poruncile Lui pentru viață, noi împingem gardul Lui de protecție. Poruncile sunt limite puse de Dumnezeu, marcând locul unde se termină viața și lumina și începe moartea fizică, dar și psihică. Când Îi întoarcem spatele lui Dumnezeu, păcatul devine atrăgător și înșelător, dar este, de fapt, ușa spre moarte. În neascultarea noastră față de poruncile lui Dumnezeu, descoperim că am trecut prin gardul Lui de protecție; nu întunericul intră în Împărăția Luminii, ci noi cădem în întuneric.

Legile spirituale ale lui Dumnezeu ne spun ce ni se va întâmpla nouă și familiilor noastre, dacă Îi întoarcem spatele lui Dumnezeu și cădem în păcat. Legea generică, atotcuprinzătoare, este că, dacă păcătuim, ne separăm de prezența lui Dumnezeu, care susține viața. El este perfect, sfânt, plin de dragoste și de viață, El este lumina și în El nu există întuneric. Iată de ce, dacă noi ne îndepărtăm de prezența Lui, intrăm pe terenul opoziției. Acolo este imperfecțiune, pângărire, ură, moarte și, desigur, întuneric. Poruncile Lui sunt ca un gard care ne împiedică să cădem.

De fapt, nu contează care poruncă am încălcat-o. Ajungem în afara barierei de protecție a lui Dumnezeu, ieșind din binecuvântările Lui. Când depășim limitele de viteză stabilite pentru a conduce în siguranță (adică porunca guvernului), legile care pedepsesc conduita noastră sunt precizate. La fel, pedeapsa pentru neascultarea poruncilor lui Dumnezeu este consemnată în mod clar în Biblie. Totuși nu toate legile lui Dumnezeu sunt atât de evident menționate. Mai mult, perioada de timp dintre neascultarea noastră și legea care intră în vigoare poate fi de câțiva ani sau de câteva generații. Dar să nu uităm: Scriptura ne spune că Dumnezeu nu Se lasă batjocorit. Ceea ce seamănă omul, aceea culege (vezi Galateni 6:7).

Poruncile, preceptele și legile lui Dumnezeu stabilesc limitele de protecție pentru viața noastră. Legile lui Dumnezeu, fie că sunt scrise, înțelese și observabile, fie că nu sunt, vor decide dacă vom avea parte de binecuvântări sau de blesteme, de viață sau de moarte (vezi Deuteronom 30:19).

6.0 Trecerea de la moarte la viață

Aici, pe pământ, atât creștinii, cât și necreștinii pot alege să se plimbe între țara vieții și țara morții, între binecuvântare și blestem. Alegerea este a noastră. Oricine ascultă de Dumnezeu, sau cel puțin își trăiește viața potrivit standardelor lui Dumnezeu, poate să se bucure de binecuvântările Lui. Cei care nu Îl ascultă pe Dumnezeu, trăind în afara standardelor Lui, vor observa moartea intrând în viețile lor. Poate fi moartea finanțelor, a căsătoriei, a relațiilor, a minții, a stabilității emoționale; sau se poate manifesta ca boală, infirmitate, accidente, tragedii și multe altele. Poruncile, preceptele și legile lui Dumnezeu sunt universale pentru toată omenirea.

Deoarece legile Lui sunt universale, toată omenirea este supusă lor. Atât cei care merg în rai, cât și cei care merg în iad intră sub incidența aceleiași măsuri. Aici, pe pământ, cei mântuiți și cei nemântuiți vor culege consecințele ascultării sau ale neascultării lor, potrivit cu standardele lui Dumnezeu față de conduita umană.

Putem decide să trăim conform căilor lui Dumnezeu și să ne lepădăm de standardele vieții păcătoase din trecut. Din punct de vedere istoric, țările care s-au aflat sub etica iudeo-creștină au sisteme legislative care reflectă standardele lui Dumnezeu. Comportamentul păcătos era pedepsit de guvernare în așa fel, încât să încurajeze un stil corect de viață. Atât credincioșii, cât și necredincioșii sunt determinați, în multe feluri, să treacă de la căile morții la cele ale vieții. Dacă devii împlinitor al legii, te poți bucura de beneficiile și de privilegiile acelei conduite.

Putem decide, de asemenea, să ne schimbăm comportamentul, adoptând căi care nu sunt reglementate în mod direct de legile guvernamentale. De exemplu, nu este ilegal să devenim alcoolici, dacă nu îi punem în pericol pe alții, prin comportamentul nostru.

VĂDUVE, ORFANI ŞI PRIZONIERI

Acest tip de comportament e totuşi contrar căilor lui Dumnezeu, iar noi, familiile noastre şi urmaşii noştri, vom suferi din cauza neascultării noastre. Dacă avem privilegiul de a ne recunoaşte greşeala, este posibil să hotărâm să ne lepădăm de comportamentului nostru din trecut şi să decidem să oprim consumul de alcool.

Un bun exemplu în acest sens este Jules Marine, un orator motivaţional de succes din anii '80, care fusese mulţi ani alcoolic. La un moment dat, el s-a decis să rămână treaz şi să nu mai bea. Pentru a-şi răsplăti alegerea de a rămâne treaz, a făcut un plan de a economisi toţi banii pe care i-ar fi cheltuit pe alcool şi de a-şi cumpăra un automobil de lux, Rolls Royce. Când l-am întâlnit pe Jules, îşi ţinea dependenţa sub control şi conducea un Rolls Royce. El, necredincios fiind, a decis să se împotrivească în fiecare zi dependenţei lui. Fără să bea, putea ajunge să aibă şi să conducă maşina viselor sale. Alcoolul i-ar fi furat averea şi privilegiul de a conduce o maşină, ca şi multe alte lucruri din viaţa sa.

Nu toţi beneficiem de o voinţă atât de puternică şi de abilitatea de a ajunge bogaţi ca Jules Marine, dar şi noi putem fi eliberaţi de păcate, dacă alegem să ne schimbăm (pocăim). Când eram necredincioşi, puteam continua să ne luptăm zilnic împotriva dependenţelor şi a naturii noastre păcătoase, păstrând o conduită corectă şi bucurându-ne de beneficiile acesteia.

Dumnezeu oferă creştinilor o altă cale. Începe în mod similar cu a ne da seama de comportamentul nostru greşit. Această conştientizare duce la schimbare, la pocăinţă, determinând întoarcerea de la păcatul nostru.

În calitate de creştini care au o relaţie cu Dumnezeu, este necesar să ne cerem iertare Tatălui nostru din ceruri, recunoscând vinovăţia noastră de a-I fi încălcat poruncile. Acest pas este numit „mărturisirea păcatului". Numim păcat ceea ce Dumnezeu numeşte păcat. Admitem faptul că El ne oferă modul corect de comportament, iar noi nu l-am urmat. Apoi, creştinul îşi cere iertare, prin sângele lui Isus, care a murit pe cruce, luând pedeapsa păcatelor noastre asupra Lui, pentru ca noi să nu trebuiască să suferim pedeapsa noastră meritată.

Poți și ai dreptul să întrebi de ce este importantă această a doua abordare, de vreme ce atât creștinii, cât și necreștinii se pot bucura de roadele comportamentului corect, prin simpla schimbare. Răspunsul este că orice păcat și comportament păcătos, poartă cu sine pedeapsa morții. Iar moartea înseamnă separare de Dumnezeu; atât în sens temporar, pământesc, cât și în sens etern, spiritual.

Când ieșim dintr-un stil de viață păcătos, este ca și cum am ieși dintr-un drum de țară, plin de noroi, la un drum asfaltat. Când mergeam prin noroi, era foarte greu să facem progrese. Noroiul ne împiedica mersul și se lipea de picioarele noastre, într-un strat gros de câțiva centimetri. Totuși, chiar și când ieșim de pe câmp, ceva din acel câmp este, încă, lipit de picioarele noastre și ne poate, încă, îngreuna mersul. Asta, până ne curățim încălțămintea. Păcatul stă lipit de noi în același fel.

Un exemplu mai concret: dacă am jefuit bănci, am merita să fim pedepsiți. Chiar dacă am decide să nu mai facem asta niciodată (ne pocăim) și ne-am lepăda de vechile practici, ceea ce am făcut, merită pedeapsă. Dacă nu ne-am primit pedeapsa de drept, ar trebui să mințim toată viața, ascunzându-ne, pentru a nu fi descoperiți. După cum mersul nostru prin câmpul noroios ne îngreunează mersul pe drumul pavat, păcatele noastre din trecut sunt lipite de noi din punct de vedere spiritual, ținându-ne în defavoarea pe care o merităm. Ne putem bucura de beneficiile de a merge pe calea neprihănită a lui Dumnezeu, imediat după ce ne schimbăm. Dar aceste beneficii nu sunt întotdeauna vizibile, semnificative și ușor de menținut, pentru că noi, încă mai culegem ceea ce am semănat prin păcat. Eliberarea (curățirea și vindecarea) de păcatele trecute este imposibilă pentru un necredincios. Acesta nu Îl cunoaște pe Isus și nu are dreptul ca păcatul și efectele păcatului său să fie îndepărtate, prin aplicarea verbală a sângelui lui Isus.

7.0 Aplicație practică

A scăpa de pedeapsa temporară a păcatului (împărăția morții) și a fi eliberați (curățiți), pentru a umbla în neprihănire, implică trei elemente:

VĂDUVE, ORFANI ŞI PRIZONIERI

- Mărturisire
- Pocăinţă
- Iertare

Prin mărturisire, admitem, în faţa lui Dumnezeu şi, de obicei, înaintea unui alt creştin, că am păcătuit. Numim păcatul după cum îl descrie Dumnezeu şi suntem de acord cu Dumnezeu că am greşit. Este important să practicăm mărturisirea unii faţă de alţii, pentru că Dumnezeu ne-a poruncit să facem astfel:

Mărturisiţi-vă unii altora păcatele şi rugaţi-vă unii pentru alţii, ca să fiţi vindecaţi. Mare putere are rugăciunea fierbinte a celui neprihănit. Iacov 5:16

Prin pocăinţă, alegem să schimbăm comportamentul nostru din trecut şi să umblăm pe calea neprihănirii lui Dumnezeu. Dumnezeu ne spune că schimbarea căilor noastre este un pas necesar în restaurarea binecuvântărilor Lui.

Pocăiţi-vă dar şi întoarceţi-vă la Dumnezeu, pentru ca să vi se şteargă păcatele, ca să vină de la Domnul vremurile de înviorare... Fapte 3:19

Acum îndreptaţi-vă căile şi faptele, ascultaţi glasul Domnului, Dumnezeului vostru, şi Domnul se va căi de răul pe care l-a rostit împotriva voastră. Ieremia 26:13

Prin iertare, primim graţiere judiciară, care ne eliberează de pedeapsa meritată pe baza legii lui Dumnezeu. Această graţiere este posibilă, numai prin aplicarea verbală a sângelui lui Isus. Proclamăm ceea ce ne-a oferit Dumnezeu prin jertfa lui Isus de pe cruce şi prin ceea ce a suferit El pentru noi.

Celor ce le veţi ierta păcatele, vor fi iertate: şi celor ce le veţi ţine, vor fi ţinute. Ioan 20:23

8.0 Rezumat

Să facem, acum, o recapitulare. Dumnezeu, în înţelepciunea şi dragostea Lui, ne-a descoperit căile Lui prin Biblie şi ne-a poruncit să trăim conform acestora. Când ascultăm de poruncile Lui, ne bucurăm de beneficiile Lui. Când suntem neascultători, ceea ce se numește păcat, suntem deschiși față de moarte, distrugere și robie față de împărăția întunericului.

Fără mărturisire, pocăință și iertare prin sângele lui Isus, am putea, datorită circumstanțelor sau prin puterea voinței, să începem să ne comportăm într-un mod dumnezeiesc. Totuși moartea, distrugerea și hărțuirea împărăției întunericului vor continua să stea lipite de noi. Orice păcat aduce, până la urmă, pedeapsa cu moartea a celui care l-a comis. Această lege spirituală este la fel de sigură ca faptul că ne vom umple de noroi, dacă traversăm un câmp noroios. Singurul mod de a scăpa de povara păcatelor noastre din trecut este acela de a le mărturisi în mod individual și specific. Dacă nu facem aceasta, consecințele vor fi problemele temporare (necazuri pe pământ) și pierderea pe tărâm etern (a răsplății sau a privilegiului ceresc).

O altă binecuvântare minunată vine în urma aducerii păcatelor noastre la Domnul, prin mărturisire și pocăință, împreună cu cererea noastră de iertare. Putem să Îl rugăm pe Duhul Sfânt, al cărui nume este Mângâietorul, să ne întărească și să ne ajute să nu cădem din nou în acel domeniu păcătos pe care l-am lăsat în urmă.

Să reținem că această secțiune a Anexei nu vorbește despre mântuire, despre primirea iertării lui Isus, rezultând într-o relație cu El și stabilind destinația noastră spre rai. Vorbim aici doar despre rezultatele păcatului nostru și despre pierderea răsplății din rai, datorită păcatului nemărturisit. Să nu uităm că, oricum, înainte de a intra în casă, trebuie să ne curățăm picioarele la ușă. Umblarea în cizme pline de noroi nu-l va da pe credincios afară din rai; ci îi face călătoria pe acest pământ mult mai dificilă.

ANEXA A III-A

Legăturile spirituale care conduc la robie

Jurămintele, ritualurile și angajamentele

Jurămintele, ritualurile și angajamentele sunt elementele cheie pe baza cărora se dezvoltă relații puternice între indivizi, atât în tărâm fizic, cât și în cel spiritual. Aceste acțiuni stabilesc o interdependență între ființele umane, care poate fi bună sau rea, în funcție de indivizi și de intențiile acestora, dar și de lucrurile în care ei se pun de acord. De asemenea, putem face jurăminte, putem participa la ritualuri, ne putem dedica unor ființe supranaturale, fie lui Dumnezeu, fie puterilor întunericului. Dacă ne-am dedicat unor ființe umane sau spirituale, puterea legăturii este din material supranatural. Acest material este întărit de legile spirituale ale lui Dumnezeu, care se află deasupra tuturor legilor naturale.

Vom examina aceste legături supranaturale create prin jurăminte, ritualuri și angajamente, pentru că acestea rămân în timp, fie spre bine, fie spre rău. Cuvintele și faptele noastre, adică jurămintele, ritualurile și angajamentele, au puterea spirituală de a ne binecuvânta sau de a ne blestema. Dumnezeu ne spune că fiecare cuvânt pe care îl rostim și tot ceea ce facem aici, pe pământ, are consecințe spirituale, iar la sfârșitul veacului, ni se va cere socoteală. Suntem răspunzători de acestea, pentru că ele au puterea de a distruge sau de a binecuvânta.

Vă spun că, în ziua judecății, oamenii vor da socoteală de orice cuvânt nefolositor pe care-l vor fi rostit. Matei 12:36

Căci toți trebuie să ne înfățișăm înaintea scaunului de judecată a lui Cristos, pentru ca fiecare să-și primească răsplata pentru binele sau răul pe care-l va fi făcut când trăia în trup. 2 Corinteni 5:10

Jurămintele, ritualurile și angajamentele sunt folosite în religii false și secte, în satanism, în vrăjitorie și în grupuri oculte, pentru a lega de ceilalți și de puterile întunericului pe fiecare individ care participă la acestea. Astfel de legături îi dau drepturi legale lui Satan în lumea spirituală şi stabilesc o dominare a întunericului asupra oricărui individ care a participat, în mod voit sau involuntar. Mai mult, această dominare a întunericului îi pune pe oameni sub controlul unor alte fiinţe umane şi al unor organizaţii pământeşti.

În contextul cărţii de faţă, puterea comunismului a fost stabilită prin jurăminte, ritualuri şi angajamente care au început în structurile de învăţământ: şoimii patriei, pionieri şi utecişti. Aceasta a fost apoi extinsă, prin aceleaşi mijloace, în partid, în armată, în servicii civile şi în fabrici, în C.A.P.-uri şi în alte organizaţii.

Zdrobirea puterii jurămintelor, a ritualurilor şi a angajamentelor

Există patru paşi iniţiali, care pot fi folosiţi pentru a ne elibera de drepturile legale puternice create prin jurăminte, ritualuri şi angajamente. Paşii iniţiali de eliberare din relaţii greşite cu indivizi, grupuri şi duhuri rele sunt:

- Renunţarea la jurăminte, ritualuri şi angajamente.
- Mărturisirea păcatelor în care am fost implicaţi.
- Pocăinţa de aceste păcate (inclusiv a-I cere iertare lui Dumnezeu pentru aceste greşeli).
- Primirea iertării în Numele lui Isus (*pronunţarea acestei iertări este, de obicei, făcută de un credincios născut din nou, care te ajută să te rogi pentru aceste probleme).

Celor ce le veţi ierta păcatele, vor fi iertate; şi celor ce le veţi ţine, vor fi ţinute. Ioan 20:23

Procesul de mai sus ne eliberează (prin sângele lui Isus) de orice drept legal al duşmanului asupra vieţii noastre, dar poate să nu ne aducă o ameliorare personală imediată. E nevoie, de obicei, de încă doi paşi în plus:

- Desfacerea legăturilor sufleteşti nedumnezeieşti faţă de indivizii din grupul căruia i-ai aparţinut (vezi secţiunea *Legături sufleteşti*, de mai jos).

VĂDUVE, ORFANI ȘI PRIZONIERI

- Eliberarea de orice duh rău asociat cu implicarea ta păcătoasă, prin îndoctrinare cu activitățile, scopurile și țelurile păcătoase ale grupului (vezi Anexa a VI-a, *Slujirea de eliberare*).

S-ar putea să fie necesară vindecarea amintirilor, a emoțiilor și a rănilor din suflet și din duh, de orice abuz suferit din cauza implicării tale într-un grup cu practici păcătoase. Aceste chestiuni sunt legate de vindecare interioară, urmând desfacerea legăturilor create prin jurăminte, ritualuri și angajamente. Invită-L pe Isus să atingă fiecare suferință trăită și să îți aducă vindecarea Lui, prin Duhul Sfânt.

Legături sufletești*

Ce este o legătură sufletească?

O formă specială de conectare spirituală între indivizi. Ceea ce trebuie examinat aici este liantul sau legătura sufletelor unor indivizi separați. Ca și în discuția precedentă, aceste legături pot fi bune sau rele. În cazul lui David și al lui Ionatan de exemplu, legătura a fost una dumnezeiască.

> *David sfârșise de vorbit cu Saul. Și de atunci sufletul lui Ionatan s-a alipit de sufletul lui David și Ionatan l-a iubit ca pe sufletul din el.*
> 1 Samuel 18:1

De asemenea, observăm că a existat o legătură sufletească puternică între Iacob și Beniamin.

> *Acum dacă mă voi întoarce la robul tău, tatăl meu, fără să avem cu noi băiatul de sufletul (suflet – ebraică – nephesh) căruia este lipit (lipit/ legat – ebraică – qashar) sufletul lui (suflet – ebraică – nephesh) ...Genesa 44:30 (notițe adăugate în paranteză)*

Stabilirea unei legături sufletești

Există multe căi prin care se pot stabili legături sufletești. Fiecare rezultă într-o conexiune spirituală puternică între indivizi, care

---
* Nota editorului: pentru o mai bună înțelegere a acestui concept, vă recomandăm cartea *Legături sufletești*, de David Cross.

are ca rezultat fie binecuvântare şi ajutorare, fie blestem şi control. Iată câteva modalităţi de stabilire a unor legături sufleteşti:

- Prin relaţii dumnezeieşti puternice – între părinţi şi copii, între fraţi/ surori şi între alţi membri ai familiei, inclusiv bunici;
- Prin experienţe puternice împărtăşite – dezastre, accidente, tortură şi violenţă;
- Prin manipulare şi relaţii sexuale – atât în cadrul, cât şi în afara căsătoriei;
- Prin experienţe şi ritualuri împărtăşite – de exemplu, între persoanele îndoctrinate şi cele care conduc ritualuri, jurăminte şi angajamente.

Legăturile sufleteşti stabilite prin relaţii sexuale

Cuvântul lui Dumnezeu ne spune că, atunci când un bărbat şi o femeie se unesc sexual, ei intră într-o stare prin care sunt „una": fiind conectaţi (legaţi) spiritual în sufletele lor.

De aceea va lăsa omul pe tatăl său şi pe mama sa şi se va lipi de nevasta sa şi se vor face un singur trup. Genesa 2:24

Această legătură spirituală, stabilită prin unire sexuală, este baza unui nivel profund de angajament şi de interdependenţă, necesare unei căsnicii. Ea facilitează cooperarea între un bărbat şi o femeie, pe durata întregii vieţi, ajutându-i să prospere în grija reciprocă, în creşterea sănătoasă a copiilor şi în îndeplinirea diferitelor sarcini pe care le are Domnul pentru ei.

Stabilim şi/ sau aprofundăm legături sufleteşti pe viaţă, de fiecare dată când întreţinem relaţii sexuale (inclusiv interacţiuni sau alte acte cu puternică tentă sexuală) cu o altă persoană, fie că am făcut un angajament de căsătorie sau nu. În Genesa 34:3 ni se spune că Sihem, fiul lui Hamor, hevitul, s-a lipit cu sufletul de Dina, fiica lui Iacov, pe care o violase.

Nu ştiţi că cine se lipeşte de o curvă, este un singur trup cu ea? Căci este zis: „CEI DOI SE VOR FACE UN SINGUR TRUP."
1 Corinteni 6:16 (majuscule adăugate)

Legăturile sufletești bazate pe relații sexuale stabilite în cadrul căsătoriei sunt o sursă de binecuvântare dată de Dumnezeu. Dar legăturile sufletești bazate pe relații sexuale păcătoase vor deschide ușa blestemului, pentru întreaga viață, și pot influența demonic fiecare dintre indivizii uniți în acest mod. Căsătoria, în urma relațiilor sexuale păcătoase cu aceeași persoană, nu va înlătura, rupe sau transforma legăturile sexuale greșite, stabilite în afara căsătoriei. În acest caz, căsătoria va rezulta într-o a doua legătură sufletească, de data asta, dumnezeiască, cu aceeași persoană cu care avem și o legătură păcătoasă, care produce blestem.

Multe vechi religii păgâne includeau actele sexuale ca parte a îndoctrinării lor. Ritualurile de închinare extindeau puterea de control asupra indivizilor. Aceste practici sunt, încă, valabile în satanism, vrăjitorie și în alte activități oculte de azi.

Eliberarea din legăturile sufletești păcătoase

Toate acestea pot părea vești proaste; totuși ele sunt doar unul dintre multele costuri ale păcatului. Pe de altă parte, faptul că Cristos a murit pentru păcatele noastre este, cu siguranță, o veste bună. Sângele lui Isus ne oferă eliberare din această capcană a păcatului. Este disponibil pentru credincioșii născuți din nou în Isus Cristos. Când Duhul Sfânt ne convinge de păcatele noastre sexuale, avem oportunitatea de a fi eliberați, dacă suntem dispuși să ne îndepărtăm de ele și să renunțăm la plăcerea pe care am obținut-o din ele. Procesul este următorul:

Îndepărtarea bazei legale a blestemului

- Conștientizarea păcatului nostru sexual;
- Convingerea în duhul nostru și punerea de acord cu ceea ce spune Dumnezeu despre păcatul nostru sexual;
- Renunțarea la plăcerea datorată păcatului nostru sexual;
- Deseori este necesară iertarea de sine pentru păcatul comis, precum și iertarea partenerului nostru sexual;
- Mărturisirea păcatul nostru sexual, pentru fiecare partener pe care l-am avut;

- Pocăința pentru fiecare împrejurare și partener cu care am fost implicați în păcat sexual;
- Rostirea iertării de către consilier, prin rugăciune, în urma unei pocăințe sincere pentru fiecare păcat mărturisit. Iertarea este rostită pe baza sângelui lui Isus Cristos, vărsat pentru noi pe cruce – moartea Sa răscumpărătoare de la Calvar.

Este bine ca ultimii patru pași de mai sus să se facă în timpul unei sesiuni de ucenicizare/ consiliere, cu cel puțin unul, dar, de preferat, cu doi creștini născuți din nou, demni de încredere, care știu cum să aplice Cuvântului lui Dumnezeu, slujind în darul de consiliere și rugăciune. Astfel, ei vor înțelege și vor acționa plini de har, în autoritatea pe care o au în Cristos. Cel puțin unul dintre consilieri trebuie să fie de același sex cu persoana consiliată (adică bărbații vor fi slujiți de către bărbați, iar femeile vor fi slujite de către femei).

Înlăturarea legăturii sufletești păcătoase

Odată ce au fost îndepliniți primii șapte pași, ne aflăm în situația în care Isus poate îndepărta legătura sufletească păcătoasă și poate scoate orice demoni care au profitat de ocazie și de drepturile legale, oferite prin păcatul sexual. Următorii pași ne vor aduce eliberarea dorită:

- Consilierul prin rugăciune Îi cere lui Isus să elibereze* orice parte a sufletelor partenerilor sexuali care sunt legați prin păcat și să redea fiecărei persoane, ceea ce a fost luat de la ea. În cazul unor relații heterosexuale, Îi vom cere lui Isus să redea atât femeii, cât și bărbatului, tot ceea ce i-a fost furat (dar vom urma același model și pentru partenerii implicați în relații homosexuale);

---

*Observație: chiar dacă descriem acest proces prin *ruperea legăturilor sufletești păcătoase*, noi înșine nu putem manipula sau muta sufletul cuiva într-un loc sau dintr-o poziție în alta. Dacă facem așa ceva, practicăm vrăjitoria! Ceea ce Dumnezeu ne-a împuternicit să facem, prin slujire, este iertarea păcatelor, consiliere și vindecare și scoaterea de demoni. Iată de ce noi Îi cerem lui Isus să restaureze sufletele păcătoșilor și să le aducă în starea în care erau înainte de a comite păcatul sexual (a cărui problemă s-a rezolvat din punct de vedere spiritual).

VĂDUVE, ORFANI ȘI PRIZONIERI

* Apoi, consilierul prin rugăciune poruncește oricărui duh rău, care a intrat în persoana consiliată prin legătura sufletească păcătoasă, să plece acum (vezi Anexa a VI a – *Eliberarea*).

În eliberarea cuiva de legăturile sufletești stabilite în urma altor păcate, de exemplu: dominare și control, abuz sau ritualuri, jurăminte și angajamente, modelul de slujire este aproape identic cu cel de la păcatul sexual. Persoana consiliată trebuie să se ierte pe sine și să-i ierte pe cei care au luat parte la păcat sau care i-au provocat suferință. De asemenea, va trebui să renunțe la orice jurăminte și ritualuri păcătoase la care a participat și să distrugă orice materiale aflate în posesia sa, ca urmare a îndoctrinării suferite.

ANEXA A IV-A

Idolatria

În Capitolul al II-lea, *Legi spirituale care guvernează lumea*, ni se prezintă legea idolatriei în relație cu religiile false. În Capitolul al VIII-lea, *Prizonieri*, despre comunismul marxist – leninist am descoperit că a avut forma unei religii false, conducând, prin idolatria acestuia, spre robie fizică și spirituală.

În anexa de față, vom explora idolatria într-un sens mai larg. Obiectivul acestui studiu scurt și conceptual este să ne ajute să conștientizăm și alte înșelătorii în care e posibil să fi fost implicați. Dacă dorim să scăpăm de puterea idolatriei, trebuie mai întâi să o depistăm. Dacă vrem ca în viitor să o evităm, trebuie să o putem recunoaște în formele ei multiple. Dacă nu depistăm și nu recunoaștem idolatria, putem cădea pradă acesteia. Să examinăm acum câteva concepte de bază.

Din Cele Zece Porunci, Exod 20:3-4, primele două se referă la idolatrie. Dumnezeu ne spune să nu ne implicăm în idolatrie, pentru că nu e bine pentru noi. Dar idolatria pare să fie problema numărul unu a întregii lumi. În calitate de creștini, recunoaștem că aplecarea în fața unei statui, a unei imagini sau zeități false este idolatrie, dar putem fi atrași în forme mult mai subtile de idolatrie. Putem fi înșelați, atrași de ele și, în final, putem ajunge sub influența acestora.

Ce este idolatria?

Deoarece idolatria poate fi înșelătoare, trebuie să întrebăm, pentru a fi siguri: „Ce este idolatria?" Unul dintre motivele pentru care putem fi prinși în idolatrie este faptul că nu știm ce este aceasta. Poate fi vorba de închinarea la alți dumnezei, statui de lemn sau de metal, însă această formă de idolatrie este destul de evidentă pentru majoritatea creștinilor.

Sub alte forme, idolatria ne poate prinde, conducându-ne spre **ceva** sau **cineva** sau spre **o practică** sau **o substanță**, pentru a obține ceea ce Dumnezeu Însuși dorește să ne ofere. O definiție generală a practicării idolatriei ar fi: a apela la orice altceva, în afară de Dumnezeu, pentru ceva ce Dumnezeu vrea să îți ofere. Iată câteva exemple:

O substanță – Tutun, alcool, narcotice etc. Apelarea la țigări, ca la o mângâiere, este idolatrie. Dumnezeu este Dumnezeul mângâierii, iar un alt nume al Duhului Sfânt este Mângâietorul. Abuzul de substanțe conduce și la moarte fizică. Deci folosirea substanțelor în mod greșit poate conduce și la păcatul de sinucidere!

O practică sau o activitate – Dacă scopul participării la orice activitate este, în primul rând, obținerea mângâierii sau a păcii în domeniile noastre de anxietate, de suferință sau de stres, din cauza problemelor noastre trecute sau prezente, este o mare probabilitate ca acea activitate să fie idolatră.

O astfel de practică idolatră este masturbarea. Majoritatea creștinilor, prin convingerea dată de către Duhul Sfânt, își dau seama că masturbarea este greșită. Dacă implicarea ta în această practică este ceva ce faci de obicei în secret, fără să spui cuiva despre asta, dacă simți că este greșit și totuși o faci în secret, acesta ar trebui să fie un indiciu al existenței păcatului. Problema este că în biserică nu se prea vorbește despre această practică, pentru că în Scriptură nu există un verset specific despre masturbare.

Odată, consiliam o tânără care ne-a întrebat dacă masturbarea este greșită. Deși noi simțeam că este, nu știam ce să îi răspundem. Disperați, am strigat la Dumnezeu în gând, pentru a afla răspunsul corect. Imediat, El ne-a spus că această practică este cu adevărat greșită și că este vorba de păcatul idolatriei. Este o automângâiere, Dumnezeu nefiind implicat pentru a cere de la El mângâierea și pacea pe care El dorește să ni le ofere.

Mai există și un alt aspect al păcatului implicat în masturbare. Majoritatea oamenilor vizualizează/ își imaginează un partener de sex opus. Această practică este strâns legată de păcatul pornografiei, care implică imagini carnale. Biblia ne spune că, dacă doar te uiți la cineva cu care nu ești căsătorit, imaginându-ți că faci sex cu acea persoană, comiți adulter. Deci masturbarea implică cel puțin două domenii păcătoase: idolatria și adulterul.

Materialismul – Dacă relația noastră cu Dumnezeu, cu partenerul nostru sau cu familia noastră începe să fie umbrită de a avea/ obține lucruri sau bani, trebuie să examinăm ce se întâmplă, văzând dacă nu împlinim noi înșine o nevoie pe care vrea să o împlinească Dumnezeu. Idolatria ne poate atrage pe nesimțite. Al doilea păcat care intervine aici este petrecerea timpului în mod greșit și cheltuirea banilor în detrimentul sau neglijând familia (comunitatea creștină), față de care avem responsabilități, după cum ne-a poruncit Dumnezeu.

O persoană sau un grup – Este posibil să ne facem un idol din partenerul nostru, din copiii noștri, din familie, din studii, din serviciu sau din echipa de sport favorită. Testul pentru toți acești idoli deghizați este întotdeauna același: Îl înlocuiesc ei pe Dumnezeu din atenția noastră și apelăm noi la ei, în locul lui Dumnezeu, pentru a ne împlini nevoile și dorințele? Dacă este așa, atunci trebuie să renunțăm la acest păcat, să ne mărturisim idolatria și să Îi cerem lui Dumnezeu iertare, prin sângele lui Isus (vezi, de asemenea, Anexa a VI-a, *Slujirea de eliberare*).

Dumnezei falși – Închinarea la idoli și la imagini, fie ele bidimensionale sau tridimensionale, închinarea la numele lor sau la duhurile din spatele lor se numește idolatrie. Acești idoli pot fi entități care trăiesc numai în lumea spirituală (al doilea cer – vezi Anexa I) sau pot fi imagini ale unei persoane care a trăit pe pământ, ca Budha, Confucius, Lenin, Stalin, președintele Ceaușescu sau chiar personaje din Biblie, ca (sfânta) Maria sau (sfântul) Petru.

Recapitulare

În sens clasic, închinarea la o statuie sau la o imagine reprezentând o personalitate vie în lumea spirituală este idolatrie.

Dar idolatria poate implica mult mai mult decât a-i cere unui dumnezeu fals (duh rău) să îți sporească recolta, să dea fiului tău o soție, să îți redea sănătatea, să te facă prosper în afaceri etc. Idolatria, în multele ei forme, poate să acționeze subtil în viețile noastre. Duhurile de idolatrie acționează întotdeauna împreună cu duhurile de înșelătorie și de batjocură. Dumnezeu dorește ca noi să apelăm la El pentru împlinirea nevoilor noastre, și nu la forme idolatre.

Blestemele idolatriei

Idolatria ocupă primele două poziții în cadrul Celor Zece Porunci. Când practicăm idolatria, intrăm sub blestem și provocăm acest blestem asupra membrilor familiei, până la a patra generație (Exod 20).

Psalmul 135:15-18 detaliază o parte din blestemele care vor veni peste noi și peste familiile noastre, pentru practicarea idolatriei. Aceste blesteme afectează, de asemenea, orașe și națiuni.

Idolii neamurilor sunt argint și aur, lucrare făcută de mâinile oamenilor. Au gură și nu vorbesc, au ochi și nu văd, au urechi și totuși n-aud, da, n-au suflare în gură. ***Ca ei sunt cei ce-i fac, toți cei ce se încred în ei.*** Psalmul 135:15-18 (subliniere adăugată)

La prima citire, aceste versete par să fie o descriere a idolilor. Dar versetul 18 ne spune că persoanele idolatre au aceleași caracteristici. Aceste caracteristici prezintă două forme pe care le vom examina:

- Vom purta în trupurile noastre efecte pe termen lung;
- Vom culege efectele spirituale ale blestemului de idolatrie.

Efectul fizic poate rezulta în dificultăți de vorbire, atât în limbajul obișnuit, cât și în darul vorbirii în limbi. Pot fi diminuate vederea și auzul normal sau spiritual. Multe dificultăți de respirație sunt asociate cu idolatria, inclusiv astmul, alergiile, cancerul pulmonar etc. Psalmul 115 ne spune că idolatria ne poate aduce probleme de mers (talpa piciorului, glezne și gambe) și probleme la mâini. Frecvent, problemele fizice afectează domeniile în care am fost implicați prin practica idolatră: genunchi care s-au plecat în fața idolilor, buze care au sărutat statui, inele și amulete, picioare care s-au descălțat pentru a vizita un templu sau o religie falsă (chiar și în timpul unui circuit turistic).

Efectele spirituale ale idolatriei ies deseori la iveală în timpul slujirii prin rugăciune, în cazul în care persoana sau cineva din familia sa a fost implicat în idolatrie. Când începem să ne rugăm pentru vindecare, ceva din lumea spirituală poate copleși persoana pentru care ne rugăm, ea ajungând să nu se mai poată mișca, să nu mai poată vedea sau auzi, datorită faptului că duhurile de idolatrie își arată puterea. Încă o dată, aceste duhuri au dreptul de a-și exercita puterea asupra indivizilor, din cauza păcatelor de idolatrie și a blestemelor cauzate de ele. Toate aceste efecte, atât fizice, cât și spirituale, pot fi înlăturate prin slujirea de rugăciune.

Pași de bază pentru eradicarea idolatriei

1. Mai întâi, trebuie să recunoaștem existența idolatriei și să știm ce presupune aceasta.
2. Apoi, trebuie să mărturisim practicarea idolatriei de către noi sau familia noastră.
3. Apoi, trebuie să ne pocăim de practicile idolatre.
4. Apoi, slujitorul care se roagă pentru noi rostește iertarea lui Dumnezeu, în Numele lui Isus.
5. Apoi, trebuie să poruncim oricărui duh de idolatrie să plece.

În trecutul nostru personal și în trecutul generațional al familiilor noastre (timp de patru generații), există multe posibile surse de idolatrie organizată, mai ales legate de religie:

- Budism
- Hinduism
- Mormoni și alte secte
- Francmasonerie
- Închinarea la moaște/ sfinți morți sau venerarea prietenilor/ membrilor decedați ai familiei

- Comunism – poate nu am crezut ceea ce am spus, dar, dacă am fost implicați în organizațiile Șoimii patriei, pionieri, UTC sau am fost membri de partid, înseamnă că ne-am aplecat în fața idolilor comunismului.

Evaluare personală a posibilelor rădăcini ale idolatriei

Unele dintre efectele idolatriei din viața noastră, dincolo de infirmitățile fizice pe care le-am putea experimenta azi, ar putea include:

- Citirea Bibliei, fără să avem părtășie cu Dumnezeu.
- Somnolență sau dificultăți de înțelegere, atunci când suntem în biserică.
- Dificultăți în auzirea vocii lui Dumnezeu.
- Incapacitatea de a vorbi în limbi, deși ne dorim aceasta.
- Incapacitatea de a ne exercita darurile spirituale.
- Amânarea botezului în Duhul Sfânt, deși ne rugăm în acest sens.

ANEXA A V-A

Trecător versus etern

Cine, ce, unde şi când

Dumnezeu vorbeşte de lucruri care aparţin atât creaţiei naturale (universul), cât şi tărâmului etern ceresc (vezi ilustraţia din Anexa I, secţiunea 8.2, *Al treilea cer*). Dar a-L înţelege pe Dumnezeu nu este întotdeauna uşor; poate fi nevoie de rugăciune, practică, experienţă (cu Dumnezeu) şi hotărâre. Câteodată, din cauza limitărilor noastre, se poate să nu înţelegem ceea ce spune Dumnezeu. În anexa de faţă, ne vom concentra asupra a două puncte destul de confuze în ce priveşte interpretarea câtorva texte biblice:

- Putem înţelege greşit perioada de timp (referitoare la pământ) despre care vorbeşte Dumnezeu şi
- Putem înţelege greşit locaţia despre care vorbeşte Dumnezeu, crezând că ea se află pe tărâm pământesc, când, de fapt, El vorbeşte despre lucruri cereşti (eterne).

... noi nu ne uităm la lucrurile care se văd, ci la cele ce nu se văd; căci lucrurile care se văd, sunt trecătoare, pe când cele ce nu se văd, sunt veşnice. 2 Corinteni 4:18

Orientarea pământească

Fiind oameni, vedem prin ochii experienţei noastre pământeşti. Aceasta ne poate conduce la înţelegerea greşită a unor afirmaţii din Cuvântul lui Dumnezeu, care descriu tărâmurile cereşti şi aplicarea lor la viaţa noastră pământească.

Dumnezeu ne-a aşezat pe pământ, care este o planetă minusculă, pe orbita unei stele din galaxia Calea Lactee, în mijlocul unui vast univers. Timpul, în universul nostru material, progresează într-o procesiune ordonată, secundă după secundă. Dar ceea ce înconjoară şi întrepătrunde universul material, cu toate legile sale date de Dumnezeu, sunt tărâmurile spirituale unde atât timpul, cât şi distanţa sunt măsurate în mod diferit, fără a corespunde în vreun fel universului material creat. Comparând tărâmul spiritual cu cel pământesc, 1000 de ani înseamnă o zi și o zi înseamnă 1000 de ani (2 Petru 3:8). Locurile sunt cu totul diferite. Mult prea des, fără a înțelege, încercăm să Îl „ajutăm" pe Dumnezeu, dând o explicație naturală anumitor „conflicte" din Scriptură. În Cuvântul lui Dumnezeu nu există conflicte; conflictele există doar în înțelegerea noastră asupra lucrurilor.

Dumnezeu ne-a dat Cuvântul Său, Biblia, pentru a ne ajuta să înțelegem atât lumea materială, cât și tărâmurile cerești, prin descoperirea persoanei, a caracterului, a scopului, a planurilor și a principiilor Sale. Dorința și planul Său sunt de a ne pregăti pentru o viață viitoare în locurile cerești, împreună cu El. Această pregătire trebuie să se întâmple aici, pe planeta Pământ:

Și dacă chemați ca Tată pe Cel ce judecă fără părtinire pe fiecare după faptele lui, purtați-vă cu frică în timpul pribegiei voastre pe pământ... 1 Petru 1:17 (subliniere adăugată)

O parte din adevărurile lui Dumnezeu se aplică condițiilor vieții pe pământ, dar unele se referă la timpurile viitoare. Altele nu se aplică la pământul prezent, ci la viitorul pământ nou. Și există afirmații biblice care se aplică doar tărâmurilor cerești, nu pământului. Mai important, să vedem cum explică Dumnezeu starea noastră prezentă și cea viitoare și cum putem semăna tot mai mult cu El. Cuvântul Său trebuie să fie o candelă pentru picioarele noastre și pentru chemarea noastră prezentă și o lumină pe cărarea noastră (umblarea viitoare) spre El (Psalmul 119:105). Să examinăm acum câteva pasaje din Scriptură, încercând să evităm modul pământesc de gândire.

Viitorul profetic

În Scriptură, profeții vorbesc despre stări viitoare, când sau în timp ce Dumnezeu face ceva: sau, poate, despre cum vor sta lucrurile, după ce El va face ceva în viitor. Acești profeți au vorbit despre viitorul profetic. De exemplu, în Capitolul al IV-lea *Păcatele familiei*, am descoperit că în Ieremia 31:27-34 nu se vorbea despre starea prezentă a zilei respective. Prin vedenie, el a văzut în timp viitorul Israelului. Expresia „în acele zile" ne spune că Ieremia a văzut un timp viitor, dincolo de timpul lui şi al nostru. Acele lucruri aşteaptă încă să se întâmple în timpul pământesc.

Trecutul profetic

Un profet poate vorbi despre evenimente viitoare ca şi când ele s-ar fi întâmplat în trecut. Pe măsură ce se întâmplă, ele devin trecut. Isaia a scris cu 500 de ani înainte de Cristos, ca şi când se născuse Isus deja şi murise pentru păcatele noastre. În vedenie, Isaia a fost dus în viitor, stând alături de noi astăzi şi privind ceea ce a făcut Cristos pentru noi, acum 2000 de ani:

> *Dar El era străpuns pentru păcatele noastre, zdrobit pentru fărădelegile noastre. Pedeapsa care ne dă pacea, a căzut peste El şi prin rănile Lui suntem tămăduiţi.* Isaia 53:5

Pentru că Dumnezeu se află atât în timp, cât şi în afara acestuia, El ne poate da orice perspectivă a dorinţelor Sale. El vede totul, de la început la sfârşit, în interiorul şi în afara timpului.

Perspectiva cerească versus perspectiva pământească

Efeseni 2:6 ne oferă un exemplu pe care l-am putea considera viitor profetic. Dar, de fapt, noi vedem lucrurile de pe tărâm ceresc, unde totul a fost deja realizat:

> *...El ne-a înviat împreună, şi ne-a pus să şedem împreună în locurile cereşti, în Cristos Isus.* Efeseni 2:6

Aceasta este o declaraţie cerească. În timpul pământesc secvenţial, încă nu am urcat la cer şi nu stăm cu Cristos în locurile cereşti. Totuşi Dumnezeu, în tărâm ceresc, în afara timpului pământesc, poate vedea întregul timp desfăşurat înaintea Lui, când totul este deja făcut (vezi ilustraţia din Anexa I, secţiunea 8.2). Tărâmurile cereşti sunt o împărăţie paralelă, dar care întrepătrunde lumea noastră. Din perspectiva lui Dumnezeu, noi stăm deja cu El în ceruri. Din perspectiva noastră, trăim încă aici pe pământ, fără vreo percepţie sau experienţă a raiului, exceptând ceea ce citim în Biblie.

Pentru a putea să ne imaginăm această dualitate de timp și spațiu, să ne imaginăm un scriitor care a scris o carte despre evenimente care încep în trecut și se extind în viitor. Manuscrisul acestui autor stă pe masa lui de lucru. În termenii povestirii, trecutul, prezentul și viitorul au avut loc deja, pentru că timpul din carte nu are legătură cu timpul autorului. Autorul știe totul, de la început până la sfârșit. El este creatorul povestirii. Dacă dorește, poate modifica evenimentele, sfârșitul povestirii, timpul evenimentelor, chiar și lungimea vieții și răsplata fiecărui personaj. Personajele nu pot ieși din povestire sau din paginile cărții, pentru a interacționa, prin liberul arbitru, cu lumea sau cu autorul. Nici noi, locuitorii pământului, nu putem vizita raiul, prin voința noastră.

Procesul mântuirii

Mulți cred că mântuirea vine instantaneu, odată cu acceptarea lui Cristos (vezi Anexa I, secțiunile 2 și 3). De asemenea, mulți cred că, odată cu acea (presupusă instantanee) mântuire, suntem imediat umpluți cu Duhul Sfânt. Ambele convingeri conduc la o creștere limitată în Cristos. Da, este adevărat că, în urma credinței, suntem justificați, creditați cu neprihănire în tărâmurile cerești (Romani 10:9), astfel încât, din acel moment, avem asigurarea că vom fi mântuiți (Romani 10:13) – vom petrece veșnicia cu Cristos. Totuși, din perspectiva noastră pământească și a lui Dumnezeu, mântuirea este un proces care se întinde pe tot parcursul vieții noastre pământești (2 Corinteni 2:15 și Filipeni 2:12). Acest adevăr se aplică fie că viața noastră durează câteva minute, ca și în cazul tâlharului de pe cruce (Luca 23:42-43), fie mai mult de 100 de ani.

Mântuirea, din punctul de vedere al unui individ, este asemănătoare cu reînnoirea pe care o produce un plan urbanistic zonal. Un antreprenor alege o zonă unde să construiască, una în care există deja o clădire veche, ce găzduiește tot felul de activități ilegale. Antreprenorul cumpără proprietatea și o marchează cu un gard înalt. Apoi, începe să demoleze vechea structură, înainte de a construi alta, nouă. Vechea clădire este îndepărtată, o parte din fundație, reconstruită, sunt săpate alte noi fundații, apoi se toarnă în ele beton și fier. În cele din urmă, poate începe construcția clădirii.

La fel ca acea clădire veche, în momentul în care ne dedicăm pentru Dumnezeu, suntem plini de greșeli și de păcate. Dar, înainte de aceasta, Cristos a murit (a plătit prețul) pentru noi, pe când eram încă morți în păcatele și fărădelegile noastre (Efeseni 2:1-10).

După ce am crezut mesajul mântuirii, Dumnezeu ne-a sigilat ca fiind ai Lui, cu un gard al prezenței Sale și cu protecția sub forma Duhului Său. Apoi El a început demolarea eliberatoare și proiectul de reînnoire în noi:

Și voi, după ce ați auzit Cuvântul adevărului (Evanghelia mântuirii voastre), ați crezut în El, și ați fost pecetluiți cu Duhul Sfânt, care fusese făgăduit, și care este o arvună a moștenirii voastre, pentru răscumpărarea celor câștigați de Dumnezeu, spre lauda slavei Lui. Efeseni 1:13-14

Acest sigiliu al vieții noastre nu este același lucru cu a fi umplut (botezat) în Duhul Sfânt (Anexa I, secțiunea 5), când El vine să ne umple (să ne îmbrace) cu putere de sus.

Efectul temporar al păcatului asupra vieții credinciosului

Mai întâi, să examinăm calitatea ucenicilor apostolului Pavel. El le-a scris credincioșilor din biserica din Efes, care se dovedise o comunitate credincioasă, continuând programul de ucenicizare al lui Dumnezeu.

Așadar, voi nu mai sunteți străini, nici oaspeți ai casei, ci sunteți împreună cetățeni cu sfinții, oameni din casa lui Dumnezeu, fiind zidiți pe temelia apostolilor și proorocilor, piatra din capul unghiului fiind Isus Cristos. În El toată clădirea, bine închegată, crește să fie un Templu sfânt în Domnul. Și prin El și voi sunteți zidiți împreună, ca să fiți un locaș al lui Dumnezeu, prin Duhul.
Efeseni 2:19-22

Pavel a scris, de asemenea, și bisericii din Corint, unde, împreună cu echipa lui apostolică, a petrecut mai mult de un an ucenicizând credincioșii, în mod personal. El le-a cerut să se trateze unii pe alții, conform identității lor prin cunoașterea lui Cristos, nu așa cum erau înainte:

> *Căci dacă este cineva în Cristos, este o făptură nouă. Cele vechi s-au dus: iată că toate lucrurile s-au făcut noi.* 2 Corinteni 5:17

Aceasta este o declarație cerească despre identitatea (starea) cerească a ucenicilor pământești. Deși ei arată la fel (citește tot capitolul), identitatea lor cerească a fost schimbată. Pavel nu spune că am terminat sfințirea (sau procesul mântuirii) aici, pe pământ (care este un proces de o viață), ci că trebuie să ne tratăm cu respect unii pe alții, în ce privește statutul nostru de copii ai lui Dumnezeu. Acest verset nu spune că am fost vindecați aici, pe pământ, de toate bolile noastre și nici faptul că efectele pământești ale tuturor păcatelor noastre nemărturisite au dispărut.

Pavel, în aceeași epistolă, continuă să scrie acestor „făpturi noi în Cristos", plini de Duh și legați de cer (credincioși), care au început să umble în puterea lui Dumnezeu, dar care nu și-au rezolvat încă problemele din trecutul lor (înainte de mântuire):

> *Mă tem ca la venirea mea la voi, să nu mă smerească din nou Dumnezeul meu cu privire la voi, și să trebuiască să plâng pe mulți din cei ce au păcătuit mai înainte, și nu s-au pocăit de necurăția, curvia și spurcăciunile pe care le-au făcut.* 2 Corinteni 12:21

Pavel era profund îngrijorat. Dușmanul i-a orbit pe acești ucenici, în ce privește blestemele (accesul demonic) sub care se aflau din cauza alegerilor făcute în trecut! Aparent, cei din Corint erau așa de încântați de (asigurarea față de) mântuirea lor și de darurile spirituale, încât mulți dintre ei n-au vrut să ia în considerare faptul că dușmanul avea, încă, acces în viața lor.

Primirea lui Isus ca Mântuitor al nostru ne aduce în familia lui Dumnezeu și ne schimbă destinația pe tărâm ceresc, din iad în rai. Când vom ajunge în rai, vom putea proclama: „Am fost salvat (din iad)!" Dar, chiar și pentru credincioșii care vor fi mântuiți, procesul de înlăturare a pedepsei, a blestemului și a vinei din viața lor este nevoie să se întâmple aici pe pământ (1 Tesaloniceni 5: 23).

Toți oamenii, creștini sau necreștini, suferă aici, pe pământ, la

VĂDUVE, ORFANI ŞI PRIZONIERI

fel pentru păcatele lor trecute, prezente şi viitoare şi primesc răsplata unui comportament corect. Dar există şi un sistem etern (ceresc) de răsplătire şi pedeapsă pentru comportamentul nostru de pe pământ:

... *evlavia este folositoare în orice privinţă, întrucât ea are făgăduinţa vieţii de acum şi a celei viitoare. Iată un cuvânt adevărat şi cu totul vrednic de primit!* 1 Timotei 4:8, 9

Pentru mai multe informaţii despre îndepărtarea accesului duşmanului din vieţile noastre, vezi Anexa a VI-a, *Slujirea de eliberare.*

ANEXA A VI-A

Slujirea de eliberare

1.0 Calea spre eliberare: Introducere

Această carte ne-a ajutat să descoperim că multe lucruri pe care le-am experimentat sub comunism ne-au făcut vulnerabili faţă de influenţa duhurilor rele. Dacă dorim să beneficiem de o măsură semnificativă de vindecare şi de alinare a rănilor experimentate în comunism, ne putem aştepta să fie nevoie de eliberare. Calea spre eliberare de sub controlul demonic cere atât încredere în Cristos, care ne va elibera, cât şi cunoaşterea planurilor de înrobire ale duşmanului, pe care le vom analiza în anexa de faţă.

Principiul de bază: când păcătuim, îi dăm duşmanului dreptul de a ne înrobi.

Adevărat, adevărat vă spun, le-a răspuns Isus, că oricine trăieşte în păcat este rob al păcatului. Ioan 8:34

Întrebările imediate care se ivesc în mintea noastră sunt: care au fost păcatele comunismului şi cum pot deveni liber de robia lor? Am discutat aceste aspecte pe parcursul cărţii, dar fără o explicaţie semnificativă a principiilor care însoţesc slujirea de eliberare.

Să examinăm acum câteva dintre elementele de bază ale eliberării, stabilind o cunoaştere elementară a eliberării, pentru a fi eliberaţi noi, dar şi pentru a-i ajuta pe alţii să scape de influenţele demonice. Fără această cunoaştere, duşmanul sufletelor noastre va continua să profite de noi, stopând încercarea noastră de a umbla în sfinţenie, distrugându-ne sănătatea, jefuindu-ne de prosperitate şi împiedicându-ne să devenim slujitori ai dreptăţii şi ai neprihănirii. Fără o înţelegere de bază a materialului prezentat în această anexă, suntem foarte vulnerabili în faţa duşmanului.

Poporul meu piere din lipsă de cunoştinţă. Osea 4:6

2.0 Cine poate sluji pentru eliberare?

Dacă ar fi să examinăm toate vindecările din slujirea lui Isus, consemnate în Noul Testament, am descoperi că aproximativ o treime dintre ele au fost legate direct şi evident de scoaterea unor duhuri rele din oameni. Acest aspect al vindecării este cel la care ne referim când vorbim despre slujirea de eliberare. Isus ne-a spus că noi, în calitate de credincioşi, vom face la fel.

Adevărat, adevărat vă spun că cine crede în Mine va face şi el lucrările pe care le fac Eu; ba încă va face altele şi mai mari decât acestea; pentru că Eu mă duc la Tatăl. Ioan 14:12

Cei care cred în Isus vor scoate duhurile rele din cei afectaţi, aşa cum a făcut Isus. O vor face în Numele lui Isus şi prin puterea Duhului Sfânt. Dumnezeu doreşte ca noi să facem această slujire.

Apoi Isus a chemat pe cei doisprezece ucenici ai Săi şi le-a dat putere să scoată afară duhurile necurate şi să tămăduiască orice fel de boală şi orice fel de neputinţă. Matei 10:1

În Matei 28, Isus Şi-a extins această autoritate peste toţi credincioşii care au ales să fie ucenici ai Săi şi să umble în ascultare de poruncile Lui.

3.0 Cunoaşte-ţi duşmanul
3.1 Planurile duşmanului

Prima noastră impresie ar putea fi că eliberarea este ceva de speriat sau de intimidat. Poate că dorim să nu fim nevoiţi, vreodată, să întâlnim vreun duh rău. Cu toate astea, probabil că am avut deja întâlniri cu duhuri demonice, care au acţionat prin noi sau prin alţii. Doar că nu ne-am dat seama. Pe măsură ce vom dezvolta acest subiect, te vei simţi mai în largul tău, mai în siguranţă şi, poate, mai nerăbdător să îndepărtezi influenţa diavolului din viaţa ta şi a altora.

Primul lucru pe care trebuie să îl cunoaştem este că duhurile rele (demonii) există şi că ele se opun Împărăţiei lui Dumnezeu, scopurilor lui Dumnezeu şi poporului lui Dumnezeu. În al doilea

VĂDUVE, ORFANI ŞI PRIZONIERI

rând, după cum am văzut în secţiunea a 2-a a acestei anexe, noi, în calitate de credincioşi născuţi din nou, care trăim în supunere faţă de Cristos, avem autoritate asupra lor, şi nu invers. Pentru a ne exercita această autoritate, avem nevoie de mai multă cunoştinţă despre duhurile rele şi despre modul în care funcţionează ele, independent sau în grupuri.

Îmbrăcaţi-vă cu toată armătura lui Dumnezeu, ca să puteţi ţine piept împotriva uneltirilor diavolului. Efeseni 6:11

Căci noi n-avem de luptat împotriva cărnii şi sângelui, ci împotriva căpeteniilor, împotriva domniilor, împotriva stăpânitorilor întunericului acestui veac, împotriva **duhurilor** *răutăţii care sunt în* **locurile** *cereşti*...Efeseni 6:12 (subliniere adăugată)

Demonii sunt fiinţe spirituale care trăiesc în al doilea cer (vezi Anexa 1, secţiunea 8.3). Ei pot să-şi extindă influenţa negativă pe pământ, pe baza drepturilor primite de la omenire prin Cădere şi prin comportament păcătos continuu pe parcursul secolelor – inclusiv până în ziua de azi. Sarcina lor este de a extinde influenţa lui Satan pe tărâm natural, folosind oamenii care au deschis uşi spirituale în vieţile lor, prin păcat, datorită abuzului sau rănilor suferite.

3.2 Cum lucrează duşmanul

Datorită faptului că demonii sunt fiinţe spirituale, ei pot intra în orice loc fizic sau spiritual din viaţa noastră. Ei pot influenţă trupurile şi sufletele noastre. Ei sunt o sursă de boală şi de infirmitate în trupurile noastre, încercând să ne influenţeze continuu să facem lucrarea diavolului.

Când suntem cel mai puţin în controlul propriei persoane (adică foarte obosiţi, sub stres, într-o situaţie conflictuală sau sub o presiune emoţională), suntem mult mai uşor influenţaţi de către demonicul care ne încurajează să spunem sau să facem ceva greşit. Nu spunem că ei ne controlează, ci că noi alegem să facem ceea ce ei ne sugerează sau ne presează să facem. Problema este că, de obicei, nu ne dăm seama că suntem manipulaţi de un duh rău și confundăm influența cu raționamentul sau dreptatea proprie. În cazuri mai grave, când voința noastră a fost predată în mare parte demonicului, putem manifesta un comportament compulsiv, care nu mai este sub controlul voinței și al minții noastre.

3.3 Cum să îndepărtăm accesul direct al dușmanului

Servitorii lui Satan, demonii, au acces direct în viețile noastre, prin păcatele comise de noi și de familiile noastre. Ei pot intra direct în locurile noastre de muncă, pot trece de secretară și pot intra în biroul nostru privat, fără să întrebe pe cineva și fără să se anunțe dinainte. Ei pot intra în apartamentul nostru și pot năvăli direct în dormitorul nostru. Când vorbim în fața unui grup, la serviciu, în biserică sau în altă parte, ei se pot urca direct pe scenă, acuzându-ne, încurcându-ne sau rușinându-ne; nu-i putem opri, din cauza păcatului nostru, care i-a invitat în viața noastră.

Ei au drepturi nu doar asupra minților noastre, ci și asupra trupurilor noastre: piele, păr, organe interne, oase, încheieturi, sânge, mușchi, țesuturi adipoase și tendoane. Ei intră liber în emoțiile și în procesele noastre de gândire. Ei se strecoară în deciziile și în planurile noastre.

Fiecare loc în care am ales să nu-L ascultăm pe Dumnezeu, oferă o deschidere influenței dușmanului. Chiar dacă am fost salvați de iad și destinația noastră ultimă este raiul, aici, pe pământ, dușmanul poate provoca moarte prematură, ne poate distruge viața și ne poate ispiti să păcătuim.

Când ajungem la cunoașterea salvatoare a lui Isus Cristos, este ca și când Domnul ar ridica o pânză pe barca vieții noastre, iar Duhul Lui cel Sfânt începe să sufle, trimițându-ne în direcțiile dorite de El. Dar, dacă ne uităm cu atenție la barca noastră, putem vedea multe găuri ale păcatelor noastre din trecut și multe situații în care ne-am condus barca vieții într-o direcție greșită. Prin aceste găuri, apa continuă să curgă în barcă, încetinindu-ne și punându-ne viața în pericol. Direcția noastră este afectată de această greutate nedorită, iar pe măsură ce barca se scufundă tot mai mult în apă, daunele afectează niveluri tot mai profunde. Apoi, când încercăm

VĂDUVE, ORFANI ȘI PRIZONIERI

să controlăm cursul vieții noastre, fără a-L consulta pe Duhul Sfânt, ne trezim că plutim în derivă, fiind din ce în ce mai slabi și creând mai multe găuri în viețile noastre.

Mulți au fost învățați că, atunci când Îl primesc pe Isus ca Mântuitor personal, efectele vieții lor trecute dispar. Deși acest concept este adevărat în ce privește eligibilitatea noastră de a intra în rai (vezi Anexa a V-a, *Trecător versus etern*), toate păcatele, chiar și cele făcute înainte de mântuirea noastră, îi dau dușmanului drept de intrare; ca și în ilustrația precedentă, fiecare gaură din barcă lasă apa să intre.

Întrebarea este: Cum ne putem repara găurile din barcă? Cum îndepărtăm accesul dușmanului din viața noastră? Mai întâi, e nevoie să recunoaștem acele domenii din viața noastră, care sunt deschise influenței și intruziunii demonice, din cauza păcatului. Apoi, trebuie să aplicăm sângele lui Isus, pentru a închide aceste puncte de acces (uși), atât cele create de noi, cât și cele cauzate de păcatele familiilor noastre (păcatele generaționale – vezi Capitolul al IV-lea, *Păcatele familiei*). Procesul de îndepărtare a dreptului de acces al dușmanului în viețile noastre este foarte simplu.

3.4 Îndepărtarea dreptului legal al influenței demonice

- Mărturisirea păcatului comis (și păcatul familiei noastre), în fața unor oameni de încredere.
- Iertarea de sine și iertarea strămoșilor noștri, pentru păcatele care au creat puncte de acces demonic.
- Pocăința specifică de păcatul propriu și de cel venit pe linie generațională.
- Primirea iertării în Numele lui Isus.

Îndepărtarea dreptului dușmanului este primul pas. Al doilea pas este să îndepărtăm prezența lui din viața noastră. Dacă un demon are drept asupra vieții noastre, prin păcat, nu vom avea succes în a-l da afară din trupul și din sufletul nostru. Dar, odată anulate acele drepturi, prin sângele lui Isus, nu este greu să-l alungăm din viața noastră. Despovărarea vine atunci când, în final, duhul rău este obligat să plece din viața noastră.

3.5 Eliminarea duşmanului din viaţa unui creştin

- Porunceşte demonului să plece, în Numele lui Isus.
- Roagă-te cu ochii deschişi, urmărind tot ce se întâmplă.
- Caută să ai o mărturie că ceva s-a întâmplat. Trebuie să avem dovada că ceva a plecat. Dovada noastră va veni, în cele din urmă, de la Duhul Sfânt, prin discernământ spiritual, prin observare sau prin ascultarea mărturiei persoanei care primeşte eliberare. Dacă Dumnezeu nu ne dă vreo mărturie că eliberarea a avut loc, atunci nu avem nicio asigurare asupra acestui fapt.

4.0 Fundamentele tărâmului spiritual

În paragraful precedent, ni s-a prezentat conceptul că, deşi Isus ne-a dat autoritate asupra duhurilor rele, ele s-ar putea să nu plece imediat ce le-am poruncit aceasta. Să examinăm puţin acest lucru, încercând să descoperim de ce se întâmplă aşa şi ce putem face în acest sens.

Generalii şi profesorii trebuie să cunoască atât dimensiunea autorităţii lor, cât şi caracteristicile celor aflaţi în subordinea lor: cum acţionează indivizii, separat şi colectiv. Nu este suficient să fii un strălucit strateg militar sau să fii versat în predare. Pentru a avea succes, trebuie să cunoaştem bine oamenii cu care lucrăm. Însă autoritatea şi cunoaşterea nu sunt, nici ele, suficiente. Trebuie să cunoaştem foarte bine zona în care încercăm să operăm. Să examinăm acum nişte concepte de bază despre demoni şi despre funcţionarea lucrurilor pe tărâm spiritual.

4.1 Caracterul şi natura duhurilor rele

Demonii sunt fiinţe spirituale care au inteligenţă, deţin cunoaştere, au experienţă şi emoţii. Ei cunosc Scriptura şi ştiu că creştinii pot exercita autoritate asupra lor. Duhurile rele au misiunea (autoritatea) care, în cele din urmă, duce la Satan, ei sunt organizaţi pe diferite ranguri, într-un mod care aminteşte de o structură militară. Eşecul în a-şi îndeplini misiunea împotriva unei persoane, biserici, denominaţiuni etc., va duce la pedepsirea lor.

VĂDUVE, ORFANI ȘI PRIZONIERI

Demonii sunt ființe create, avându-și originea în persoane angelice care au ales să îl urmeze pe Satan, în răzvrătirea lui. Chiar dacă este adevărat că au fost aruncați din prezența lui Dumnezeu, iar misiunile lor cerești au fost anulate, ei au încă o mare putere spirituală.

4.2 Identificarea dușmanului

Demonii desemnați să îi afecteze pe oameni au funcții particulare (adică poftă, perversiune, minciună, înșelăciune, moarte, idolatrie, confuzie, infirmitate, orbire, erezie, crimă, dependențe și multe altele). Dacă ei pot avea nume personale ca indivizi spirituali, numele lor nu ne interesează. Când ne adresăm unui demon, pentru a-i porunci să plece sau pentru a-l lega (a-i interzice să acționeze într-un anumit timp și într-o anumită situație), practica cea mai ușoară și cea mai eficientă este de a folosi numele funcției lui; de exemplu „duh de moarte" sau, mai simplu, „moarte".

Uneori, nu suntem siguri ce duhuri au intrat printr-un anumit păcat. Asta face mai dificilă adresarea demonului pe nume. În acest caz, fără ca Duhul Sfânt să ne descopere numele lui, ne putem adresa demonului desemnând păcatul prin care a intrat. De exemplu: „duh care ai intrat prin această minciună, îți poruncesc, în Numele lui Isus, să pleci acum!" În cazul demonizării sistematice datorită implicării într-o religie falsă, în secte și regimuri, cum ar fi comunismul, eliberarea devine mai complexă. Nu este posibil să îndepărtăm deodată toți demonii, poruncind „grupului" tuturor celor intrați prin această practică să plece.

Trebuie să ne ocupăm de ei fie individual, fie în grupuri mici, conform categoriei sau numelui funcției lor și punctului de intrare; de exemplu, cei care au intrat prin purtarea cravatei roșii de pionier. Dar, dacă vrem să îndepărtăm demonii care au intrat prin îndoctrinarea organizației de pionieri, trebuie să cuprindem fiecare element al îndoctrinării, mărturisind și pocăindu-ne de fiecare practică păcătoasă; doar apoi vom putea scoate demonii, pentru fiecare treaptă a îndoctrinării (vezi Capitolul al X-lea,

Eliberarea de comunism – Procedura de slujire). Poate părea contrar situației în care Isus a scos mai multe duhuri din omul demonizat (Marcu 5:9), dar toate aceste duhuri acționau sub un singur nume: „legiune". Mai mult, acestea au recunoscut autoritatea lui Isus, „Fiul Dumnezeului Celui Prea Înalt" (cel fără păcat).

Un sistem de demonizare precum comunismul este condus de duhuri controlatoare, care ajută la coordonarea eforturilor diferiților demoni implicați. Isus a numit duhurile conducătoare „om tare", pentru că ele dețin puterea colectivă a unui grup aflat sub autoritatea lor și la dispoziția lor. Asemenea duhuri conducătoare, împreună cu grupul pe care îl conduc, pot exista într-un individ, făcând procedura de eliberare mai complicată decât o simplă poruncă adresată unui demon. Deoarece poate exista mai mult de un demon care este prezent, e deseori mai ușor pentru ei să reziste eliminării, datorită ajutorului colegilor lor. Isus ne-a oferit o strategie de slujire în cazul unui grup de demoni.

Sau cum poate cineva să intre în casa celui tare și să-i jefuiască gospodăria, dacă n-a legat mai întâi pe cel tare? Numai atunci îi va jefui casa. Matei 12:29

În timpul procesului de eliberare, ne putem folosi autoritatea pe care o avem în Cristos, pentru a lega duhurile care au un rang sau o autoritate mai mare decât cel cu care ne confruntăm. Omul tare este un duh a cărui putere este multiplicată atunci când le poruncește altor duhuri să i se alăture, pentru a se împotrivi eliminării lui. Dacă legăm aceste duhuri de rang mai înalt, le interzicem să le ajute pe cele mai mici în rang să reziste scoaterii lor.

În general, pentru o rețea de duhuri ca cele acumulate sub comunism, există o strategie simplă de eliberare: legarea duhurilor cu rang mai înalt, pentru a le împiedica să-și apere grupul, și apoi, scoaterea duhurilor care nu mai sunt întărite de alte ajutoare. Acest proces presupune ca, de obicei, să începem cu demonii care au intrat mai întâi în persoana respectivă (cel mai devreme). În cazul comunismului, vom începe cu cei care au intrat cel mai devreme, prin jurăminte și ritualuri (șoimii patriei, pionieri etc.).

În momentul în care înțelegem mai bine modul cum lucrează duhurile rele în anumite situații, putem începe să identificăm omul tare (duhurile conducătoare) prezent într-un sistem tipic de demoni. În comunism, există mai mulți oameni tari, unii dintre ei fiind descriși mai jos:

O grupare sau o împărăție demonică este:

- Spiritul izabelic, omul tare, având în subordine demoni de rang inferior:
- Înșelăciune și minciuni
- Confuzie
- Necredință
- Bătaie de joc
- Idolatrie etc.

Moartea, omul tare, având în subordine demoni de rang inferior:

- Infirmitate
- Crimă etc.

Anticristul, omul tare, având în subordine demoni de rang inferior:

- Blasfemie
- Antisemitism
- Ateism
- Evoluționism (darwinism) etc.

5.0 Rezumatul procedurii slujirii de eliberare

5.1 Pregătirea – Înlăturarea drepturilor legale ale dușmanului

- Mărturisirea implicării noastre personale în păcat (practică păcătoasă).
- Pocăința de păcatul personal.
- Primirea iertării, în Numele lui Isus.

(Acești pași înlătură dreptul demonicului de a ne tulbura din cauza păcatului personal.)

- Mărturisirea păcatelor strămoșilor noștri direcți.

- Pocăința (renunțarea) de practicile păcătoase.
- Iertarea membrilor familiei, implicați în aceste păcate.
- Revendicarea sângelui lui Isus între noi și cei care au păcătuit.

(Acești pași înlătură dreptul demonicului de a ne tulbura din cauza păcatelor familiei noastre.)

5.2 Slujirea – Procedura de eliberare

- Să legăm orice „om tare" (duh conducător aflat deasupra celui pe care îl scoți afară).
- Să poruncim duhului rău intrat prin păcat (nume - funcție) să plece de la acea persoană, în Numele lui Isus.
- Să căutăm să avem o mărturie că ceva s-a întâmplat. Dacă nu ai o mărturie directă de la Domnul sau nu observi nimic, întreabă persoana dacă s-a întâmplat ceva și cum se simte. Caută o îmbunătățire.
- Dacă ai mărturia că eliberarea a avut loc, mulțumește-I lui Dumnezeu pentru bunătatea și mila Sa.
- Roagă-l pe Domnul să închidă orice ușă spirituală care a permis intrarea duhului (sau grupului de duhuri) în persoana pentru care te rogi.
- Roagă-L pe Duhul Sfânt să atingă, să curețe și să umple acel loc rămas gol în persoana pentru care te rogi.
- (Dacă nu ai vreo confirmare că demonul a plecat, trebuie să Îl întrebi pe Domnul de ce. Există o varietate de motive, inclusiv păcate ascunse, atitudini greșite, păcat strămoșesc nemărturisit etc. Domeniile asupra cărora Duhul Sfânt îți atrage atenția vor avea nevoie de slujire. După această slujire, trebuie să te adresezi din nou duhurilor care n-au vrut să plece până acum).

Pașii slujirii de eliberare, menționați mai sus, se recomandă într-o sesiune de ucenicizare/ consiliere cu cel puțin unul sau, de preferat, doi creștini născuți din nou, demni de încredere, care înțeleg și operează cu har în autoritatea lor în Cristos; ei trebuie să știe cum să aplice Cuvântul lui Dumnezeu prin darul de consiliere și de rugăciune. Cel puțin unul dintre consilieri trebuie să fie de același sex cu persoana care primește slujire.

VĂDUVE, ORFANI ȘI PRIZONIERI

Notați că pașii slujirii de eliberare consemnați mai sus se aplică oricărui domeniu păcătos din viața noastră. De aceea, dacă am fost legați de o succesiune de jurăminte, ritualuri și îndoctrinări, va fi nevoie, poate, să trecem de mai multe ori prin pașii de mai sus, până ajungem la curățirea completă a acestor domenii păcătoase.

Anexa de față nu este o învățătură exhaustivă despre eliberare. Ea are intenția de a oferi cititorului acestei cărți o metodă practică și scripturală de a scoate demoni. Dacă creștinul născut din nou și plin de Duh va urmări liniile călăuzitoare care îl vor ajuta să se roage pentru fiecare subiect dezbătut în această carte, va găsi destulă informație pentru a putea să fie eliberat.

Cartea de față este creată pentru a fi un text care să te învețe cum poți fi eliberat de rănile și de contaminarea spirituală, venite în urma expunerii la sistemul comunist. Despre demoni și despre slujirea de eliberare există multe alte lucruri care ar putea fi explicate, acest subiect fiind tratat pe larg în numeroase cărți.

Pentru oportunități adiționale de învățare,
informații despre cărți, cursuri și altele
vă rugăm, vizitați pagina următoare:

Carpe diem

(Limba latină: Trăieşte clipa)

Carpe diem, o expresie populară, inspirată din poemul lui Homer, se traduce de obicei prin: „trăieşte clipa". O adaptare culturală mai atentă a acestei expresii ne sugerează ideea că ar trebui să utilizăm la maxim oportunităţile pe care le avem.

Dacă această carte a fost o binecuvântare pentru tine, există şi alte oportunităţi prin care să creşti în relaţia cu Dumnezeu, prin care să-L cunoşti mai bine şi să descoperi cum să îţi trăieşti viaţa împreună cu El.

Dacă doreşti să cunoşti mai mult – foloseşte această oportunitate – vizitează website-ul nostru:

http://www.FreedomTruths.com

- Află mai multe detalii despre istoria cărţii „Văduve, orfani şi prizonieri".
- Află cum poţi achiziţiona mai multe copii ale acestei cărţi.
- Află cum poţi obţine această carte în alte limbi, precum: rusă, română, maghiară, mandarină, germană etc. pe măsură ce traducerile devin disponibile.
- Află mai multe informaţii despre autorul cărţii.
- Înscrie-te pentru a primi on line mesaje devoţionale zilnice de calitate.
- Descoperă alte cărţi care să te ajute să creşti în relaţia cu Dumnezeu.
- Obţine informaţii despre oportunităţile de şcolarizare în cadrul unor slujiri live disponibile în ţara ta sau în străinătate.
- Află cum poate biserica ta (sau un grup de biserici) să primească vizita autorului şi/sau a unei echipe mici în cadrul unei mini-conferinţe sau a unei şcoli.
- Decoperă oportunităţi de a sluji în câmpul de misiune împreună cu o echipă formată în cadrul unui serviciu religios sau a unei slujiri de rugăciune.
- Trimite comentariile sau mărturia ta la adresa noastră de e-mail.

www.ingramcontent.com/pod-product-compliance
Lightning Source LLC
Chambersburg PA
CBHW070655100426
42735CB00039B/2079